すぐ見つかる！
勘定科目と仕訳の検索事典

公認会計士・税理士 **益本正藏** 著

- 取引の「摘要」1500語を収録！
- 消費税区分付き

わずらわしい帳簿付けもスイスイ！

かんき出版

▶ はじめに

「どの勘定科目なのか迷って経理処理がはかどらない！」
 経理担当者や個人事業主から、よくこんな声を聞きます。
 本書は、そんな方々のために、仕訳に使う勘定科目がすぐ見つかる便利辞書として企画されました。もちろん簿記・会計の入門書としてもぜひ活用してください。

 今は、記帳が手書きだった時代と比べれば、便利な時代です。経理ソフトの操作性が進歩していますので、パソコンの仕訳（振替伝票）画面に取引内容を入力すれば、各種帳簿や決算書が自動的に集計・作成されるようになっています。しかしその入り口となる仕訳を入力するためには、取引の内容に即して、どの勘定科目を使うべきかを判断しなければなりません。
 多くの経理ソフトには、取引に関係する用語、いわゆる「摘要」を入力すれば、ある程度は仕訳をガイドしてくれる機能がついています。それでも、ある摘要について使う勘定科目を、いくつかの候補科目から自分で選ばなければならない場面が生じることが多々あります。
 これは、同じ取引（摘要）でも、事業の性質や規模によって別の勘定科目を使うことがあったり、税務上の取り扱いによっては別の勘定科目で処理した方が有利な場合があったりするためです。
 ひとつの勘定科目でまとめて処理しているいくつかの種類の取引を、金額が大きすぎる場合にはそれぞれ別の勘定科目に分けて処理することも考えられます。
 そのため本書では、税務上の注意点とともに、経営実態に則した合理

的な科目設定が見つかるよう、一つひとつの勘定科目について、できるだけ丁寧な解説を心がけました。類似科目による関連仕訳も含む豊富な仕訳例を示し、日常取引も決算修正もカバーしてあります。仕訳の相手勘定科目も網羅しました。

　本書の見方ですが、見出しとして取り上げた主要勘定科目名の下には、その科目を使う「増加仕訳」とともに、原則として「減少仕訳」も例示しています。
　それぞれの仕訳では、見出しの科目については赤字に白抜きの文字で表示し、「摘要」の欄を設け（仕訳の下の赤い欄です）、増加する場合、減少する場合それぞれについて、どんな取引内容（摘要）についてその科目を使うのか、示しました。
　「相手科目」の欄（黒い欄です）には、仕訳例に登場している科目も含め、想定される仕訳の相手勘定科目を列挙しています。

　増加仕訳、減少仕訳の次は「注意事項」です。実際上の取引において、税務上、会計上などの見地から重要な論点を解説しました。次の「代表的な仕訳例」とともに参考にしてください。必要に応じて、図解のページも設けました。

　また、見出しの上には、全科目について消費税区分を表示してありますので、こちらもぜひ参考にしてください。同様に、個人事業に特有な勘定科目、法人に特有な勘定科目、個人事業でも法人でも共通して使う勘定科目の区別も示してあります。

　さらに、巻末の「スーパーインデックス」で「どんぴしゃ仕訳」がす

ぐ見つかるようにしてあります。
　この索引では、本書で見出し扱いにした主要124科目の他、あらゆる取引についてすぐに適切な勘定科目を探し出せるよう、摘要なども含めて1500におよぶ用語を収録することで、検索性を高めてあります。

　すべては、わずらわしい帳簿つけがスイスイはかどるようにとの思いからまとめた結果です。日々経理の実務に携わる方々が、伝票起こしや仕訳入力でも迷った際、あるいは個人事業の方が準備段階で最初の勘定科目の設定で迷った際に本書が少しでもお役に立てれば、著者としてこれ以上の喜びはありません。

２００５年９月

益本　正藏

すぐわかる！　勘定科目と仕訳の検索事典
◉目次◉

はじめに ……………………………………………………… 3

貸借対照表1　資産の部

【流動資産】
1. 現金 ……………………………………… 16
2. 当座預金 ………………………………… 22
3. 普通預金 ………………………………… 26
4. 通知預金 ………………………………… 28
5. 定期預金 ………………………………… 30
6. 定期積金 ………………………………… 32
7. 受取手形 ………………………………… 34
8. 売掛金 …………………………………… 40
9. 貸倒引当金 ……………………………… 44
10. 有価証券 ………………………………… 48

棚卸資産（共通解説） ……………………… 54
11. 商品 ……………………………………… 60
12. 製品 ……………………………………… 62
13. 仕掛品 …………………………………… 64
14. 原材料 …………………………………… 66
15. 貯蔵品 …………………………………… 68

| 16 | 前渡金 ……………………………………… 70
| 17 | 立替金 ……………………………………… 72
| 18 | 短期貸付金 ………………………………… 74
| 19 | 未収入金（未収金）……………………… 76
| 20 | 未収収益 …………………………………… 78
| 21 | 前払費用 …………………………………… 80
| 22 | 仮払金 ……………………………………… 82
| 23 | 仮払消費税 ………………………………… 84

【固定資産】
有形固定資産（共通解説） …………………… 86
| 24 | 建物 ………………………………………… 90
| 25 | 建物附属設備 ……………………………… 92
| 26 | 構築物 ……………………………………… 94
| 27 | 機械装置 …………………………………… 96
| 28 | 車両運搬具 ………………………………… 98
| 29 | 工具器具備品 ……………………………… 100
| 30 | 土地 ………………………………………… 102
| 31 | 建設仮勘定 ………………………………… 104
| 32 | 減価償却累計額 …………………………… 106

無形固定資産（共通解説） …………………… 108
| 33 | 営業権 ……………………………………… 110
| 34 | 特許権 ……………………………………… 114
| 35 | 借地権 ……………………………………… 118
| 36 | 電話加入権 ………………………………… 122
| 37 | ソフトウェア ……………………………… 124

【投資等】
38 投資有価証券……126
39 出資金……128
40 長期貸付金……130
41 破産債権等……132
42 差入保証金……134
43 長期前払費用……136
44 保険積立金……138

繰延資産（共通）……140
45 創立費……142
46 開業費……144
47 開発費……146
48 試験研究費……148
49 新株発行費……150
50 社債発行費……152
51 社債発行差金……154
52 事業主貸……156

貸借対照表2 負債の部

【流動負債】
1 支払手形……160
2 買掛金……164
3 前受金……166
4 短期借入金……168

- ⑤ 未払金 ･････････････････････････････170
- ⑥ 未払費用 ･･･････････････････････････172
- ⑦ 預り金 ･････････････････････････････174
- ⑧ 仮受金 ･････････････････････････････176
- ⑨ 前受収益 ･･･････････････････････････178
- ⑩ 仮受消費税 ･････････････････････････180
- ⑪ 未払消費税 ･････････････････････････182
- ⑫ 未払法人税等 ･･･････････････････････186

【引当金】
- ⑬ 賞与引当金 ･････････････････････････188
- ⑭ 退職給付引当金 ･････････････････････190

【固定負債】
- ⑮ 社債 ･･･････････････････････････････194
- ⑯ 長期借入金 ･････････････････････････198
- ⑰ 事業主借 ･･･････････････････････････200

貸借対照表3　資本の部

- ① 資本金 ･････････････････････････････204
- ② 資本準備金 ･････････････････････････208
- ③ その他資本剰余金 ･･･････････････････210
- ④ 利益準備金 ･････････････････････････212
- ⑤ 任意積立金 ･････････････････････････216
- ⑥ 当期未処分利益 ･････････････････････220

7 元入金 …………………………………………………… 224

損益計算書1　営業損益

【売上原価関連】
1 売上 …………………………………………………… 228
2 仕入 …………………………………………………… 232

【販売費及び一般管理費】
3 役員報酬 ……………………………………………… 238
4 給料 …………………………………………………… 240
5 雑給 …………………………………………………… 242
6 賞与 …………………………………………………… 244
7 退職金 ………………………………………………… 246
8 旅費交通費 …………………………………………… 248
9 広告宣伝費 …………………………………………… 252
10 交際費 ………………………………………………… 254
11 福利厚生費 …………………………………………… 256
12 法定福利費 …………………………………………… 258
13 荷造運送費 …………………………………………… 260
14 通信費 ………………………………………………… 262
15 会議費 ………………………………………………… 264
16 水道光熱費 …………………………………………… 266
17 消耗品費 ……………………………………………… 268
18 新聞図書費 …………………………………………… 270
19 租税公課 ……………………………………………… 272

- ⑳ 地代家賃 …………………………………… 274
- ㉑ 支払手数料 ………………………………… 276
- ㉒ 寄付金 ……………………………………… 278
- ㉓ 修繕費 ……………………………………… 280
- ㉔ 支払保険料 ………………………………… 284
- ㉕ 賃借料 ……………………………………… 288
- ㉖ 減価償却費 ………………………………… 290
- ㉗ 諸会費 ……………………………………… 292
- ㉘ 雑費 ………………………………………… 294

損益計算書2　営業外損益

- ① 受取利息 …………………………………… 298
- ② 支払利息 …………………………………… 300
- ③ 受取配当金 ………………………………… 302
- ④ 手形売却損 ………………………………… 304
- ⑤ 有価証券売却益 …………………………… 306
- ⑥ 有価証券売却損 …………………………… 308
- ⑦ 有価証券評価損 …………………………… 310
- ⑧ 為替差益 …………………………………… 312
- ⑨ 為替差損 …………………………………… 314
- ⑩ 雑収入 ……………………………………… 316
- ⑪ 雑損失 ……………………………………… 318
- ⑫ 受取賃貸料 ………………………………… 320

損益計算書3　特別損益・税金等

- ①償却債権取立益 ………………………………… 324
- ②固定資産売却益 ………………………………… 326
- ③固定資産売却損 ………………………………… 328
- ④固定資産除却損 ………………………………… 330
- ⑤前期損益修正益 ………………………………… 332
- ⑥前期損益修正損 ………………………………… 334

【税金等】

- ⑦法人税、住民税及び事業税 …………………… 336

スーパーインデックス ……………………………… 巻末

装幀＝e-CYBER
DTP＝ETWAS

貸借対照表 ❶

資産の部

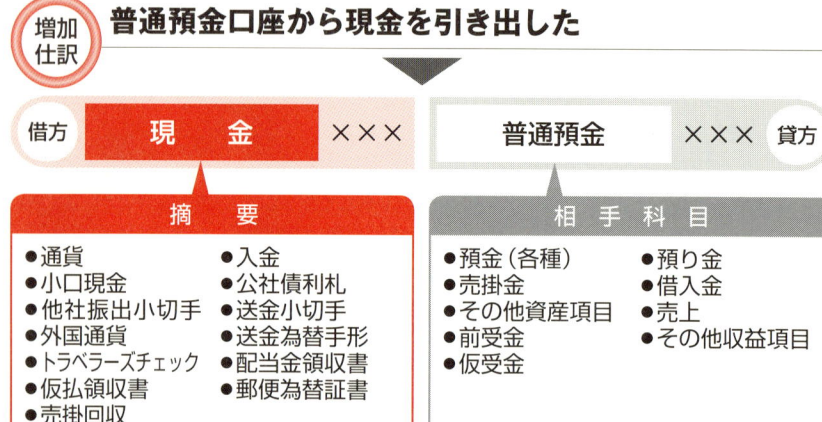

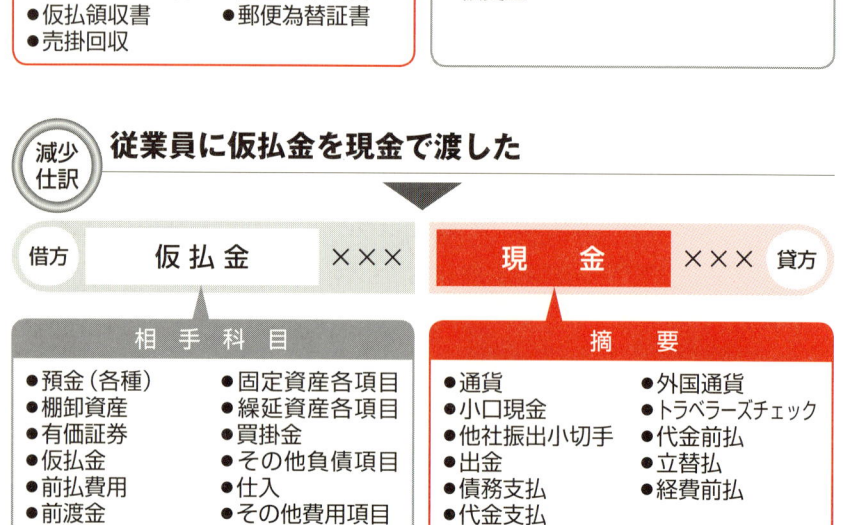

個人　法人　消費税区分 ▶ 対象外　課税　非課税

1 現金(げんきん)

増加仕訳：普通預金口座から現金を引き出した

| 借方 | 現金 | ××× | 普通預金 | ××× | 貸方 |

摘要（現金）
- 通貨
- 小口現金
- 他社振出小切手
- 外国通貨
- トラベラーズチェック
- 仮払領収書
- 売掛回収
- 入金
- 公社債利札
- 送金小切手
- 送金為替手形
- 配当金領収書
- 郵便為替証書

相手科目（普通預金）
- 預金（各種）
- 売掛金
- その他資産項目
- 前受金
- 仮受金
- 預り金
- 借入金
- 売上
- その他収益項目

減少仕訳：従業員に仮払金を現金で渡した

| 借方 | 仮払金 | ××× | 現金 | ××× | 貸方 |

相手科目（仮払金）
- 預金（各種）
- 棚卸資産
- 有価証券
- 仮払金
- 前払費用
- 前渡金
- 立替金
- 固定資産各項目
- 繰延資産各項目
- 買掛金
- その他負債項目
- 仕入
- その他費用項目

摘要（現金）
- 通貨
- 小口現金
- 他社振出小切手
- 出金
- 債務支払
- 代金支払
- 外国通貨
- トラベラーズチェック
- 代金前払
- 立替払
- 経費前払

現金には、通貨である紙幣、硬貨のほか、受け取った小切手のように銀行などで容易に換金できる通貨代用証券などが含まれます。

▼注意事項

①小切手の処理
　売上代金の回収を通貨や口座振込でなく小切手で行うことがあります。小切手は銀行へ持ち込めば現金と引き換えてもらえますが、しばらく手元に置いておくことはあります。その場合も同様にすぐに現金化できるものであるため、現金として処理します。

②先日付小切手の処理
　同じ小切手でも小切手に記載されている振出日が実際に小切手をもらった日より先の日付になったものがあります。これを先日付小切手といいますが、振出先の資金繰りなどの都合からお互いでの約束事として小切手に記載されている振出日以降に換金することとされたものです。法的にはすぐに換金してもなんら問題はありません。
　しかし、実際は取引先との関係上、小切手上の振出日前には換金できず、結局期日指定で換金されることから、受取手形としての処理を行います。

③外国通貨の処理
　海外出張などで外貨やトラベラーズチェックが期末で手元に残ってしまった場合などは期末日の為替レートで円換算する必要があります。円をドルやトラベラーズチェックに交換した際の為替レートと期末日の為替レートには差額が生じていますので、その差額分は為替差損益として費用や収益で処理します。

④現金過不足の処理

　日々の現金処理をきちんとしていても帳簿の現金残高と実際の現金残高とが一致しないことがあります。このような場合には不一致の原因を調べることが必要です。現金の受け渡しに過不足がある場合や帳簿への記入漏れや記入誤り、計算間違いなどが考えられますが、原因が判明しない場合には現金過不足として収入や費用で処理し、帳簿残高を実際の現金残高に合わせることになります。

⑤小口現金

　切手代や電車賃など、日常の小口払いのために必要な程度の少額の現金を、あらかじめ小払係に前渡ししておく方法があります。この支払資金を小口現金といい、小口現金勘定を設けます。

▼現金の管理

　現金は経済活動の最も大切な役割を果たしており、会社運営もこの現金に始まり現金に終わるといっても過言ではありません。キャッシュ・フロー経営だとかキャッシュ・フロー会計ということが盛んに言われていますが、まさにこの現金が再度重要視された結果です。

　現金の管理というのは簡単なようで最も難しいものと言えます。なぜなら取引媒体そのものであるため持ち運びが容易で均質な点から所有者が特定しづらいためです。

　また現金は金額が大きくなればなるほど危険を伴いますので直接多額の現金を取り扱うのは避けるべきです。できるだけ銀行に預け入れ、支払は金融機関からの振込手続きを利用すべきです。

　そして、交通費や切手代、消耗品購入など日常の少額経費の支払については最小限の現金を小口現金として担当を設けてルール化すべきです。まずは日々小口現金出納帳をつけることと業務の終了時に現金を数えて小口現金出納帳と一致していることを確認することです。もし一致していないようでしたら経費の記入漏れがないかなどの原因を追及して

①現金

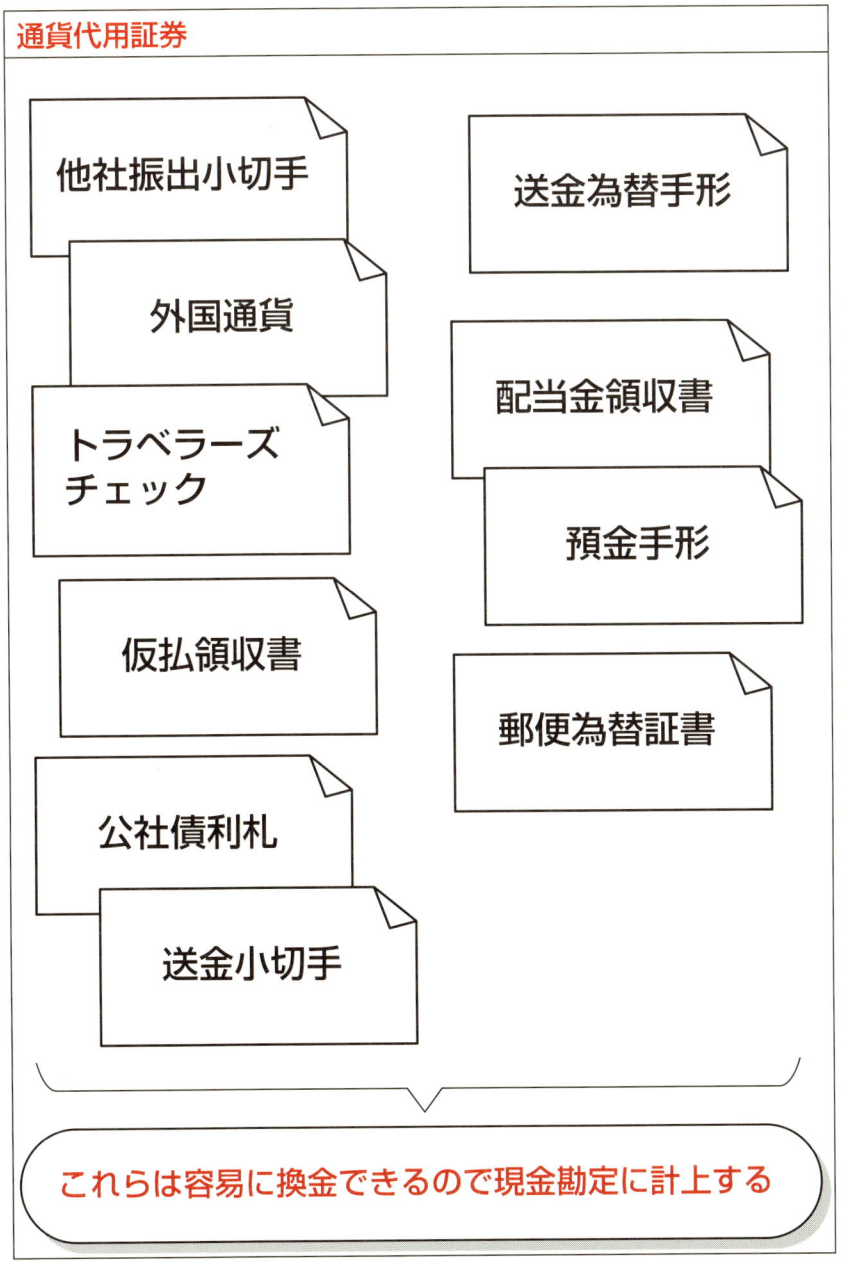

一致させなければなりません。

このように現金管理は基本中の基本であることからこの現金管理がきちんとできていると他の管理もよくできているものです。逆に現金の管理ができていないと他の管理もルーズなことが多いようです。

筆者もさまざまな会社や経営者の所にお邪魔しますが、事業を興したばかりの人たちは、プライベートのお金と事業としてのお金の区別がほとんどできていないのが現実です。最初は仕方ないことだと思っていますが、組織が大きくなるにしたがって人も増え取り扱う金額も大きくなると、まずこの現金の管理方法からアドバイスしています。社長がいつも会社にいるとは限らないことから、現金の管理がしっかりできていないとトラブルにつながってしまうことになるからです。

筆者の顧客でも以前このようなことがありました。恐れてはいたことですが、その後、現金管理の重要性がわかっていただけたようでした。

▼代表的な仕訳例

● 得意先A社に対する800,000円の売掛代金を小切手で回収した

| 借方 | 現　金 | 800,000 | 売掛金 | 800,000 | 貸方 |

● 誤って現金勘定で処理していた先日付小切手を受取手形勘定へ振り替えた

| 借方 | 受取手形 | 200,000 | 現　金 | 200,000 | 貸方 |

● C社から配当金領収書200,000円（所得税37,500円、住民税12,500円が差し引かれています）を受け取った

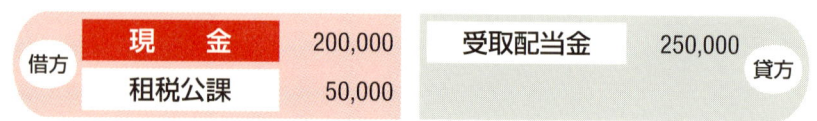

| 借方 | 現　金 | 200,000 | 受取配当金 | 250,000 | 貸方 |
| | 租税公課 | 50,000 | | | |

① 現金

- 支店に小口現金として 100,000 円を小切手で渡した

| 借方 | 小口現金 | 100,000 | 当座預金 | 100,000 | 貸方 |

- 交通費代として 10,000 円を小口現金から支払った

| 借方 | 旅費交通費 | 10,000 | 小口現金 | 10,000 | 貸方 |

- 現金残高を確認したところ、帳簿残高より 5,000 円、現金残高が少なかった

| 借方 | 仮払金 | 5,000 | 現　金 | 5,000 | 貸方 |

- 上記の原因を調べたところ 3,000 円は切手代購入の漏れであったが、残りは期末になっても原因不明であった

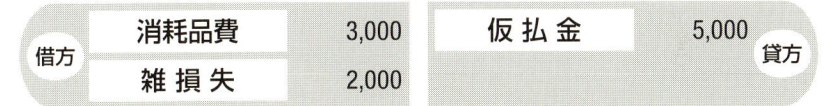

| 借方 | 消耗品費 | 3,000 | 仮払金 | 5,000 | 貸方 |
| | 雑損失 | 2,000 | | | |

- 期末になって現金の中に外貨が 1,000 ドル（購入時 1 ドル 125 円）あったので期末レート 1 ドル 135 円で換算した

| 借方 | 現　金 | 10,000 | 為替差益 | 10,000 | 貸方 |

貸借対照表

資産の部

負債の部

資本の部

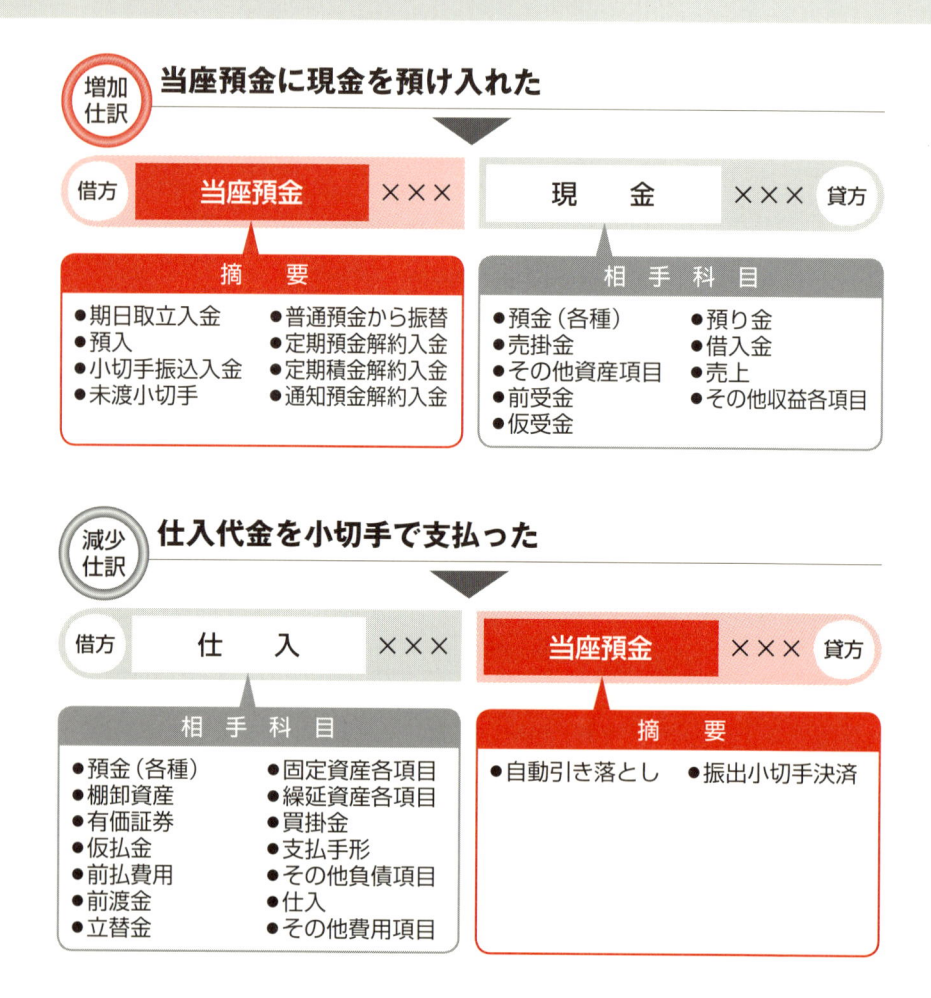

個人　法人　消費税区分 ▶ 対象外　課税　非課税

2 当座預金
（とうざよきん）

増加仕訳：当座預金に現金を預け入れた

借方　当座預金　×××　　　現　金　×××　貸方

摘要
- 期日取立入金
- 預入
- 小切手振込入金
- 未渡小切手
- 普通預金から振替
- 定期預金解約入金
- 定期積金解約入金
- 通知預金解約入金

相手科目
- 預金（各種）
- 売掛金
- その他資産項目
- 前受金
- 仮受金
- 預り金
- 借入金
- 売上
- その他収益各項目

減少仕訳：仕入代金を小切手で支払った

借方　仕　入　×××　　　当座預金　×××　貸方

相手科目
- 預金（各種）
- 棚卸資産
- 有価証券
- 仮払金
- 前払費用
- 前渡金
- 立替金
- 固定資産各項目
- 繰延資産各項目
- 買掛金
- 支払手形
- その他負債項目
- 仕入
- その他費用項目

摘要
- 自動引き落とし
- 振出小切手決済

当座預金は銀行との当座契約による預金で、小切手や手形支払のために設ける無利息の預金です。

▼注意事項

　当座預金は、無利息であるため、小切手や手形決済以外の目的ではあまり利用されません。

　なお、小切手や手形決済のために、銀行との間で当座借越契約を結ぶことがあります。この当座借越契約とは、仮に当座預金残高以上の小切手や手形を振り出しても借越限度額まで銀行のほうで融通してもらえる契約です。この場合、当座預金残高を超えて決済された分は銀行からの借入となります。その後、当座預金に入金があった場合には優先的にこの当座借越の返済に充てることになります。よって貸借対照表には短期借入金として表示します。

▼当座預金の管理

　当座預金に限らず、預金については日々の記帳をきちんと行い、異常な取引が行われてないかチェックする必要があります。また、期末においては銀行から残高証明書を必ず入手し、帳簿残高と一致しているか確認する必要もあるでしょう。

　小切手の管理も重要です。小切手は現金以上に危険なものですから、しかるべき責任者が保管し管理する必要があります。小切手帳の保管や銀行印の保管、仕損じ小切手の管理など、きちんとした社内ルールを確立する必要があります。

▼代表的な仕訳例

- 普通預金より 100,000 円を引き出し、当座預金に入金した

| 借方 | 当座預金 | 100,000 | 普通預金 | 100,000 | 貸方 |

- 得意先の売掛金 200,000 円を小切手で回収し、当座預金へ預け入れた

| 借方 | 当座預金 | 200,000 | 売掛金 | 200,000 | 貸方 |

- 商品 150,000 円を仕入れ、代金は小切手を振り出して支払った

| 借方 | 仕入 | 150,000 | 当座預金 | 150,000 | 貸方 |

- D社に対して振り出した支払手形 300,000 円が満期により、当座預金から引き落とされた

| 借方 | 支払手形 | 300,000 | 当座預金 | 300,000 | 貸方 |

- 決算にあたり、当座預金勘定がマイナス 50,000 円となっており、これは当座借越契約によるものなので短期借入金に振り替えた

| 借方 | 当座預金 | 50,000 | 短期借入金 | 50,000 | 貸方 |

- 決算のため当座預金の銀行残高証明書を確認したところ、銀行で入金済だが当社で未処理の売掛金回収額 100,000 円が見つかった

| 借方 | 当座預金 | 100,000 | 売掛金 | 100,000 | 貸方 |

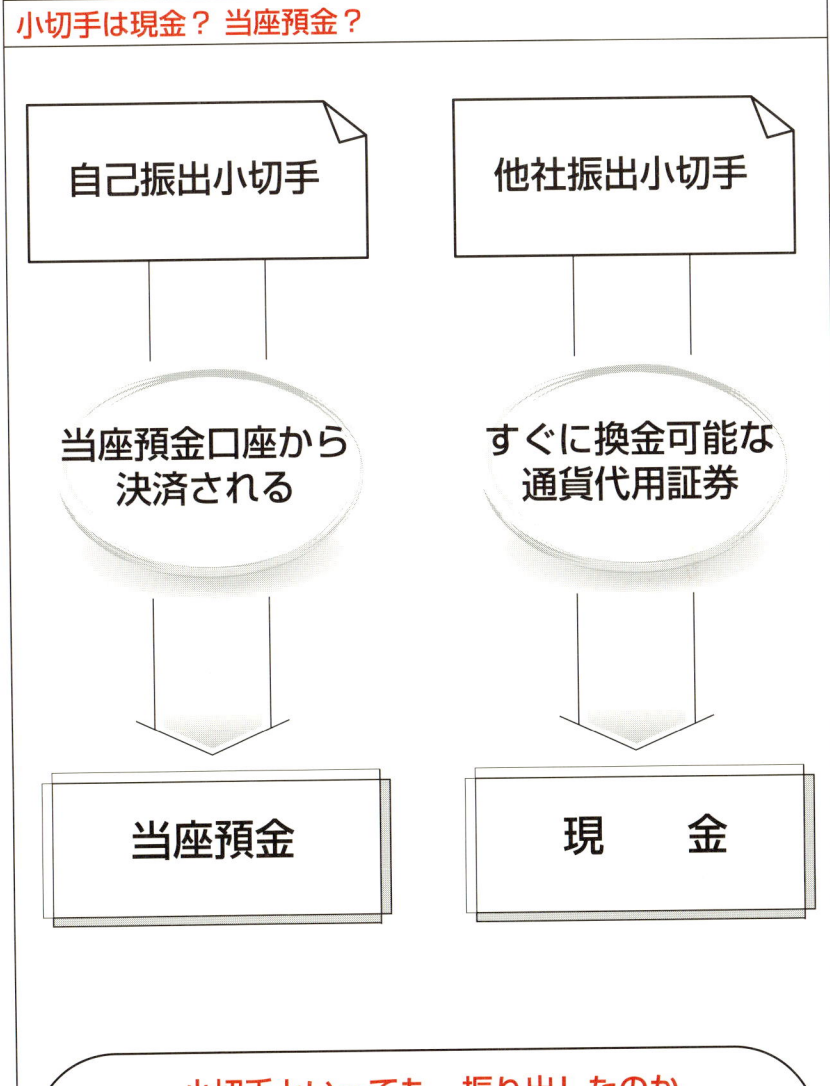

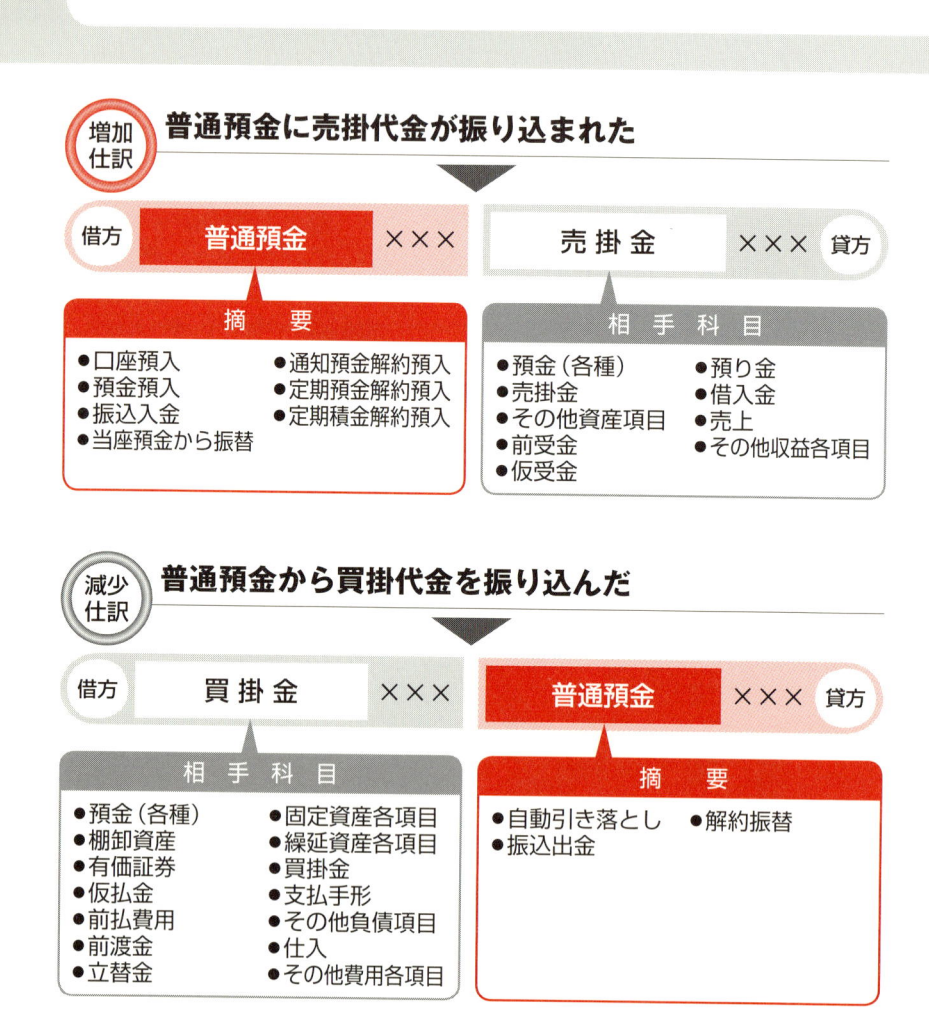

個人　法人　消費税区分 ▶ 対象外　課税　非課税

3 普通預金

増加仕訳：普通預金に売掛代金が振り込まれた

| 借方 | 普通預金 | ××× | | 売掛金 | ××× | 貸方 |

摘要
- 口座預入
- 預金預入
- 振込入金
- 当座預金から振替
- 通知預金解約預入
- 定期預金解約預入
- 定期積金解約預入

相手科目
- 預金（各種）
- 売掛金
- その他資産項目
- 前受金
- 仮受金
- 預り金
- 借入金
- 売上
- その他収益各項目

減少仕訳：普通預金から買掛代金を振り込んだ

| 借方 | 買掛金 | ××× | | 普通預金 | ××× | 貸方 |

相手科目
- 預金（各種）
- 棚卸資産
- 有価証券
- 仮払金
- 前払費用
- 前渡金
- 立替金
- 固定資産各項目
- 繰延資産各項目
- 買掛金
- 支払手形
- その他負債項目
- 仕入
- その他費用各項目

摘要
- 自動引き落とし
- 振込出金
- 解約振替

いつでも自由に入出金ができる、最も一般的な預金のことです。

▼注意事項

　普通預金は、口座の数がいくつもある場合が多いので、通帳別の補助科目を設け、各口座に分けて管理したほうが便利です。

　補助科目を設けたときは、決算の時に合計を普通預金勘定としてまとめます。会計ソフトでは、補助科目として設定すれば自動的に集計してくれます。

▼代表的な仕訳例

- 現金 300,000 円を普通預金口座に入金した

| 借方 | 普通預金 | 300,000 | 現　　金 | 300,000 | 貸方 |

- D社に対する売上代金 500,000 円が普通預金口座へ振り込まれた

| 借方 | 普通預金 | 500,000 | 売　　上 | 500,000 | 貸方 |

- 電気料金 35,000 円が普通預金口座から引き落とされた

| 借方 | 水道光熱費 | 35,000 | 普通預金 | 35,000 | 貸方 |

貸借対照表　資産の部　負債の部　資本の部

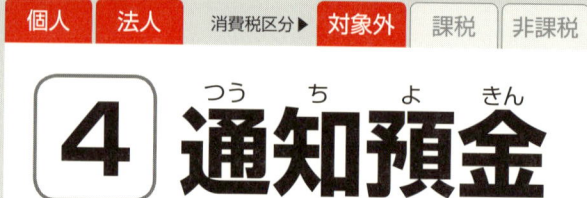

個人　法人　消費税区分▶ 対象外　課税　非課税

4 通知預金（つうちよきん）

増加仕訳　普通預金から通知預金へ振り替えた

借方		貸方	
通知預金	×××	普通預金	×××

摘要
- 口座預入
- 普通預金から振替
- 預金預入
- 定期預金解約入金
- 当座預金から振替
- 定期積金解約入金

相手科目
- 現金
- 預金（各種）

減少仕訳　通知預金を解約し、普通預金へ振り替えた

借方		貸方	
普通預金	×××	通知預金	×××

相手科目
- 現金
- 預金（各種）

摘要
- 満期解約
- 解約振替

通知預金は一定の短期間据え置き、あとは数日前に通知していつでも払い戻すことができる預金です。普通預金よりも金利が高めに設定されています。

▼注意事項

普通預金に比べて金利が多少高いので、短期間の余裕資金を運用するのに便利です。

▼代表的な仕訳例

- 普通預金 350,000 円を通知預金に振り替えた

| 借方 | 通知預金 | 350,000 | 普通預金 | 350,000 | 貸方 |

- 通知預金 350,000 円を解約し利息 500 円とともに普通預金へ預け入れた

| 借方 | 普通預金 | 350,500 | 通知預金 | 350,000 | 貸方 |
| | 租税公課 | 125＊ | 受取利息 | 625＊ | |

＊受取利息には所得税と住民税が合わせて 20％課税され、差引かれて入金されます。
625 円 × 20％ ＝ 125 円

5 定期預金

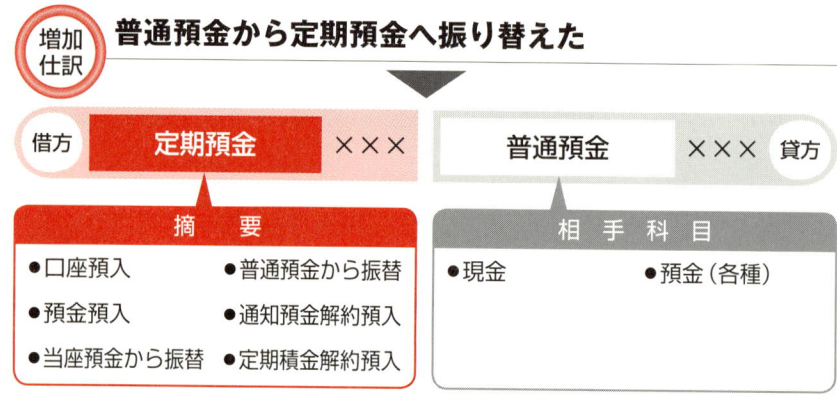

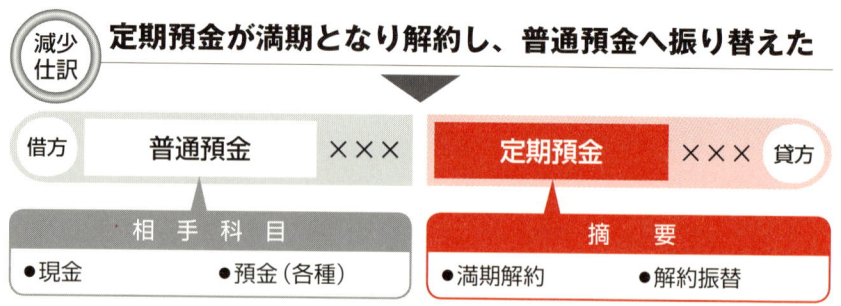

▼**注意事項**

　近年では定期預金の金利が低いのであまり魅力を感じられないことから、外貨預金が人気を集めています。外貨預金においては決算日において決算日の為替レートで円換算する必要があります。

定期預金は一定期間引き出すことはできない分、普通預金よりは金利が高い預金のことです。

　定期預金を外貨預金として預け入れる場合は、当日の為替レートで円換算します。その際にはT.T.S（電信売相場）を用います。

　T.T.S（電信売相場）とT.T.B（電信買相場）は、いずれも銀行側から見た売り買いを表しています。T.T.S（電信売相場）は銀行が預金者に外貨を売る、すなわち預金者が外貨を買うことを意味するため、こちらを用いることになります。

　また、外貨預金は、決算の際には決算日の為替レートで換算をやり直す必要があります。為替レートは常に変化しているため、期末時点においての価値を正しく表示することが求められるからです。その際には一般的にT.T.M（電信売買相場の仲値）が用いられます。

　なお、利息の受取については税金が20％（国税15％、地方税5％）がかかりますので、差し引かれて入金されます。

▼代表的な仕訳例

● 普通預金350,000円を定期預金に振り替えた

借方	定期預金	350,000	普通預金	350,000	貸方

● 定期預金400,000円を解約し利息800円とともに普通預金へ預け入れた

借方	普通預金	400,800	定期預金	400,000	貸方
	租税公課	200＊	受取利息	1,000＊	

＊受取利息には所得税と住民税が合わせて20％課税され、差引かれて入金されます。
　1,000円×20％＝200円

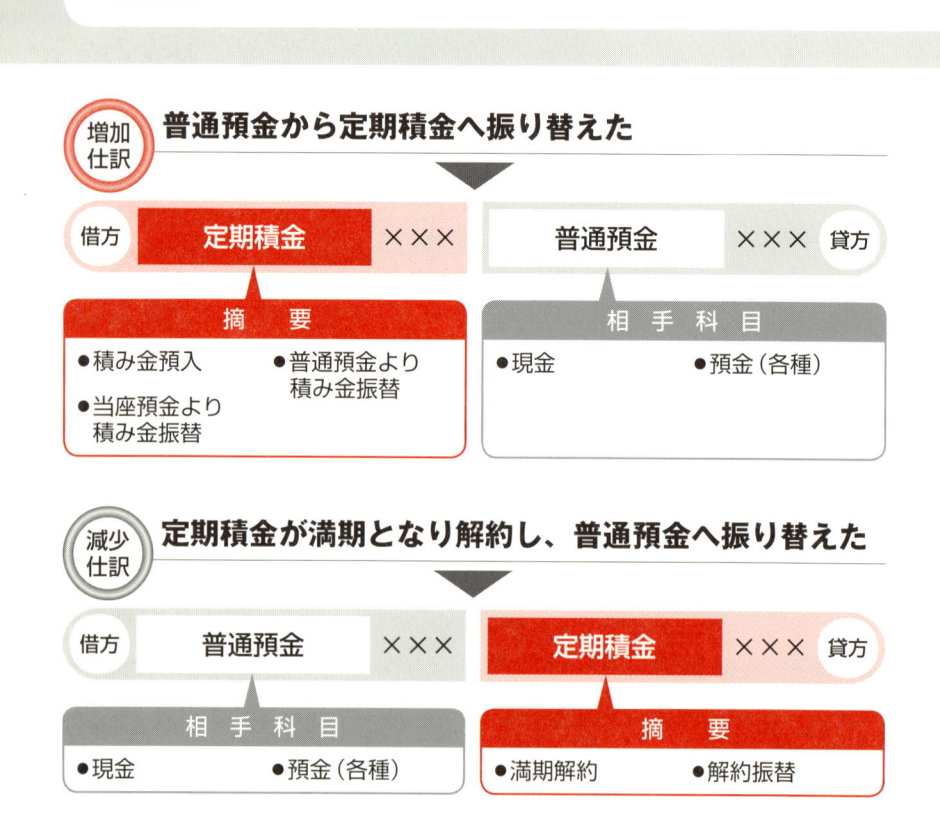

| 個人 | 法人 | 消費税区分 ▶ | 対象外 | 課税 | 非課税 |

6 定期積金(ていきつみきん)

増加仕訳 普通預金から定期積金へ振り替えた

借方 | 定期積金 ××× | 普通預金 ××× | 貸方

摘要
- 積み金預入
- 当座預金より積み金振替
- 普通預金より積み金振替

相手科目
- 現金
- 預金(各種)

減少仕訳 定期積金が満期となり解約し、普通預金へ振り替えた

借方 | 普通預金 ××× | 定期積金 ××× | 貸方

相手科目
- 現金
- 預金(各種)

摘要
- 満期解約
- 解約振替

一定金額を継続して積み立て、満期時に積み立てた分と利息を合わせて受け取れる預金のことです。

▼注意事項

　銀行としては最も安定的な預金であるため、利率は高く設定されています。

▼代表的な仕訳例

- 現金100,000円を当月掛け金として定期積金に預け入れた

借方	定期積金	100,000	現　　金	100,000	貸方

- 定期積金1,500,000円が満期になったので利息200,000円とともに普通預金へ預け入れた

借方	普通預金	1,700,000	定期積金	1,500,000	貸方
	租税公課	50,000＊	受取利息	250,000＊	

　＊受取利息には所得税と住民税が合わせて20％課税され、差引かれて入金されます。
　　250,000円×20％＝50,000円

7 受取手形

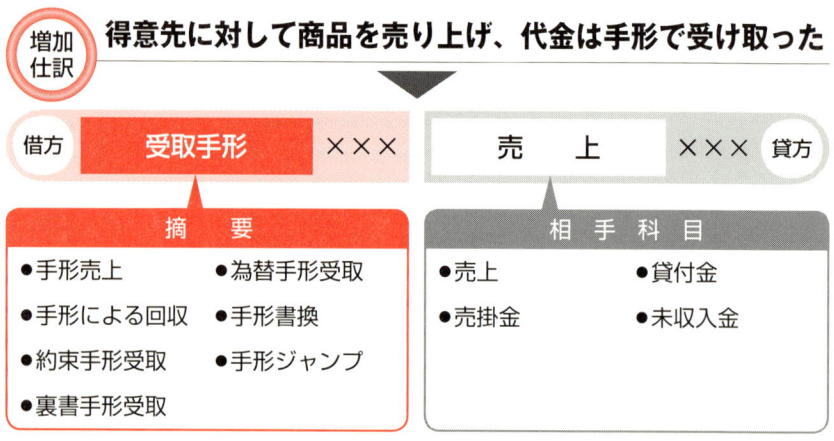

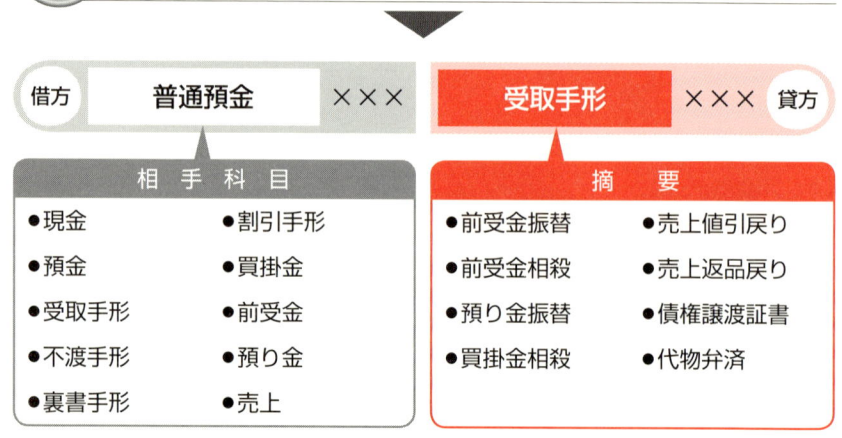

通常の営業取引によって受け取った約束手形や為替手形をいいます。

▼注意事項

　約束手形とは、手形の振出人が名宛人である受取人に対して一定の期日に一定の金額を支払うことを約束した証券、つまりサービスの提供を受けた人がサービスを提供した人にその代金を指定された日に支払うことを約束して振り出す手形のことです。

　一方、為替手形とは、振出人が名宛人に対して一定の期日に手形代金を指図人に支払うように委託した証券、つまり自分がAさんに対して未収入金があって、Bさんに対しては未払金がある場合に、通常の流れであれば自分がAさんから未収入金を回収してそのお金でBさんへの未払金を支払うところを、この為替手形をAさんに振り出すことによって自分に代わってAさんがBさんに支払ってもらうことを可能にできるものです。

営業外受取手形

　機械のような固定資産や有価証券を売却した場合のように、通常の営業取引以外によって受け取った手形は、受取手形ではなく、流動資産の営業外受取手形で処理します。

手形貸付金

　金銭の貸付が行われた場合に担保として手形を受け取ることがありますが、この場合には、手形貸付金で処理します。
　正式には流動資産の短期貸付金勘定で処理すべきですが、あえて手形の管理上、わかりやすく表示する意味から、流動資産に手形貸付金勘定を設けて処理する場合もあります。

裏書手形

　手形を受け取った人が一方で第三者に対して債務を有している場合に、その債務の支払いのために受取手形を譲り渡して支払いに充てることがあります。この場合には裏書手形勘定を使用して処理することもできます。

　手形を第三者に譲渡する場合には、その手形の裏面に手形を譲渡する人が必要事項を記入して譲り渡すことからこう呼ばれています。

手形割引

　手形を受け取ってもその期日が来るまではお金として回収されません。そのため期日前に現金が必要な場合は銀行で一定の手数料（割引料）を差し引かれて現金に換えることができます。この場合に割引手形勘定を使用して処理することもできます。

不渡手形

　満期日に手形を銀行へ持ち込むことで、手形を振り出した人の口座から、手形を受け取って銀行へ持ち込んだ人の口座へ手形代金が振り込まれます。このとき、手形を振り出した人の口座に現金残高が不足していれば、手形を受け取った人の口座へは現金が振り込まれないことになります。このように、支払が不能となった手形を不渡手形といいます。

　この場合はまだ手形としての効力はありますので、流動資産として表示することになります。

[7]受取手形

▼代表的な仕訳例

● 取立のために銀行へ持ち込んだ受取手形800,000円が満期日に当座預金に入金された

| 借方 | 当座預金 | 800,000 | 受取手形 | 800,000 | 貸方 |

● 得意先A社に商品を売り上げ、A社振出、B社引受の為替手形200,000円を受け取った

| 借方 | 受取手形 | 200,000 | 売　　上 | 200,000 | 貸方 |

- 裏書譲渡した約束手形 300,000 円が支払期日に決済された

直接減額法　仕訳なし

評価勘定法

| 借方 | 裏書手形 | 300,000 | 受取手形 | 300,000 | 貸方 |

対照勘定法

| 借方 | 裏書手形 | 300,000 | 裏書手形見返 | 300,000 | 貸方 |

- 約束手形 400,000 円を銀行で割り引き、割引料 5,000 円を差し引かれ当座預金に入金した

直接減額法

| 借方 | 当座預金 | 395,000 | 受取手形 | 400,000 | 貸方 |
| | 手形売却損 | 5,000 | | | |

評価勘定法

| 借方 | 当座預金 | 395,000 | 割引手形 | 400,000 | 貸方 |
| | 手形売却損 | 5,000 | | | |

対照勘定法

借方	当座預金	395,000	受取手形	400,000	貸方
	手形売却損	5,000			
	割引手形見返	395,000	割引手形	395,000	

[7]受取手形

- 割引した約束手形400,000円が支払期日に決済された

  直接減額法　仕訳なし

  評価勘定法

  | 借方 | 割引手形 | 400,000 | 受取手形 | 400,000 | 貸方 |

  対照勘定法

  | 借方 | 割引手形 | 400,000 | 割引手形見返 | 400,000 | 貸方 |

- 得意先E社振出の約束手形500,000円が支払期日に決済されなかった

  | 借方 | 不渡手形 | 500,000 | 受取手形 | 500,000 | 貸方 |

- C社に裏書譲渡したD社振出の約束手形600,000円が支払期日に不渡となったため、C社に対して600,000円を現金で支払い買い戻した

  直接減額法

  | 借方 | 不渡手形 | 600,000 | 現　金 | 600,000 | 貸方 |

  評価勘定法

  | 借方 | 不渡手形 | 600,000 | 現　金 | 600,000 | 貸方 |
  | | 裏書手形 | 600,000 | 受取手形 | 600,000 | |

  対照勘定法

  | 借方 | 不渡手形 | 600,000 | 現　金 | 600,000 | 貸方 |
  | | 裏書手形 | 600,000 | 裏書手形見返 | 300,000 | |

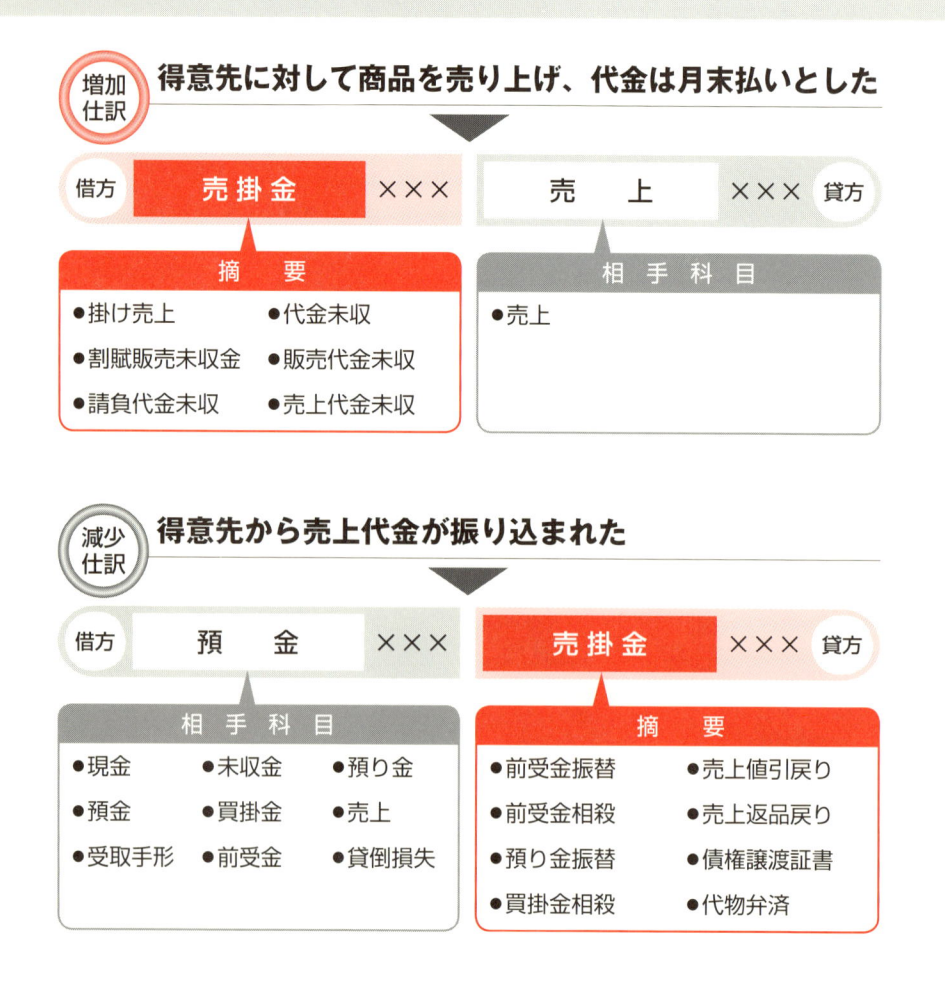

個人 / 法人　消費税区分 ▶ **対象外** / 課税 / 非課税

8 売掛金

増加仕訳　得意先に対して商品を売り上げ、代金は月末払いとした

| 借方 | 売掛金 | ××× | | 売　上 | ××× | 貸方 |

摘要
- 掛け売上
- 割賦販売未収金
- 請負代金未収
- 代金未収
- 販売代金未収
- 売上代金未収

相手科目
- 売上

減少仕訳　得意先から売上代金が振り込まれた

| 借方 | 預　金 | ××× | | 売掛金 | ××× | 貸方 |

相手科目
- 現金
- 預金
- 受取手形
- 未収金
- 買掛金
- 前受金
- 預り金
- 売上
- 貸倒損失

摘要
- 前受金振替
- 前受金相殺
- 預り金振替
- 買掛金相殺
- 売上値引戻り
- 売上返品戻り
- 債権譲渡証書
- 代物弁済

商品や製品の売買といった「通常の営業取引」から生じた得意先に対する債権をいいます。

▼注意事項

＜売掛金計上のタイミング＞

　納品して売上が計上されるときに同時に計上します。売上の計上時期については会社により違いますので（売上の頁参照）、それにあわせます。

＜未収入金との違い＞

　固定資産や有価証券を売却した時の代金の未収分については本来の営業取引から生じた債権ではないため売掛金に代えてこの未収入金勘定を用います。

＜前受金との関係＞

　まだ売上が計上されてはいなくても取引先からの注文が行われて先に代金の一部を受け取る場合があります。こうした場合、前受金勘定で処理して納品し、売上を計上する際に売上勘定に振り替えます。

＜回収が不能となった場合は？＞

　得意先が業績不振により倒産もしくは債務超過のため債務免除の申し出によって、債権を放棄する場合は売掛金の一部もしくは全部が回収不能となり損失が発生します。このようなある一定の事実が生じた場合には貸倒損失勘定で処理します。この貸倒損失の処理については、一般的には税法にもとづいて処理します。

＜貸倒引当金を設定することができる＞

　得意先が手形の不渡りにより銀行取引停止処分となった場合や会社更生法の更生手続開始の申し立てがあった場合のように税法で規定された基準を満たせば当該売掛金の50％が費用として処理できます。この場

合は貸倒引当金繰入勘定で処理します。

▼決算書上の表示

　売掛金は貸借対照表の流動資産の部に表示されます。売掛金については代金回収期間が1年以上となる場合であっても流動資産の部に計上されます。

　しかし、取引先が倒産してしまった場合には売掛金の回収期間が1年を超える場合があります。この場合には貸借対照表の固定資産の部の中の長期営業債権や更生債権といった勘定で処理します。

▼売掛金管理について

＜残高確認＞

　決算期には得意先に対して残高照会を行うことが自社と得意先との間で債権債務のトラブルを未然に防ぐ意味や記帳の誤り発見の意味で重要になってきます。筆者自身、会計監査で様々な大企業を見てきましたが、大企業でさえ売掛債権管理がきちんとできていない会社がありました。債権債務についての基本的な管理がきちんとなされていないということはそれ以外の点でも管理が不十分な点が多い、すなわちずさんな経営がなされている可能性が高いことを意味しています。

　どんなに営業担当者の売上が多くても代金を回収できなければ営業は完結しないのです。売上を上げることばかりに目が向いて代金回収を怠っている場合が非常に多いのです。売上目標と同時に代金回収目標をしっかり持ち、期末には残高確認を行うことをお勧めします。

＜赤残について＞

　入金誤りや記帳誤り、得意先からの過入金などにより、売掛金残高がマイナス残（赤残）となってしまうことがあります。本来であれば、あるべき残高ではないため、原因を追及する必要があります。ただし、原因追及するにも、日頃の売掛金管理がしっかりなされていなければ不明

残として残ってしまうことにもなりかねません。赤残に限らず、不明残が発生しないように消し込み作業などの管理方法を徹底することが必要です。

▼代表的な仕訳例

- 得意先A社に対して800,000円の商品を売り上げ、代金は掛とした

| 借方 | 売掛金 | 800,000 | 売　　上 | 800,000 | 貸方 |

- 後日得意先A社から商品に欠陥があったとして200,000円分が返品された

| 借方 | 売　　上 | 200,000 | 売掛金 | 200,000 | 貸方 |

- 得意先A社から代金600,000円のうち300,000円が普通預金に振り込まれた

| 借方 | 普通預金 | 300,000 | 売掛金 | 300,000 | 貸方 |

- 得意先A社の要請により、残金300,000円は手形で受け取った

| 借方 | 受取手形 | 300,000 | 売掛金 | 300,000 | 貸方 |

- 得意先B社が倒産したため、売掛金100,000円を貸倒れ処理した

| 借方 | 貸倒損失 | 100,000 | 売掛金 | 100,000 | 貸方 |

- 得意先C社が銀行取引停止処分を受けたため、貸倒引当金を500,000円設定した

| 借方 | 貸倒引当金繰入 | 500,000 | 貸倒引当金 | 500,000 | 貸方 |

| 個人 | 法人 | 消費税区分 ▶ | **対象外** | 課税 | 非課税 |

⑨ 貸倒引当金(かしだおれひきあてきん)

増加仕訳 前期末で売掛債権に対して貸倒引当金を計上した

| 借方 | 貸倒引当金繰入 | ××× | 貸倒引当金 | ××× | 貸方 |

相手科目
- 貸倒引当金繰入

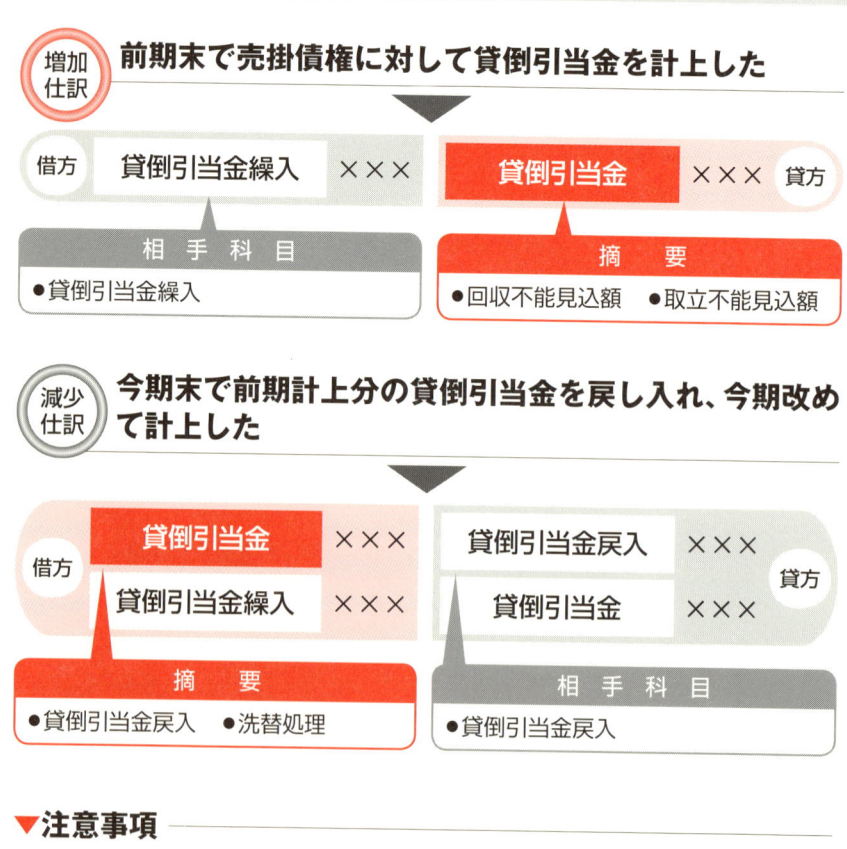

摘要
- 回収不能見込額
- 取立不能見込額

減少仕訳 今期末で前期計上分の貸倒引当金を戻し入れ、今期改めて計上した

| 借方 | 貸倒引当金 | ××× | 貸倒引当金戻入 | ××× | 貸方 |
| | 貸倒引当金繰入 | ××× | 貸倒引当金 | ××× | |

摘要
- 貸倒引当金戻入
- 洗替処理

相手科目
- 貸倒引当金戻入

▼注意事項

　貸倒引当金とは売掛金、受取手形、貸付金などの債権が取引先の倒産などで回収不能になった場合に備えて、その可能性のある金額を見積もり、早めに費用として処理しておこうといった趣旨から計上する資産のマイナス勘定をいいます。

> 売掛金などの債権が回収不能になった場合に備えて、損失額をあらかじめ見積もって損失に繰り入れる際に計上する資産のマイナス勘定をいいます。

　売掛金などの債権はいずれ回収されることが予定されています。しかし現実的にはすべての債権が回収されるとは限りません。そのため年度ごとに適正な損益を計算するために次期以降の損失に備えて、あらかじめこの貸し倒れによる損失を見込んで債権のマイナス、すなわち費用計上するのです。

　この貸倒引当金の設定方法には、①期末債権の額に繰入率を掛けた金額を設定する方法と、②債務者ごとに個別の事情を加味して設定する方法があります。

①繰入限度額＝期末債権の額×繰入率

　※繰入率：資本金1億円超の法人は実績繰入率を用いますが、資本金1億円以下の法人は実績繰入率と法定繰入率の選択適用が可能です。資本金1億円以下の法人は法定繰入率を用いる場合がほとんどですが、この法定繰入率は1,000分の3〜1,000分の13までで、業種によって異なります。

②債権者が長期間にわたり債務超過状態であり、事業に好転の見通しがないなど、その事由に応じて債権額に対する回収不能見込額を見積もるか、もしくは会社の整理開始の申立てや特別清算、更生手続き開始の申立てなどの事由が生じている場合は債権額の50％を繰入れることが税法上の繰入限度額となります。

貸借対照表

資産の部

負債の部

資本の部

▼貸倒引当金に対する会計理論と税法の違い

　貸倒引当金は、将来において貸倒れという損失が発生する可能性があるということで、その備えという意味から見積計上されるわけですから、計上する金額には合理的な基準がなければなりません。

　会計上の考え方からすると、過去の貸倒実績から債権残高に対する貸倒率を算出し、期末の債権残高にこの貸倒率をかけて貸倒引当金の額を決定する方法や、取引先ごとに評価して個々に貸倒引当金の額を決定する方法があります。

　しかし、税法上の話をしますと、このようなやり方をしても全額費用（損金）として認めてもらえるとは限らないのです。会計上の考え方（会計理論的な考え方）と税法上の考え方（政策的な考え方）とでは、必ずしも同一ではないことがその理由です。

　厳密に会計上の考え方で処理することが要求されている上場企業などを除けば、中小の会社は税法上の処理で行うのが一般的です。ただ、この税法上の貸倒引当金繰入限度額の計算については非常に複雑であることから、専門家に相談して計上すべきでしょう。

⑨貸倒引当金

▼代表的な仕訳例

- 期末において貸倒引当金 150,000 円を計上した

| 借方 | 貸倒引当金繰入 | 150,000 | 貸倒引当金 | 150,000 | 貸方 |

- 翌期取引先のA社が倒産して売掛金 85,000 円が回収不能となった

| 借方 | 貸倒損失 | 85,000 | 売 掛 金 | 85,000 | 貸方 |

- 期末になって前期計上した貸倒引当金を戻し入れ、改めて 300,000 円を計上した

| 借方 | 貸倒引当金 | 150,000 | 貸倒引当金戻入 | 150,000 | 貸方 |
| | 貸倒引当金繰入 | 300,000 | 貸倒引当金 | 300,000 | |

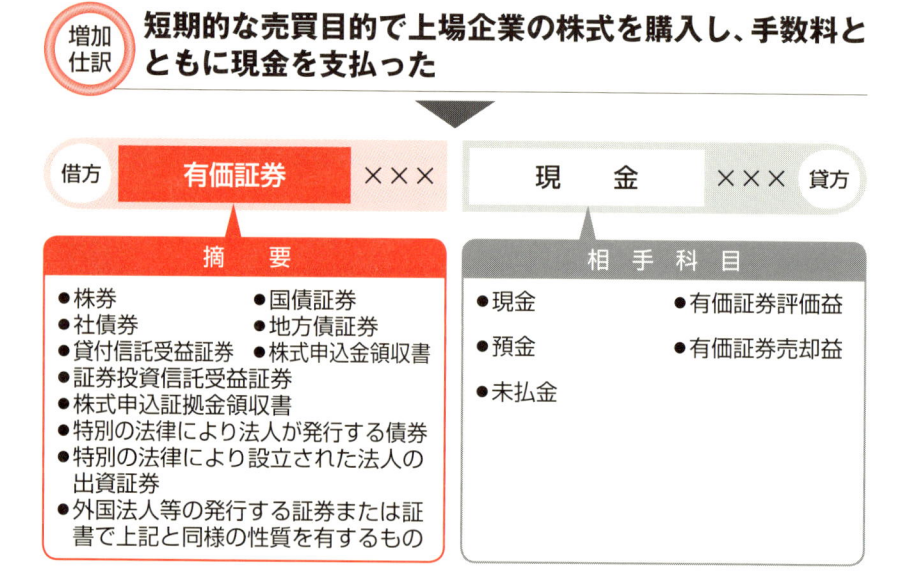

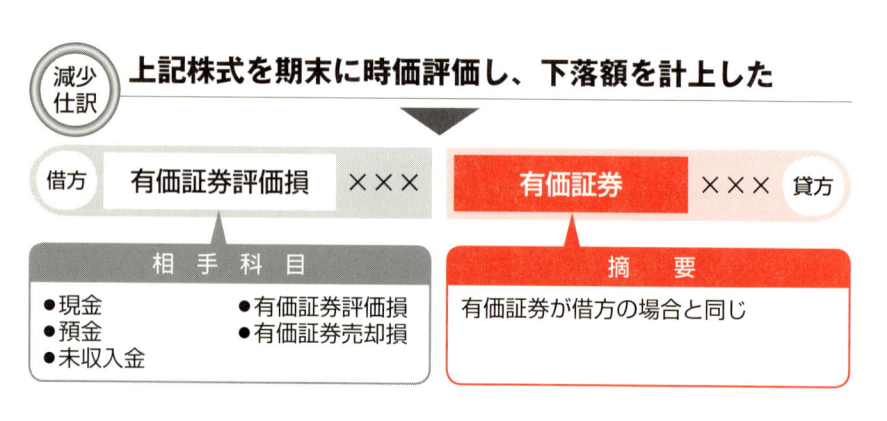

個人 / **法人** 　消費税区分 ▶ **対象外** / 課税 / 非課税
ただし、売却時に例外あり

10 有価証券

増加仕訳　短期的な売買目的で上場企業の株式を購入し、手数料とともに現金を支払った

| 借方 | 有価証券 | ××× | 現　金 | ××× | 貸方 |

摘要（有価証券）
- 株券
- 社債券
- 貸付信託受益証券
- 証券投資信託受益証券
- 株式申込証拠金領収書
- 国債証券
- 地方債証券
- 株式申込金領収書
- 特別の法律により法人が発行する債券
- 特別の法律により設立された法人の出資証券
- 外国法人等の発行する証券または証書で上記と同様の性質を有するもの

相手科目（現金）
- 現金
- 預金
- 未払金
- 有価証券評価益
- 有価証券売却益

減少仕訳　上記株式を期末に時価評価し、下落額を計上した

| 借方 | 有価証券評価損 | ××× | 有価証券 | ××× | 貸方 |

相手科目（有価証券評価損）
- 現金
- 預金
- 未収入金
- 有価証券評価損
- 有価証券売却損

摘要（有価証券）
有価証券が借方の場合と同じ

株券、社債券、国債証券、出資証券、信託受益証券などのうち、とくに短期間の売買を繰り返すもの、および1年以内に満期の到来する債券をいいます。

▼注意事項

　有価証券とは、株券、社債券、国債証券、出資証券、信託受益証券などの証券をいいます。

　とくに、勘定科目としての有価証券（売買目的有価証券）は長期間所有する目的のものではなく、短期間のうちに売買を繰り返し行い、利息や配当金、売買利益を目的に取得するものをいいます。そのため、満期が1年以内の債券や、証券会社などディーリング（自己売買）を行うような会社において保有する上場株式、店頭登録株式に限定されます。

　なお、摘要に登場している「特別の法律により法人が発行する債券」とは、具体的には商工組合中央金庫（商工中金）や農林中央金庫（農林中金）が発行する金融債などを指します。

　また、「特別の法律により設立された法人」としては、日本銀行などが該当します。

　「証券投資信託受益証券」には、株式投資信託や中国ファンドなどの公社債投資信託があります。

有価証券の取得価額

　有価証券を購入した場合の帳簿上の取得価額については、有価証券本体の購入価額に、購入時の手数料やその他取得に際してかかった経費を含める必要があります。

　また、社債や国債などの場合は、経過利子の分がかかってきます。この分は、取得価額に含めて処理することもできます。

▼投資有価証券などとの違い（決算書上の表示区分について）

有価証券は、所有目的やその形態によって、決算書上の区分表示が異なります。

売買目的ではない有価証券は、投資有価証券などの勘定科目で処理し、決算書（貸借対照表）には「投資等」として表示します。

右上に区分をまとめました。

▼有価証券等の売却

有価証券を売却した場合については、売買損益が発生します。この売買損益は、営業外損益で表示します。

売却した代金から帳簿価額と売却手数料を差し引いて、売買損益を計算します。

この帳簿価額は、時価の変動によって１口あたりの価額が変動します。そのため、同じ銘柄の有価証券を何口（何株）も所有していると、購入時期によってそれぞれの購入価額が異なります。そこで、売却する場合には、払出価額を合理的に計算する必要があります。その場合の計算としては、棚卸資産と同様に総平均法と移動平均法のいずれかの方法を用いて行う必要があります。

投資有価証券や子会社株式等を売却した場合は、有価証券の場合とは異なり、その売買損益は特別損益として表示します。

▼有価証券の期末評価

有価証券の期末における評価方法は、有価証券の区分によって異なります。右のように、保有目的別の区分にしたがって、決められた方法で評価します。

このうち売買目的有価証券については、期末で有価証券の評価を行い、評価損益の計上を行っても翌年度の期首には再び振替処理を行い、評価処理前の帳簿価額に戻します。そして翌期の期末に再び評価を行う

⑩ 有価証券

決算書上の表示区分

売買目的有価証券及び 1年以内に満期の到来する債券	有価証券（流動資産）
親会社株式	親会社株式（流動資産）
自己株式	自己株式（資本の部で控除）
子会社株式	子会社株式（投資等）
上記以外のもの	投資有価証券（投資等）
有限会社の持分	出資金（投資等）

有価証券の保有目的別区分と評価方法

売買目的有価証券	時 価 法 （期末時点の時価にもとづいて銘柄ごとに評価する）
売買目的外有価証券	原 価 法 （期末時点の帳簿価額で評価する）
満期保有目的債券	償却原価法 （取得時点から償還までの期間で取得価額を増額もしくは減額させていく方法）
その他有価証券	原 価 法
親会社株式・子会社株式	原 価 法

貸借対照表

資産の部

負債の部

資本の部

ことになります。

▼配当金・利息の処理

　国債証券や社債券、株式などについての利息や配当金については、次のように税金がかかります（所得税と住民税）。

　国債証券や社債の利子　→　所得税15％、住民税5％　合計20％
　株式の配当金　　　　　→　所得税20％のみ（未上場株式等）

　これらの税金は、法人税や住民税の前払いとして受取利息や受取配当金から差し引かれて入金されてきます。ただし、法人税の申告に際しては、すでに前払いとして納税されていますので税額から控除されます。そのため、受取利息や受取配当金は手取額で計上するのではなく総額で処理し、前払いをしている所得税と住民税は、租税公課勘定もしくは法人税等勘定を用います。

▼有価証券の管理

　有価証券は日頃会社の金庫の中か、銀行の貸金庫の中で保管する必要があります。間違っても社長の机の中や棚に保管してはいけません。現金と同様、換金性の高い資産だからです。

　会計監査では、決算に際して期末日に現物があることを必ず確認します。有価証券の管理上、最低でも年に一度は現物を実査することが重要です。そのことで紛失を防ぎ、保管状況の再確認にもつながるからです。

⑩ 有価証券

▼代表的な仕訳例

- 長期保有目的でA社株式を100,000円購入し、代金は後日支払うこととした

| 借方 | 投資有価証券 | 100,000 | 未払金 | 100,000 | 貸方 |

- B県地方債を200,000円購入し、手数料6,000円とともに小切手で支払った

| 借方 | 有価証券 | 206,000 | 当座預金 | 206,000 | 貸方 |

- C社株式(帳簿価額103,000円)を150,000円で売却し、手数料4,500円を差し引かれて口座へ入金された

| 借方 | 普通預金 | 145,500 | 有価証券 | 103,000 | 貸方 |
| | 支払手数料 | 4,500 | 有価証券売却益 | 47,000 | |

※支払手数料4,500円と有価証券売却益を相殺して有価証券売却益42,500円と処理することもできます。

- D社株式1,000株について1株あたり50円の配当があり、源泉所得税20%が差し引かれて口座へ入金された

| 借方 | 普通預金 | 40,000 | 受取配当金 | 50,000 | 貸方 |
| | 租税公課 | 10,000 | | | |

- E社株式の期末時の時価は80,000円(帳簿価額200,000円)であり、回復の可能性はない

| 借方 | 有価証券評価損 | 120,000 | 有価証券 | 120,000 | 貸方 |

共通解説 棚卸資産(たなおろししさん)

　棚卸資産とは、商品、製品、仕掛品、原材料、消耗品などのように、販売を目的として保有する資産であり、棚卸(たなおろし)を要するものをいいます。棚卸とは、在庫数量や価格評価を調べる手続きです。

　この棚卸資産には、不動産会社が販売する土地や建物、外食産業の会社が保有する肉や野菜、または食用のための家畜も含まれます。

　また、有形のものばかりではなく、無形のサービスもあります。

　たとえば、コンサルティング会社の場合の長期にわたる調査報告レポート作成の調査にかかる人件費や情報料、ノウハウ料といったもの、加工を行う会社の労務費などの加工費などが「仕掛品」として無形のサービスに該当します。

取得価格に含めるもの

　以下①～③は、棚卸資産の取得価額に含めて計上します。
①購入代金(値引などを控除した購入価額)
②購入するために直接必要な費用(購入の際の運搬代金、手数料、関税など)
③会社の内部的な費用(購入事務、検収、整理、手入れ、荷作りなど。税法ではこれらの合計が購入代金の３％以内なら所得価額に含めないこともできる)

取得価額に含めなくていいもの

　以下①～④は、棚卸資産の取得価額に含めず、別科目で処理します。
①不動産取得税の額
②固定資産税及び都市計画税の額

③登録免許税その他登記または登録のために要する費用
④借入金の利子の額

期末金額の算定（評価）

　決算においては期末棚卸品の算定（評価）を行う必要があります。この方法には、原価で行う原価法と時価で行う低価法の２つの方法があります。

　会社は設立の際に税務署に対してどの方法を採るのかを決める必要があります。もし、届出を行わなかった場合には、最終仕入原価法で行うことになります。

棚卸資産の期末評価

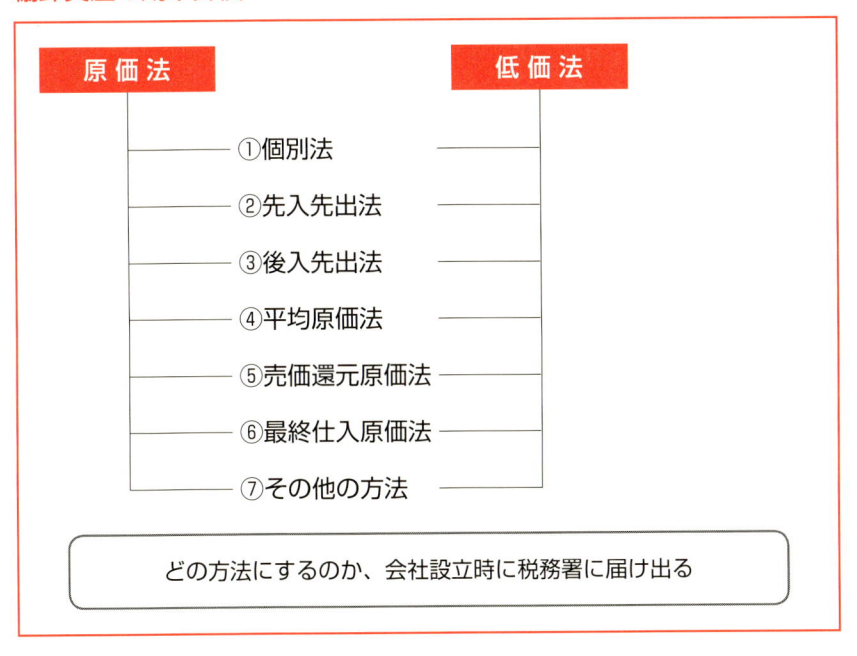

```
┌─────────────────────────────────────────────────┐
│   原価法              低価法                      │
│      ├──── ①個別法                                │
│      ├──── ②先入先出法                            │
│      ├──── ③後入先出法                            │
│      ├──── ④平均原価法                            │
│      ├──── ⑤売価還元原価法                        │
│      ├──── ⑥最終仕入原価法                        │
│      └──── ⑦その他の方法                          │
│                                                 │
│   ┌──────────────────────────────────────┐      │
│   │ どの方法にするのか、会社設立時に税務署に届け出る │      │
│   └──────────────────────────────────────┘      │
└─────────────────────────────────────────────────┘
```

原価法

原価法とは、取得原価によって期末棚卸品の価額とする方法です。

低価法

低価法とは期末棚卸品の原価法による取得原価と時価との比較により、いずれか低い方の価額を期末棚卸品の価額とする方法です。

低価法によれば、時価が原価法による原価より下落している場合には時価で計上しますが、逆に時価が原価法による原価より上昇している場合には時価ではなく原価で計上します。会計には損失はできるだけ早くという保守的な思想があるためです。

棚卸資産の売上原価と期末棚卸品に原価配分する方法には、以下のようなものがあります。

①個別法

個々の実際の取得価額で期末棚卸品の価額を求める方法です。棚卸資産の取得価額を個々に区別して記録しておく必要があります。比較的高価でかつ個々の単価差が著しく個別に管理が行われる宝石や貴金属などで用いられます。

②先入先出法

最も古く取得されたものから順次払い出され、期末棚卸品は最も新しく取得されたものからなるとみなして期末棚卸品の価額を求める方法です。実際の物の流れとほぼ一致した方法でインフレ時には利益が多く出ることになります。

③後入先出法

最も新しく取得されたものから順次払い出され、期末棚卸品は最も古く取得されたものからなるとみなして期末棚卸品の価額を求める方法です。インフレ時には利益が少なく計上されますが、逆にデフレ時には利

益が多く計上されることになります。

④平均原価法

　取得した棚卸資産の平均原価を計算してこの平均原価をもって期末棚卸品の価額を求める方法です。

　この方法には移動平均法、総平均法などがあります。

　移動平均法とは仕入の都度それまでに残っていた数量及び金額に加算して平均単価を求め、これに期末棚卸品の数量を乗じて期末棚卸品の価額を算出します。そして次の仕入までは、その単価をもって払出単価としていく方法です。

　総平均法とは前期の棚卸品の金額と当期の仕入高の合計金額を前期棚卸品の数量と当期仕入数量の合計数量で除して平均単価を求め、これに期末棚卸品の数量を乗じて期末棚卸品の価額を求める方法です．

⑤売価還元原価法

　異なる種類の品目を利益率の類似性にしたがって適当なグループにまとめ、期末棚卸品の売価合計額に原価率を乗じて期末棚卸品の価額を求める方法です．

⑥最終仕入原価法

　最終取得価額で期末棚卸品の価額を求める方法です。すなわち決算日に最も近い時に取得したものの仕入価額や製造価額を用いることになります。

　この方法においては、最終取得分の数量が少なくてもその単価が期末棚卸数量のすべてに適用されます。税務上は棚卸資産の評価方法をとくに届け出なかったりするとこの評価方法で評価することになります。

⑦その他の方法

　以上の方法で求めた価額よりも時価が著しく下落し回復の可能性がある場合を除いては、時価で評価することができます。ただし、税法上はいくつかの条件を満たす必要があります。

売上原価について

　期末棚卸品の価額が決定すると、売上原価の金額が容易に算定できます。

　モノの流れで考えますと、すでに期首に在庫としてある棚卸品に当期で購入もしくは製造した物品をあわせたものが今期における物品のすべてです。そこから期末棚卸品を差し引きますと、それは売れてしまって手元にない物品を意味します。

　すなわち、期首棚卸品の価額に当期商製品の仕入額や製造原価額を足し合わせたものから期末棚卸品の価額を差し引くと、売り上げた商製品の原価が計算できるのです。

棚卸資産の管理

　棚卸資産の管理は帳簿上で入出荷の都度受け払い記録をすると同時に、現場での保管管理をきっちりと行うことが重要です。この棚卸資産の管理がきちんとなされていないと、帳簿上の在庫数量と実在する在庫数量との間に大きく差異が生じてしまうことになりかねません。

　棚卸資産の物の動きと帳簿の受け払いを一致させ、在庫の保管をきちんと行えば、帳簿の数量と棚卸による実在数量が一致します。常に適正な在庫数と紛失や陳腐化、破損といった無駄や損害を防止するためにも、棚卸資産の管理は重要です。

　仮に帳簿上の在庫数と棚卸による在庫数との間に差異が生じた場合には、その差異が通常生じる範囲のものであるかどうか、また、なぜ差異が生じたのかその原因を分析することが必要です。

　棚卸資産も現金同様、価値ある資産です。決して無駄にはできません。そのためにも原因を分析して、今後、差異が生じないように対策を立てて実行して初めて棚卸資産の管理ができるのです。

　筆者が以前に会計監査でお邪魔していた外食関係の会社で、蟹の数量に帳簿と実在数で大きく差異が生じていました。これはおかしいと思っ

たので会社の担当役員の方にその旨を尋ねたところ、原因を調査するとのことでした。

後日その結果を尋ねてみたら、気まずそうに言葉を濁され、適切に処理し、今後このようなことのないように管理したいとおっしゃっていました。おそらく従業員が横流しでもしたのではないかと思われます。

このような不正も、棚卸資産の管理がしっかりなされていれば防止または原因究明ができるのです。

| 個人 | 法人 | 消費税区分 ▶ | 対象外 | 課税 | 非課税 |

11 商品

増加仕訳　期末の棚卸で商品在庫を資産へ計上した

| 借方 | 商品 | ××× | 期末商品棚卸高 | ××× | 貸方 |

摘要
- 試供品
- 見本品
- 積送品
- 未着品
- 販売用土地建物
- 販売用有価証券
- 商品
- 仕入商品

相手科目
- 期末商品棚卸高

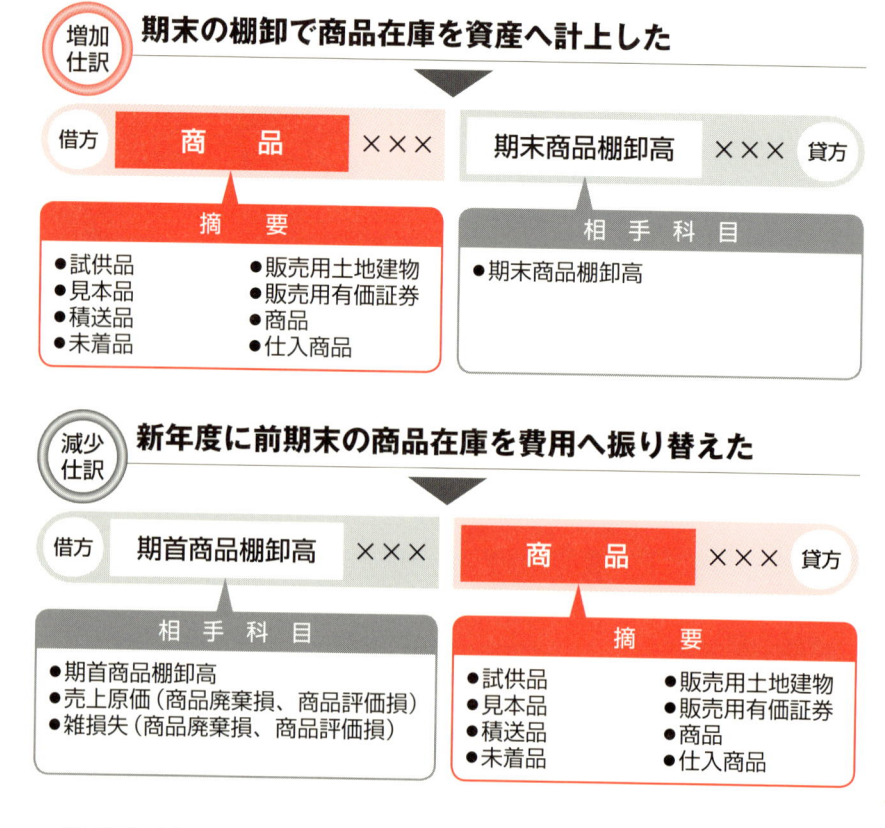

減少仕訳　新年度に前期末の商品在庫を費用へ振り替えた

| 借方 | 期首商品棚卸高 | ××× | 商品 | ××× | 貸方 |

相手科目
- 期首商品棚卸高
- 売上原価（商品廃棄損、商品評価損）
- 雑損失（商品廃棄損、商品評価損）

摘要
- 試供品
- 見本品
- 積送品
- 未着品
- 販売用土地建物
- 販売用有価証券
- 商品
- 仕入商品

▼注意事項

　たとえばスーパーやデパートがメーカーから購入して、在庫として所有すれば、これは商品になります。また、不動産会社であれば、土地や建物を販売のために所有していることから、これも商品になります。

加工せずにそのまま販売することを目的に、外部から仕入れた物品をいいます。

▼消費税区分の例外
　免税事業者が課税事業者となった場合には、初年度の課税期間の期首商品は課税仕入になります。

▼代表的な仕訳例
- A社から商品200,000円を掛けで仕入れて船荷証券を受け取った

| 借方 | 未着品 | 200,000 | 買掛金 | 200,000 | 貸方 |

- A社から仕入れた未着品200,000円が到着し、船荷証券と引き換えに商品を受け取った

| 借方 | 仕入 | 200,000 | 未着品 | 200,000 | 貸方 |

- 決算にあたり、期末商品在庫150,000円を資産へ計上した

| 借方 | 商品 | 150,000 | 期末商品棚卸高 | 150,000 | 貸方 |

- 上記商品在庫のうち30,000円分が破損していたため、廃棄した

| 借方 | 雑損失 | 30,000 | 商品 | 30,000 | 貸方 |

- 同様に上記商品在庫のうち50,000円分が季節商品であり、値下げ販売が見込まれることから、30,000円まで評価を落とした

| 借方 | 雑損失 | 20,000 | 商品 | 20,000 | 貸方 |

| 個人 | 法人 | 消費税区分 ▶ | **対象外** | 課税 | 非課税 |

12 製品(せいひん)

増加仕訳 期末の棚卸で製品在庫を資産へ計上した

借方 **製品** ×××　　期末製品棚卸高 ××× 貸方

摘要
- 完成品
- 製品
- 完成品受け入れ
- 自社製品
- 商品
- 仕入商品

相手科目
- 期末製品棚卸高

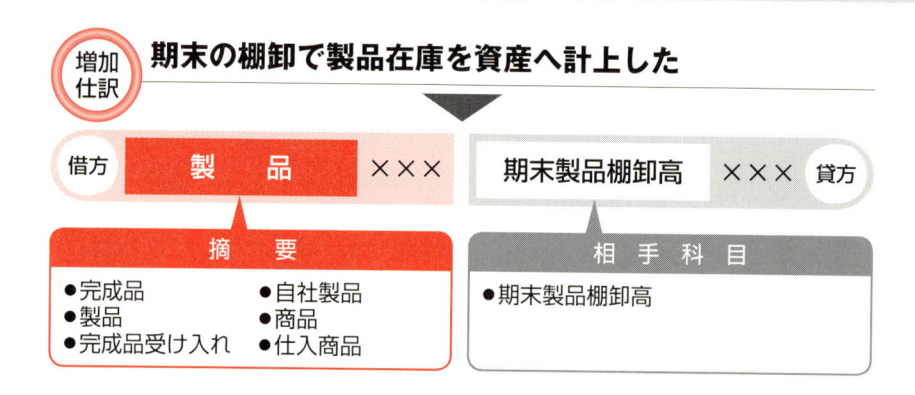

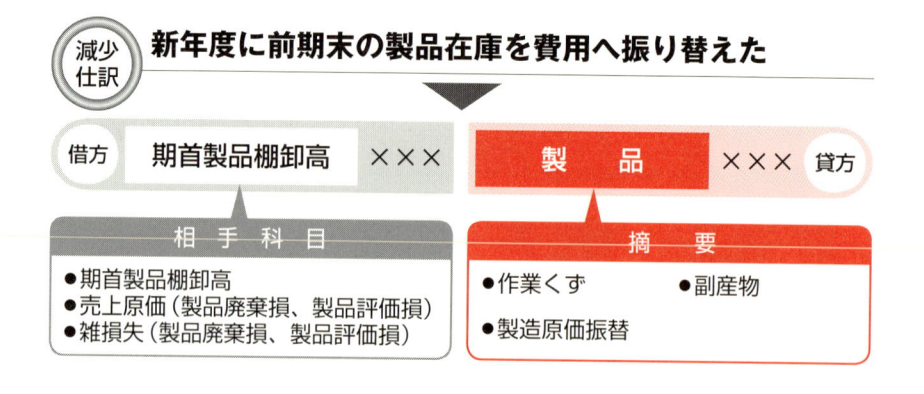

減少仕訳 新年度に前期末の製品在庫を費用へ振り替えた

借方 期首製品棚卸高 ×××　　**製品** ××× 貸方

相手科目
- 期首製品棚卸高
- 売上原価(製品廃棄損、製品評価損)
- 雑損失(製品廃棄損、製品評価損)

摘要
- 作業くず
- 副産物
- 製造原価振替

▼注意事項

　たとえば自動車メーカーや食品メーカーが原材料をもとに製造や加工をして完成品となったものを在庫として所有すれば、これは製品になります。商品との違いは、自らが製造や加工を行ったか、あるいは他から

販売することを目的に、自社で製造加工した物品などをいいます。

仕入れたかの点にあります。

消費税区分の例外
　免税事業者が課税事業者となった場合には、初年度の課税期間の期首製品は課税仕入になります。

▼代表的な仕訳例

- 決算にあたり、在庫表の期末製品在庫 300,000 円を資産へ計上した

| 借方 | 製品 | 300,000 | 期末製品棚卸高 | 300,000 | 貸方 |

- 実地棚卸の結果、期末製品在庫は 295,000 円で 5,000 円棚卸差損があった

| 借方 | 雑損失 | 5,000 | 製品 | 5,000 | 貸方 |

- 上記製品在庫のうち 15,000 円分が破損していたため、廃棄した

| 借方 | 雑損失 | 15,000 | 製品 | 15,000 | 貸方 |

- 同様に上記製品在庫のうち 30,000 円分が季節製品であり、値下げ販売が見込まれることから 20,000 円まで評価を落とした

| 借方 | 雑損失 | 10,000 | 製品 | 10,000 | 貸方 |

個人　法人　消費税区分 ▶ 対象外　課税　非課税

13 仕掛品

増加仕訳　期末の棚卸で仕掛品在庫を資産へ計上する

| 借方 | 仕掛品 ××× | 期末仕掛品棚卸高 ××× | 貸方 |

摘要
- 加工途中の製品在庫
- 工場ライン上の在庫
- 製造途中の部品
- 製造過程の在庫

相手科目
- 期末仕掛品棚卸高

減少仕訳　新年度に前期末の仕掛品在庫を費用へ振り替えた

| 借方 | 期首仕掛品棚卸高 ××× | 仕掛品 ××× | 貸方 |

相手科目
- 期首仕掛品棚卸高
- 当期製品製造原価
（仕掛品廃棄損、仕掛品評価損）
- 雑損失（仕掛品廃棄損）

摘要
- 加工途中の製品在庫
- 工場ライン上の在庫
- 製造途中の部品
- 製造過程の在庫

製品の製造工程にあって、加工中ではあるが未完成の物品をいいます。

▼注意事項

　土木建設業においては仕掛品勘定ではなく、未成工事支出金勘定を用います。また、建物や設備など、固定資産に対する建設中の支出金は建設仮勘定を用います。

消費税区分の例外

　免税事業者が課税事業者となった場合には初年度の課税期間の期首仕掛品は課税仕入になります。

▼代表的な仕訳例

- 決算にあたり、在庫表の期末仕掛品在庫200,000円を資産へ計上した

| 借方 | 仕掛品 | 200,000 | 期末仕掛品棚卸高 | 200,000 | 貸方 |

- 実地棚卸の結果、期末仕掛品在庫は198,000円で2,000円棚卸差損があった

| 借方 | 製造費用 | 2,000 | 仕掛品 | 2,000 | 貸方 |

- 上記仕掛品在庫のうち10,000円分が破損していたため廃棄した

| 借方 | 製造費用 | 10,000 | 仕掛品 | 10,000 | 貸方 |

| 個人 | 法人 | 消費税区分 ▶ | **対象外** | 課税 | 非課税 |

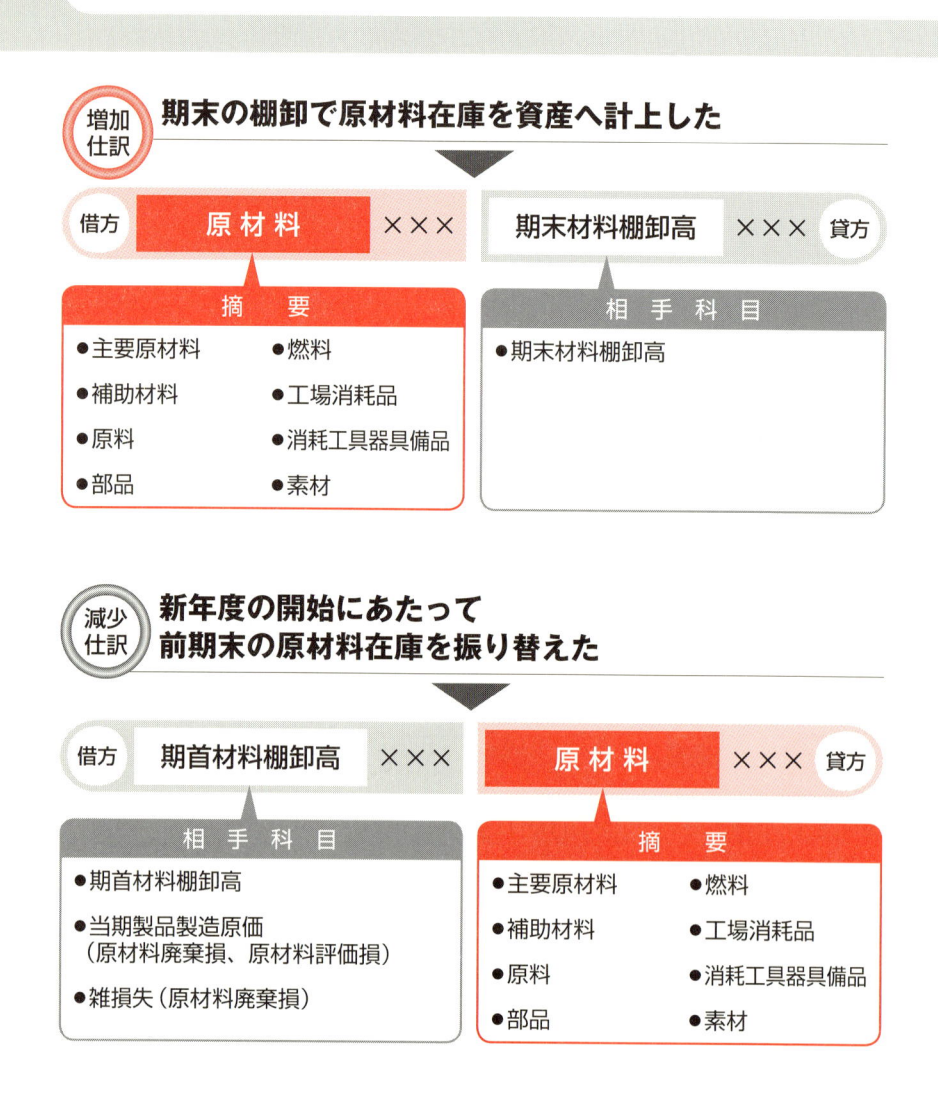

14 原材料（げんざいりょう）

【増加仕訳】期末の棚卸で原材料在庫を資産へ計上した

| 借方 | 原材料 | ××× | 期末材料棚卸高 | ××× | 貸方 |

摘要
- 主要原材料
- 燃料
- 補助材料
- 工場消耗品
- 原料
- 消耗工具器具備品
- 部品
- 素材

相手科目
- 期末材料棚卸高

【減少仕訳】新年度の開始にあたって前期末の原材料在庫を振り替えた

| 借方 | 期首材料棚卸高 | ××× | 原材料 | ××× | 貸方 |

相手科目
- 期首材料棚卸高
- 当期製品製造原価
  （原材料廃棄損、原材料評価損）
- 雑損失（原材料廃棄損）

摘要
- 主要原材料
- 燃料
- 補助材料
- 工場消耗品
- 原料
- 消耗工具器具備品
- 部品
- 素材

製品を作るために購入された物品で、まだ消費されていないものをいいます。

▼注意事項

消費税区分の例外

　免税事業者が課税事業者となった場合には、初年度の課税期間の期首原材料は課税仕入になります。

▼代表的な仕訳例

- 決算にあたり在庫表の期末原材料在庫60,000円を資産へ計上した

| 借方 | 原材料 | 60,000 | 期末材料棚卸高 | 60,000 | 貸方 |

- 実地棚卸の結果、期末原材料在庫は59,000円で1,000円棚卸差損があった

| 借方 | 製造費用 | 1,000 | 原材料 | 1,000 | 貸方 |

- 上記原材料在庫のうち5,000円分が破損していたため廃棄した

| 借方 | 製造費用 | 5,000 | 原材料 | 5,000 | 貸方 |

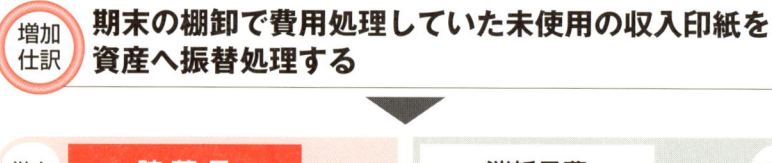

個人 法人 消費税区分 ▶ 対象外 課税 非課税

15 貯蔵品

増加仕訳 期末の棚卸で費用処理していた未使用の収入印紙を資産へ振替処理する

| 借方 | 貯蔵品 | ××× | | 消耗品費 | ××× | 貸方 |

摘要
- 未使用事務用品（ノート、ペン、帳票、コピー用紙）
- 消耗工具
- 未使用収入印紙
- 包装材料
- 未使用備品
- 未使用消耗品
- 未使用文房具
- 未使用切手
- 未使用伝票

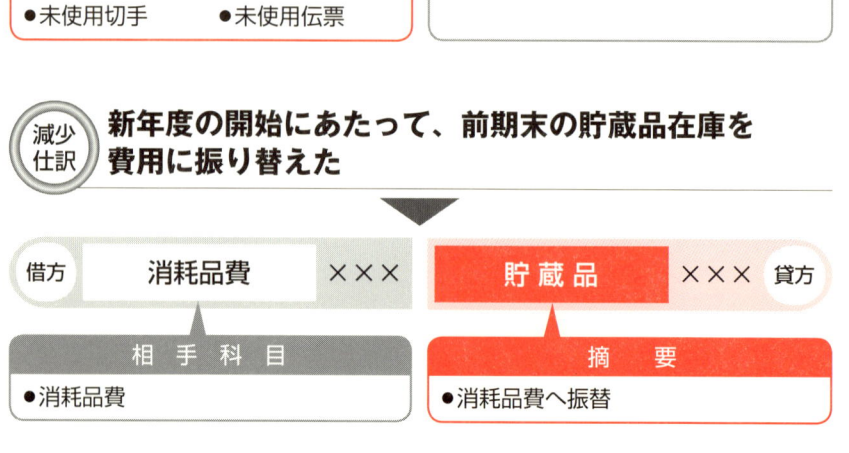

相手科目
- 現金
- 未払金
- 預金
- 消耗品費

減少仕訳 新年度の開始にあたって、前期末の貯蔵品在庫を費用に振り替えた

| 借方 | 消耗品費 | ××× | | 貯蔵品 | ××× | 貸方 |

相手科目
- 消耗品費

摘要
- 消耗品費へ振替

事務用品や消耗品などのうち、まだ使用していないものをいいます。

▼注意事項

モノの流れからいいますと、いったん購入と同時に貯蔵品勘定に計上して、使用したものから消耗品費勘定へ振替処理を行うのが筋です。しかし実務的には、購入と同時に消耗品費勘定で計上し、期末で未使用分を貯蔵品勘定へ振り替えるのが一般的です。

消費税区分の例外

免税事業者が課税事業者となった場合には、初年度の課税期間の期首貯蔵品は課税仕入になります。

▼代表的な仕訳例

- 決算にあたり未使用分の貯蔵品 50,000 円を資産へ計上した

| 借方 | 貯蔵品 | 50,000 | 消耗品費 | 50,000 | 貸方 |

個人　法人　消費税区分 ▶ 対象外　課税　非課税

16 前渡金（まえわたしきん）

増加仕訳：外注加工代金の一部を小切手で前渡しした

| 借方 | 前渡金 ××× | 当座預金 ××× | 貸方 |

摘要
- 手付金
- 代金前払い
- 前払金

相手科目
- 現金
- 各種預金

減少仕訳：上記外注品の納入を受け、残額を掛とした

| 借方 | 外注加工費 ××× | 買掛金 ××× | 貸方 |
| | | 前渡金 ××× | |

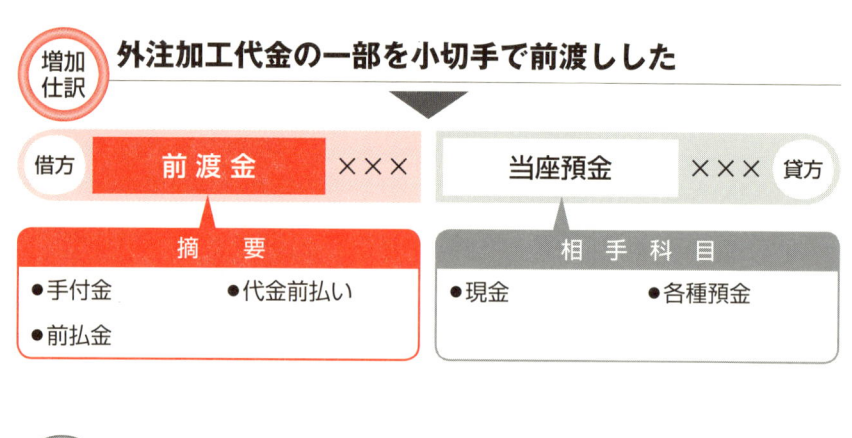

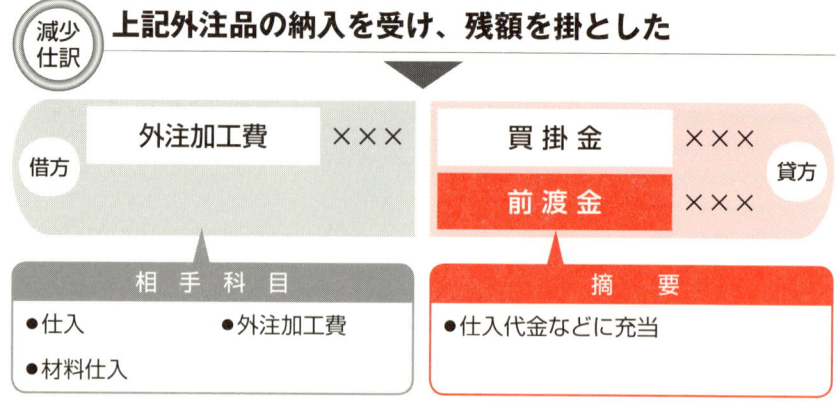

相手科目
- 仕入
- 外注加工費
- 材料仕入

摘要
- 仕入代金などに充当

▼注意事項

　固定資産を購入する場合の前払金は建設仮勘定として処理します。また、取引先などに融資をした場合は、短期貸付金で処理します。

商品や原材料等の棚卸資産や製品の外注加工などの代金を前もって支払った前払金を処理する勘定科目のことをいいます。

▼前渡金の管理

　前渡金は仕入などの代金の前払いであることから、買掛金と併せて管理する必要があります。すでに仕入先に前渡金として支払ったにもかかわらず、仕入代金全額を買掛金として計上し、前渡金と相殺せずに買掛金全額を支払ってしまう場合があるからです。そのため、買掛金台帳や買掛金勘定の摘要欄に前渡金の有無について記載をしておくといった工夫がなされていれば便利です。

　期末時には前渡金と買掛金の相殺漏れがないかどうか、前渡金は支払ったがその後仕入がなくなってしまって前渡金を返還してもらっていないものがないかなど調べる必要があります。

▼代表的な仕訳例

- 商品購入代金の一部200,000円を現金で前払いした

借方	前渡金	200,000	現　　金	200,000	貸方

- 上記商品1,000,000円の仕入にあたって、残り800,000円は掛とした

借方	仕　　入	1,000,000	買掛金	800,000	貸方
			前渡金	200,000	

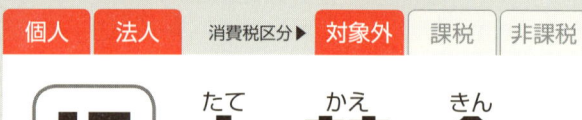

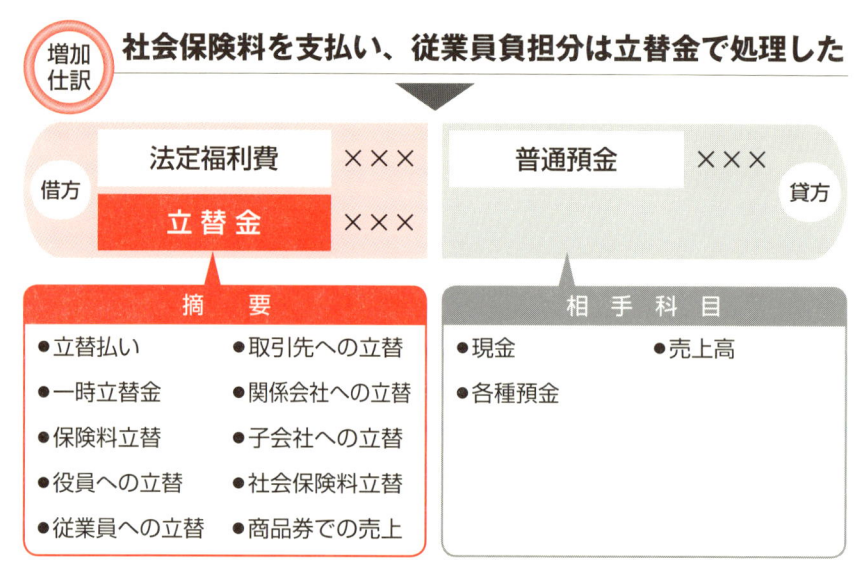

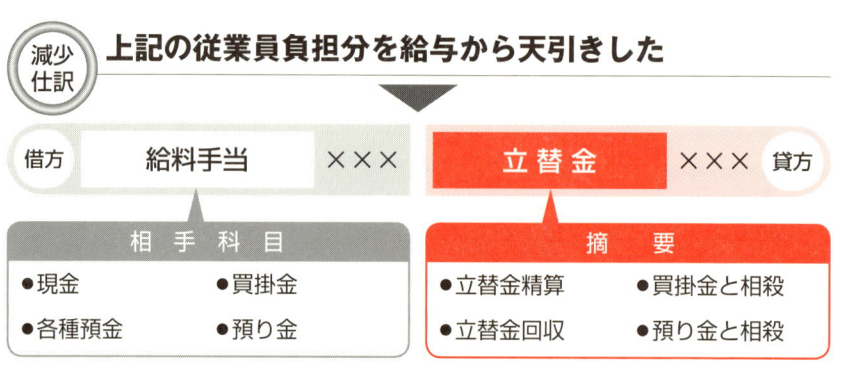

[個人] [法人]　消費税区分 ▶ [対象外] 課税 非課税

17 立替金（たてかえきん）

増加仕訳　社会保険料を支払い、従業員負担分は立替金で処理した

借方
| 法定福利費 | ××× |
| 立替金 | ××× |

貸方
| 普通預金 | ××× |

摘要
- 立替払い
- 一時立替金
- 保険料立替
- 役員への立替
- 従業員への立替
- 取引先への立替
- 関係会社への立替
- 子会社への立替
- 社会保険料立替
- 商品券での売上

相手科目
- 現金
- 各種預金
- 売上高

減少仕訳　上記の従業員負担分を給与から天引きした

借方
| 給料手当 | ××× |

貸方
| 立替金 | ××× |

相手科目
- 現金
- 各種預金
- 買掛金
- 預り金

摘要
- 立替金精算
- 立替金回収
- 買掛金と相殺
- 預り金と相殺

立替金は役員や従業員、取引先や関係会社などに対する一時的な立替払いを処理する勘定科目のことをいいます。

▼注意事項

　立替金は一時的に立替払いしているにすぎませんから、早期に回収する必要があります。とくに、決算書上に立替金が残っているのはあまり印象がよくありません。

　また、商品券は金券ですから、現金同様に紛失しないよう大切に管理することが必要です。

▼代表的な仕訳例

- 社内旅行費 800,000 円を普通預金から支払い、そのうち個人負担分 200,000 円を立替金で処理した

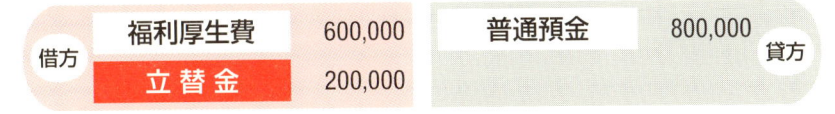

借方			貸方	
福利厚生費	600,000	普通預金	800,000
立替金	200,000		

- 上記立替金 200,000 円は各自から回収した

借方			貸方	
現　金	200,000	立替金	200,000

- 贈答品 300,000 円を加盟店共通の商品券と引き換えに販売した

借方			貸方	
立替金	300,000	売　上	300,000

18 短期貸付金（たんきかしつけきん）

個人 / 法人 ／ 消費税区分 ▶ 対象外 ／ 課税 ／ 非課税

増加仕訳：会社役員に対して、普通預金からの振込により資金を貸し付けた

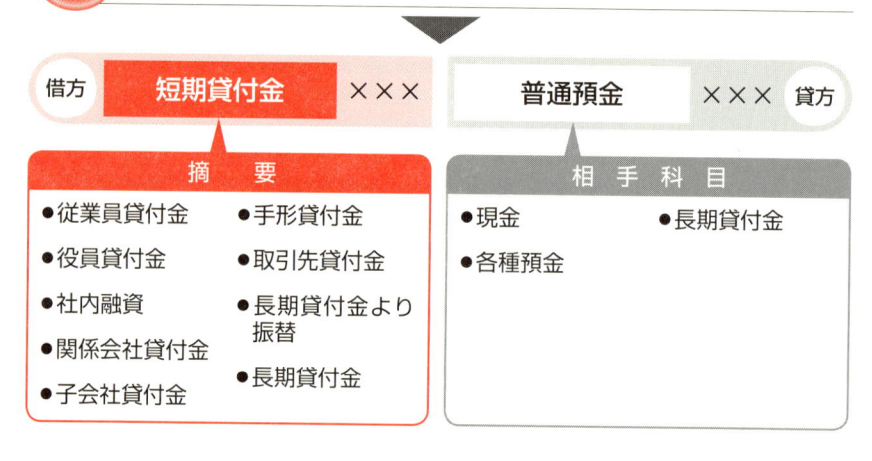

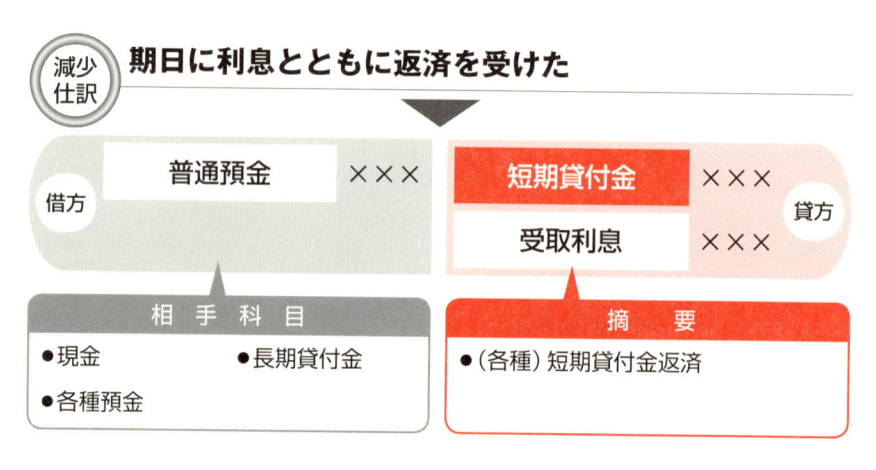

| 借方 | 短期貸付金 | ××× | 普通預金 | ××× | 貸方 |

摘要
- 従業員貸付金
- 役員貸付金
- 社内融資
- 関係会社貸付金
- 子会社貸付金
- 手形貸付金
- 取引先貸付金
- 長期貸付金より振替
- 長期貸付金

相手科目
- 現金
- 各種預金
- 長期貸付金

減少仕訳：期日に利息とともに返済を受けた

| 借方 | 普通預金 | ××× | 短期貸付金 | ××× | 貸方 |
| | | | 受取利息 | ××× | |

相手科目
- 現金
- 各種預金
- 長期貸付金

摘要
- （各種）短期貸付金返済

役員や従業員、取引先や関係会社などに対する貸付金のうち、決算日の翌日から1年以内に返済される予定で貸し付けた金銭のことをいいます。

▼注意事項

　長期貸付金のうち、決算日の翌日から1年以内に返済される予定分についても短期貸付金へ振り替える必要があります。逆に、短期貸付金でも返済条件が変わって決算日の翌日から1年以内に返済されなくなった場合は長期貸付金へ振り替えます。

▼短期貸付金の管理

　短期貸付金は、貸付先ごとに契約書を作成して管理簿で管理することが必要です。貸付先、貸付金額、利息、返済条件、担保の有無などを明確にしておくことが大切です。そして返済条件どおりの返済がなされているか、返済が遅れていないかを定期的にチェックし、注意を払うことが望まれます。

▼代表的な仕訳例

● 社内の役員に対して200,000円を現金で貸し付けた

| 借方 | 短期貸付金 | 200,000 | 現　　金 | 200,000 | 貸方 |

● 上記貸付金200,000円の返済を受け、利息とともに現金で受け取った

| 借方 | 現　　金 | 202,000 | 短期貸付金 | 200,000 | 貸方 |
| | | | 受取利息 | 2,000 | |

| 個人 | 法人 | 消費税区分 ▶ | **対象外** | 課税 | 非課税 |

19 未収入金（未収金）

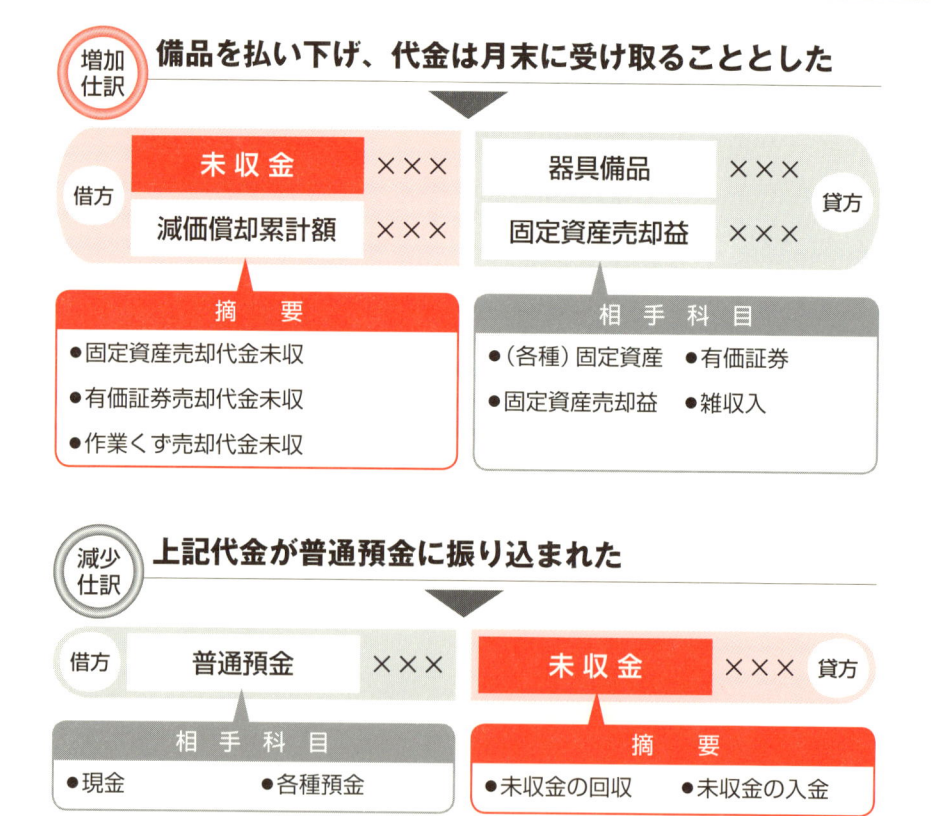

増加仕訳 備品を払い下げ、代金は月末に受け取ることとした

▼

借方
- 未収金　×××
- 減価償却累計額　×××

貸方
- 器具備品　×××
- 固定資産売却益　×××

摘要
- 固定資産売却代金未収
- 有価証券売却代金未収
- 作業くず売却代金未収

相手科目
- （各種）固定資産
- 有価証券
- 固定資産売却益
- 雑収入

減少仕訳 上記代金が普通預金に振り込まれた

▼

借方
- 普通預金　×××

貸方
- 未収金　×××

相手科目
- 現金
- 各種預金

摘要
- 未収金の回収
- 未収金の入金

▼注意事項

「主たる通常の事業に関する取引」から生じた債権は、売掛金で処理します。

> 未収入金は通常の事業以外、たとえば固定資産や有価証券の売却などの取引から発生した未収債権のことをいいます。

　実務的には、営業外収益の未収分は未収収益（次項）として処理している場合があります。たとえば預金利息なら、継続してお金を預けていても受取日が来ないことには受け取れません。利息は受け取っていなくてもその時々において預金は預け続けていますので、利息の金額は計算され続けています。このような受取日到来前のサービス代の未収分が、本来の未収収益です。そのため期末においては、利息の受取日が期末日後であれば前回利息を受け取った日の翌日から期末日までの収益のうち、今期分を未収収益で計上することになります。

　しかしこのような未収収益で、受取日になっても代金の支払がないものについては、確定債権として未収金で計上する必要があります。

▼代表的な仕訳例

- 取得価額800,000円、減価償却累計額650,000円のコンピュータ機器を300,000円で売却し、代金は10日以内に受け取る約束とした

借方			貸方		
未収入金	300,000		器具備品	800,000	
減価償却累計額	650,000		固定資産売却益	150,000	

- 上記未収入金を小切手で回収した

借方			貸方		
現　　金	300,000		未収入金	300,000	

| 個人 | 法人 | 消費税区分 ▶ | **対象外** | 課税 | 非課税 |

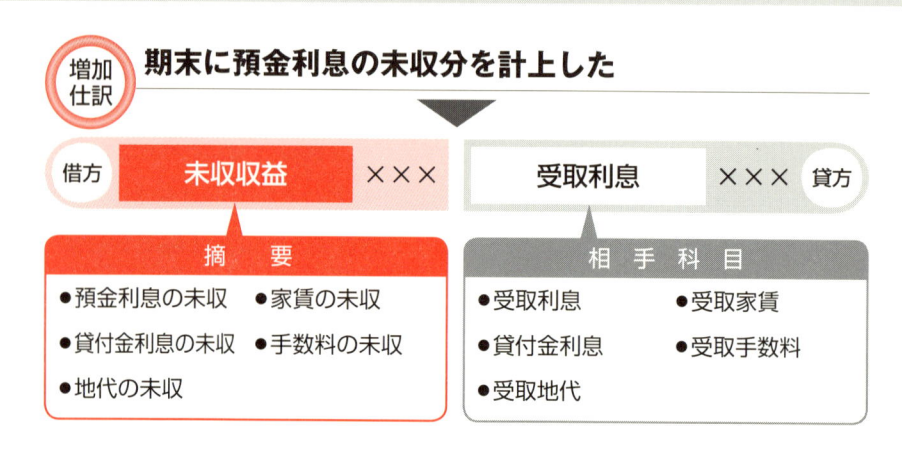

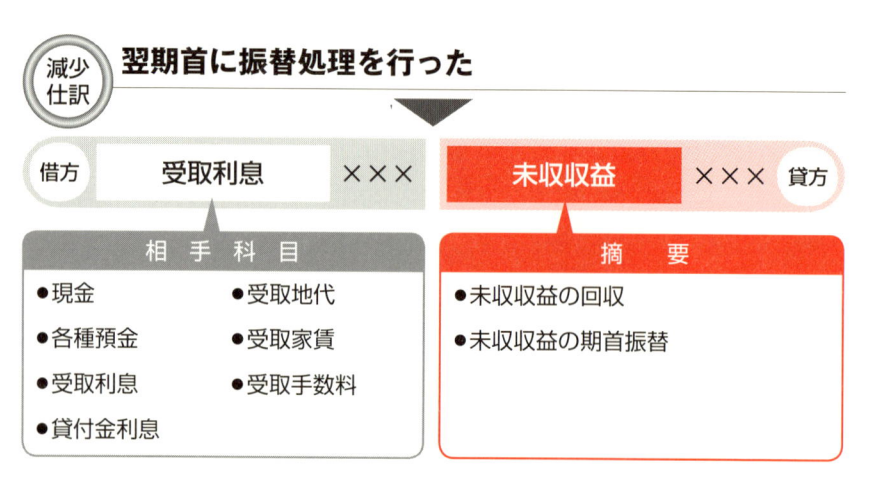

20 未収収益（みしゅうしゅうえき）

増加仕訳 期末に預金利息の未収分を計上した

借方　**未収収益**　×××　　**受取利息**　×××　貸方

摘要
- 預金利息の未収
- 貸付金利息の未収
- 地代の未収
- 家賃の未収
- 手数料の未収

相手科目
- 受取利息
- 貸付金利息
- 受取地代
- 受取家賃
- 受取手数料

減少仕訳 翌期首に振替処理を行った

借方　**受取利息**　×××　　**未収収益**　×××　貸方

相手科目
- 現金
- 各種預金
- 受取利息
- 貸付金利息
- 受取地代
- 受取家賃
- 受取手数料

摘要
- 未収収益の回収
- 未収収益の期首振替

継続的なサービスについて、ある一定時点ですでにサービスの提供は行ったけれども、まだその代金をもらっていない場合のその対価をいいます。

▼注意事項

売掛金や未収入金（未収金）と未収収益の違いは、以下のとおりです。
売掛金：通常の営業における未収金。商品や製品サービスの販売代金
未収金：通常の営業以外の未収金。固定資産や有価証券などの売却代金
未収収益：営業外収益で時間の経過に伴って発生するものの未収金。受取日が到来していない利息など

▼代表的な仕訳例

- 子会社に対して 2,000,000 円の短期貸付を小切手を振り出して行った

| 借方 | 短期貸付金 | 2,000,000 | 当座預金 | 2,000,000 | 貸方 |

- 期末で上記貸付金に対する未収利息 30,000 円を計上した

| 借方 | 未収収益 | 30,000 | 受取利息 | 30,000 | 貸方 |

- 翌期首で振替処理を行った

| 借方 | 受取利息 | 30,000 | 未収収益 | 30,000 | 貸方 |

- 支払期日になって利息とともに小切手で回収した

| 借方 | 現　金 | 2,050,000 | 短期貸付金 | 2,000,000 | 貸方 |
| | | | 受取利息 | 50,000 | |

個人 | 法人 | 消費税区分 ▶ 対象外 | 課税 | 非課税

21 前払費用

増加仕訳 今月末に来月分の家賃を支払った

| 借方 | 前払費用 | ××× | | 現　金 | ××× | 貸方 |

摘要
- 地代の前払い
- リース料の前払い
- 家賃の前払い
- 割引料の前払い
- 賃借料の前払い
- 保証料の前払い
- 経費の前払い
- 未経過利息
- 保険料の前払い

相手科目
- 現金
- （各種）預金

減少仕訳 翌月に振替処理を行った

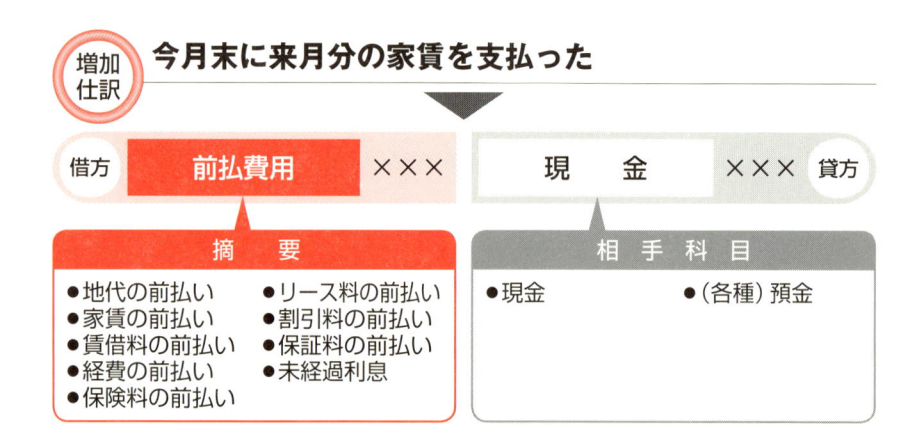

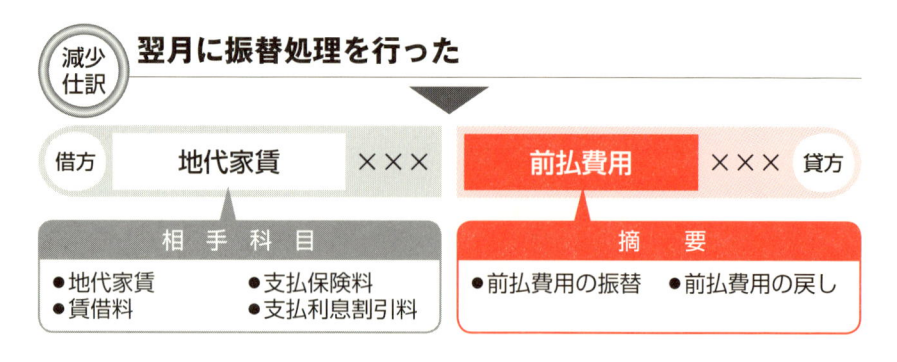

| 借方 | 地代家賃 | ××× | | 前払費用 | ××× | 貸方 |

相手科目
- 地代家賃
- 支払保険料
- 賃借料
- 支払利息割引料

摘要
- 前払費用の振替
- 前払費用の戻し

▼注意事項

　たとえばオフィスビルの賃借料は、一般的に家賃は来月分を今月中に払うといったように前払いしています。つまり「来月もフロアーを借りる」という「まだ受けていないサービス」に対して、家賃を払うわけで

> 継続的なサービスを受ける場合に、ある一定時点でまだサービスの提供を受けていないにもかかわらず、すでに代金を支払っている場合のその対価をいいます。

す。このような継続的なサービスの場合に、来月分は前払費用として処理することになります。

処理は2通りあります。ひとつは、支出時には前払費用で処理し、その後に費用に振り替えていくやり方。

もうひとつは、支出時には費用で処理し、期末で期末時点の前払い分のみを前払費用に振り替える処理です。毎月の月次決算をきちんと行うためには前者が望ましいといえますが、事務手続きの観点でいえば後者のほうが簡素化は図れます。

なお、前渡金や前払金と前払費用との違いは、以下のとおりです。
前渡金：仕入代金の前渡し
前払金：固定資産購入代金や給料などの前渡し
前払費用：時の経過とともに費用となっていくものの前払い分

▼代表的な仕訳例

- コンピュータのリース料6カ月分300,000円を小切手で支払った

| 借方 | 賃借料 | 300,000 | 当座預金 | 300,000 | 貸方 |

- 期末時点で上記リース料のうち2カ月分がまだ未経過である

| 借方 | 前払費用 | 100,000 | 賃借料 | 100,000 | 貸方 |

- 翌期になって期首で振替処理を行った

| 借方 | 賃借料 | 100,000 | 前払費用 | 100,000 | 貸方 |

個人　法人　消費税区分 ▶ 対象外　課税　非課税

22 仮払金

増加仕訳

従業員の出張のため現金を仮払いした

| 借方 | 仮払金 | ××× | 現　金 | ××× | 貸方 |

摘要
- 旅費仮払い
- 出張費仮払い
- 交際費仮払い
- 仮払金支払

相手科目
- 現金
- 各種預金

減少仕訳

翌週に精算処理を行った

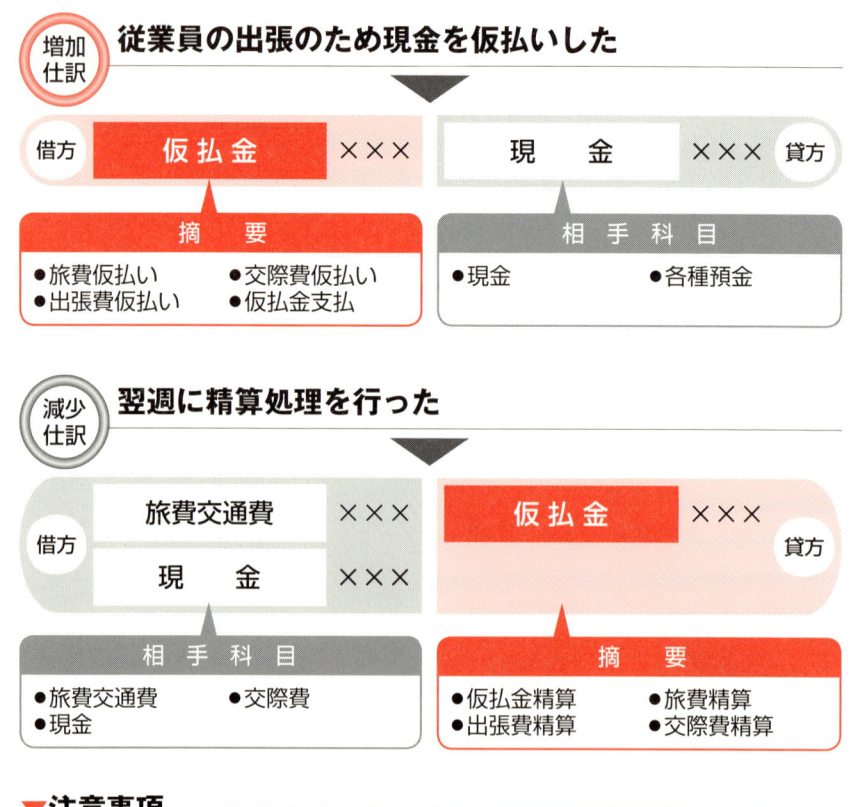

| 借方 | 旅費交通費 | ××× | 仮払金 | ××× | 貸方 |
| | 現　金 | ××× | | | |

相手科目
- 旅費交通費
- 現金
- 交際費

摘要
- 仮払金精算
- 出張費精算
- 旅費精算
- 交際費精算

▼注意事項

　あくまでも一時的に処理する科目ですから、使途や金額が確定したら適切な勘定科目へ振り替えることが必要です。

　また、金額や内容が未確定なため、何かと悪用されやすい勘定科目でもあります。そのため特別な目的以外には仮払支給は避け、管理には充

使途や金額が確定していないものに対して、一時的に概算払いしたものをいいます。

分に注意し、早期に精算処理することが望まれます。仮払いする場合のルールを社内で確立するとともに、期末時にはすべて精算されてしまうように社内の理解を図ることが大切です。たとえば支給時には仮払金の管理簿に記入し、精算は仮払金精算書をもって手続きを行うなど、精算過程が明確になるようにしておくことが重要です。

筆者が会計監査でお邪魔していたある会社でも、決算書上に仮払金が計上されていました。内容を確認したところ、かなり以前から繰り越されてきたもので、未精算のまま内容が不明なものがありました。

きちんとした管理がなされていなければ、後になって判明させるのは非常に困難です。果たして交際費や旅費の精算がもれてしまったのか、役員や従業員が私物化してしまったのか、あるいは何か使途を明らかにしたくないためにこのような処理をしたのかなど、いろんなことが考えられるのです。

▼代表的な仕訳例

● 取引先を接待するために仮払金 80,000 円を現金で渡した

| 借方 | 仮払金 | 80,000 | 現　金 | 80,000 | 貸方 |

● 翌日、領収書と現金 7,500 円を引き換えに精算した

| 借方 | 交際費 | 72,500 | 仮払金 | 80,000 | 貸方 |
| | 現　金 | 7,500 | | | |

個人　法人　消費税区分 ▶ 対象外　課税　非課税

23 仮払消費税

増加仕訳
現金で商品を仕入れ、税抜処理で計上した

借方
- 仕　入　×××
- 仮払消費税　×××

摘要
- ●課税仕入　●税抜処理
- ●仮払消費税　●外税処理

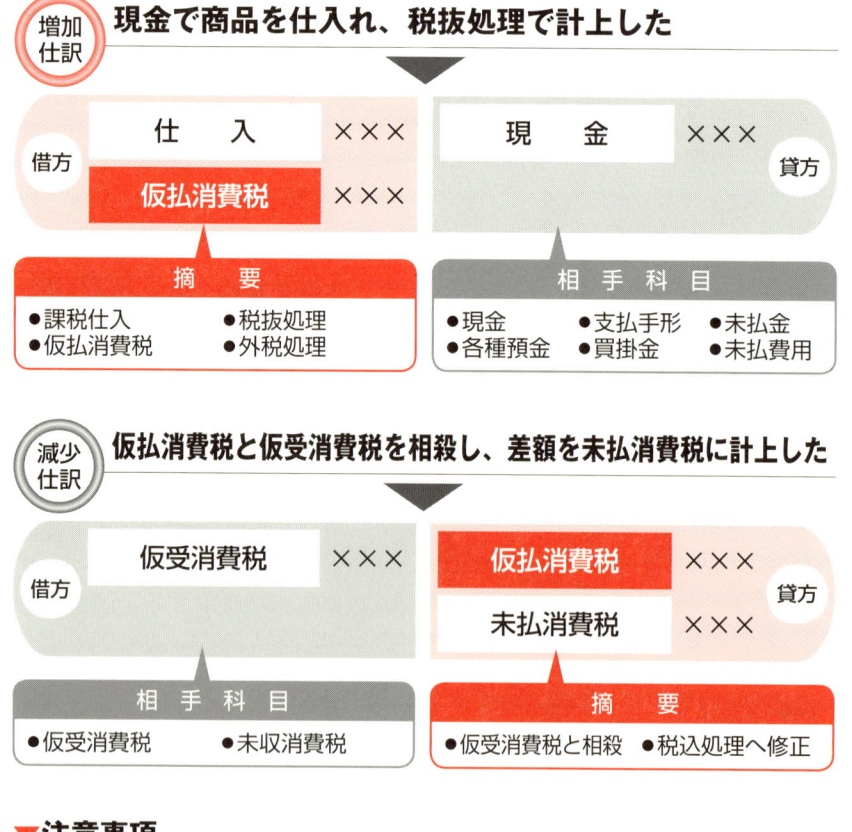

貸方
- 現　金　×××

相手科目
- ●現金　●支払手形　●未払金
- ●各種預金　●買掛金　●未払費用

減少仕訳
仮払消費税と仮受消費税を相殺し、差額を未払消費税に計上した

借方
- 仮受消費税　×××

相手科目
- ●仮受消費税　●未収消費税

貸方
- 仮払消費税　×××
- 未払消費税　×××

摘要
- ●仮受消費税と相殺　●税込処理へ修正

▼注意事項

　消費税の処理方法には税込処理と税抜処理があります。仮払消費税で処理するのは税抜処理の方です。どちらでもかまいませんが、消費税を納める義務のない事業者や会社（免税事業者）は税込処理を行います。

経費の計上や固定資産の購入などにかかってくる消費税を処理するための勘定科目です。

▼代表的な仕訳例

- 旅費交通費15,750円（税込）を現金で支払った。なお当社は税抜処理を採用している

借方	旅費交通費	15,000	現　　金	15,750	貸方
	仮払消費税	750			

- 機械装置1,575,000円（税込）を購入して普通預金口座から支払った

税込処理

借方	機械装置	1,575,000	普通預金	1,575,000	貸方

税抜処理

借方	機械装置	1,500,000	普通預金	1,575,000	貸方
	仮払消費税	75,000			

- 近所の雑貨屋で消耗品5,400円を購入して現金で支払った。なおこの代金には消費税の金額は明示されていなかった

税込処理

借方	消耗品	5,400	現　　金	5,400	貸方

税抜処理

借方	消耗品	5,143	現　　金	5,400	貸方
	仮払消費税	257			

共通解説 有形固定資産(ゆうけいこていしさん)

有形固定資産とは？

　有形固定資産とは、事業のために長期にわたって所有する有形の資産をいいます。具体的には建物や構築物、機械装置、車両運搬具、工具器具備品、土地、建設仮勘定などがあります。

　また、有形固定資産の分類としては減価償却ができるものとできないものに分けられます。

　減価償却できるもののうち、短期間で使用されてしまうもの（1年未満）や取得価額が10万円未満のもの（1個、1組）については、事業に使用した年度に消耗品費など、一括で費用計上できます。

取得価額

　固定資産は取得価額で計上されます。その取得価額は取得の方法によって下記のように決定されますが基本的には、

$$取得価額＝購入価額＋使うために直接要した費用$$

で表されます。

▶購入の場合
- 購入代金（引取運賃、荷役費、運送保険料、購入手数料、関税、その他の付随費用を含む）
- 使用するために直接要した費用（据付費、試運転費など）

▶自社で製造、建設した場合
- 製造、建設費（原材料費、労務費、経費）

● 使用するために直接要した費用（据付費、試運転費など）

▶ 贈与、交換により取得した場合
● 時価などの公正な評価額
● 使用するために直接要した費用（据付費、試運転費など）

　また、以下のものは取得価額に含めないこと（費用で処理すること）ができます。
　　借入金の利子
　　租税公課
　　　　不動産取得税
　　　　自動車取得税
　　　　登録免許税
　　その他

減価償却

　建物や備品などの固定資産は、使用または時の経過とともに年々価値が減少していきます。

　また、違った見方をすれば固定資産というのは長期にわたって使用していくことから購入したときにすべて費用で処理するよりも使用できるであろう期間にわたって少しずつ費用として処理していくことが合理的であるといった考え方ができます。

　そのため、期末においてこのような毎期の価値の減少額や毎期の費用金額を取得価額から差し引いていくことになりますが、この手続きを減価償却といいます。そしてこの減少額を減価償却費として費用に計上します。

直接法：減価償却費を計上するにあたり、有形固定資産を減額して処理する方法
間接法：減価償却費を計上するにあたり、減価償却累計額勘定を使って処理する
　　　　方法

減価償却の方法

　減価償却の方法には一般的に定額法と定率法があります。定額法は毎期の減価償却費が同額となる方法です。定率法は初期ほど減価償却費が多くなる方法です。

　実務上は税法に従った処理を行いますので建物を除き原則定率法です。もし、定額法で行いたい場合には税務署への届け出が必要になってきます。

耐用年数

　固定資産の種類によって使用可能年数を見積もったものをいいます。実務では税法で定められた耐用年数を用いるのが一般的です。この耐用年数は耐用年数表にもとづいて調べることができます。また中古の固定資産の場合は新品の固定資産の耐用年数にもとづく特別の計算方法があります。

残存価額

　減価償却が耐用年数どおりに行われても固定資産そのものはまだ利用が可能な場合がほとんどです。そのため、減価償却がすべて終わってしまっても固定資産の価値がゼロになってしまうというのは現実的ではありません。そのため便宜的に取得価額の10％を利用もしくは売却可能価額とし、これを残存価額といいます。減価償却はこの残存価額を残して計算されます。

償却限度額

　有形固定資産の種類に応じて税務上の耐用年数が決まっていますが、実際はその期間よりも長く利用できる場合があっても税務上はこの耐用年数で償却した金額までしか費用（損金）として認められません。逆にこの範囲であれば任意にその年度の減価償却金額を決めることができる

のです。極端な話、減価償却費をまったく計上しなくても税務上の問題はありません。

償却可能限度額

　残存価額まで償却が終わっても、税法上はさらに取得価額の5％まで減価償却を行うことが認められています。残存価額の趣旨として先ほども述べたようなことがあるのですが、耐用年数が到来して処分する場合には逆に費用がかかり、残存価額はゼロかマイナスになってしまう場合が考えられることや、耐用年数より長く使用している点を考慮した措置といえます。

期中取得資産の減価償却

　期中で取得し事業に使用した場合は、使用した月から期末までの月数分を減価償却することになります。耐用年数はあくまでも1年分ですから12カ月で割って計算することになります。

少額資産

　取得価額が20万円未満の固定資産については、以下のような扱いがあります。
①使用可能期間が1年未満かもしくは取得価額が10万円未満の場合
　　▶取得価額を全額費用処理できます
②①以外の場合で取得価額が20万円未満の場合
　　▶3年間を基準に均等額費用処理できます。

除却売却

　固定資産を除却（廃棄）または売却した場合には帳簿から固定資産をなくす処理を行うことになります。また、除却の場合は損失が、売却の場合は金額によって利益や損失が出ることになります。

24 建物

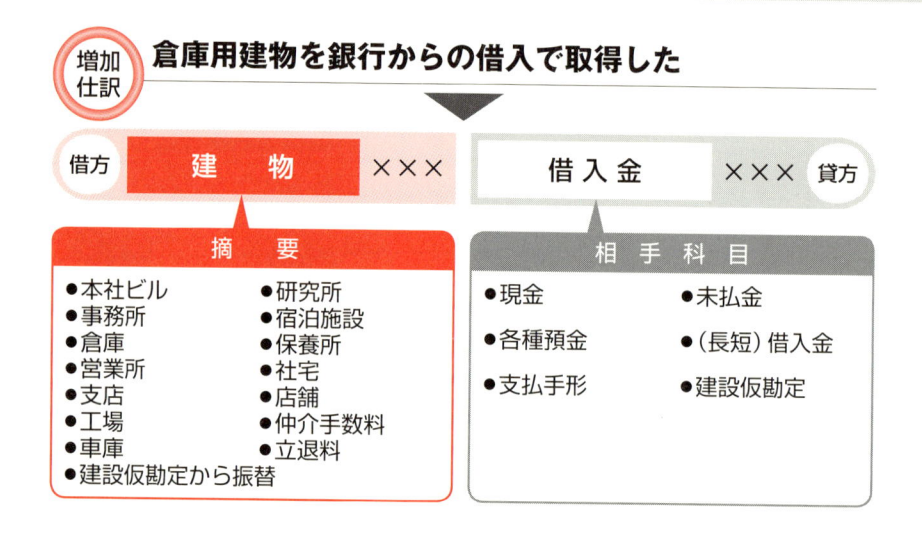

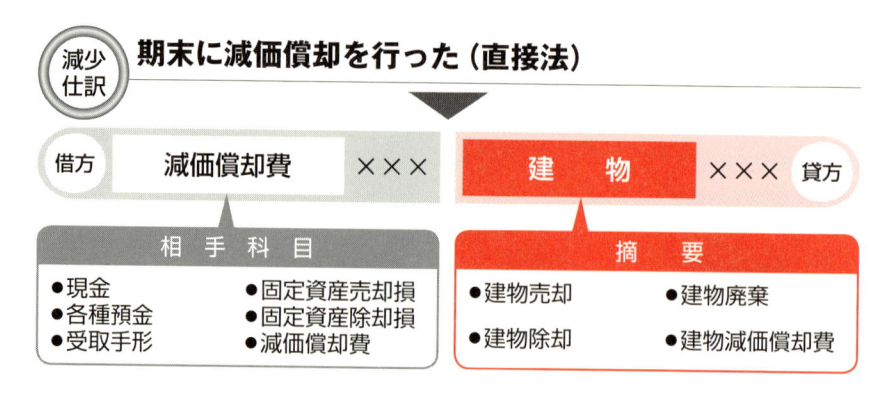

個人 / 法人　消費税区分 ▶ 対象外 / **課税** / 非課税

増加仕訳：倉庫用建物を銀行からの借入で取得した

借方　建物　×××　／　借入金　×××　貸方

摘要（建物）
- 本社ビル
- 事務所
- 倉庫
- 営業所
- 支店
- 工場
- 車庫
- 研究所
- 宿泊施設
- 保養所
- 社宅
- 店舗
- 仲介手数料
- 立退料
- 建設仮勘定から振替

相手科目（借入金）
- 現金
- 各種預金
- 支払手形
- 未払金
- （長短）借入金
- 建設仮勘定

減少仕訳：期末に減価償却を行った（直接法）

借方　減価償却費　×××　／　建物　×××　貸方

相手科目（減価償却費）
- 現金
- 各種預金
- 受取手形
- 固定資産売却損
- 固定資産除却損
- 減価償却費

摘要（建物）
- 建物売却
- 建物除却
- 建物廃棄
- 建物減価償却費

ビルや事業所、倉庫、店舗など土地の上の建設物で事業に使われている自社所有のものをいいます。

▼注意事項

借りているものは建物では処理できませんが、所有して自己使用しているもの、あるいは所有して貸しているものは建物で処理します。ただし、建築業者が販売目的のために製品として造った建物は、ここでいう固定資産の建物ではなく、棚卸資産に該当します。

また、建設中のものは減価償却を行うことはできません。そのようなものは建設仮勘定で処理し、建設が終わって建物勘定へ振り替えた後、実際に使用をはじめたときから減価償却を行います。

消費税区分の例外

建物の取得価額に含めた租税公課や借入金利子は対象外になります。建物を売却した場合は課税売上になります。

▼代表的な仕訳例

- 店舗建物 20,000,000 円を 6 月に購入し代金は銀行借入とした。なお仲介料 600,000 円と不動産取得税 400,000 円は小切手で支払った

借方	建物	20,600,000	長期借入金	20,000,000	貸方
	租税公課*	400,000	当座預金	1,000,000	

＊租税公課は建物に含めることもできます。

- 期末になって上記建物について減価償却を行った。耐用年数は 20 年（定額法）で決算日は 3 月 31 日である

借方	減価償却費	772,500	減価償却累計額	772,500	貸方

$$※ 20{,}600{,}000 \text{円} \times (1 - 0.1) \times \frac{10 \text{ヵ月（6月〜3月）}}{20 \text{年} \times 12 \text{ヵ月}} = 772{,}500 \text{円}$$

個人 法人 消費税区分 ▶ 対象外 **課税** 非課税

25 建物附属設備

増加仕訳 古くなった冷暖房設備を新しいものに取り替え、代金は翌月末に支払う予定である

| 借方 | 建物附属設備 | ××× | | 未払金 | ××× | 貸方 |

摘要
- 電気設備
- ガス設備
- ボイラー設備
- 給排水設備
- 間仕切り
- エレベーター設備
- エスカレーター設備
- 建設仮勘定から振替
- 空調設備
- 自動ドア
- 消火設備
- 排煙設備
- エアカーテン

相手科目
- 現金
- 各種預金
- 支払手形
- 未払金
- (長短)借入金
- 建設仮勘定

減少仕訳 期末に減価償却を行った（直接法）

| 借方 | 減価償却費 | ××× | | 建物附属設備 | ××× | 貸方 |

相手科目
- 現金
- 各種預金
- 受取手形
- 固定資産売却損
- 固定資産除却損
- 減価償却費

摘要
- 建物附属設備売却
- 建物附属設備除却
- 建物附属設備廃棄
- 建物附属設備減価償却

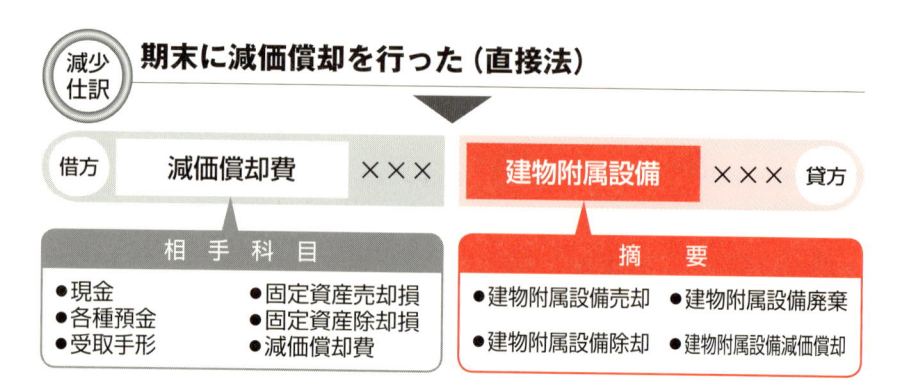

建物と一体となって機能する設備をいいます。

▼注意事項

　建設中のものは減価償却を行うことはできません。そのようなものは建設仮勘定で処理し、建設が終わって建物附属設備勘定へ振り替えた後、実際に使用をはじめたときから減価償却を行います。

消費税区分の例外

　建物附属設備の取得価額に含めた租税公課や借入金利子は対象外になります。建物附属設備を売却した場合は課税売上になります。

▼代表的な仕訳例

- 電気設備を取り替えたところ撤去費用込みの代金が2,000,000円となり、代金は翌月末払いとした

借方	建物附属設備	2,000,000	未払金	2,000,000	貸方

- 取得価額1,200,000円、帳簿価額300,000円のガス設備を除却処分し、除却費用30,000円を現金で支払った

〈直接法〉

借方	固定資産除却損	330,000	建物附属設備	300,000	貸方
			現金	30,000	

〈間接法〉

借方	減価償却累計額	900,000	建物附属設備	1,200,000	貸方
	固定資産除却損	330,000	現金	30,000	

26 構築物(こうちくぶつ)

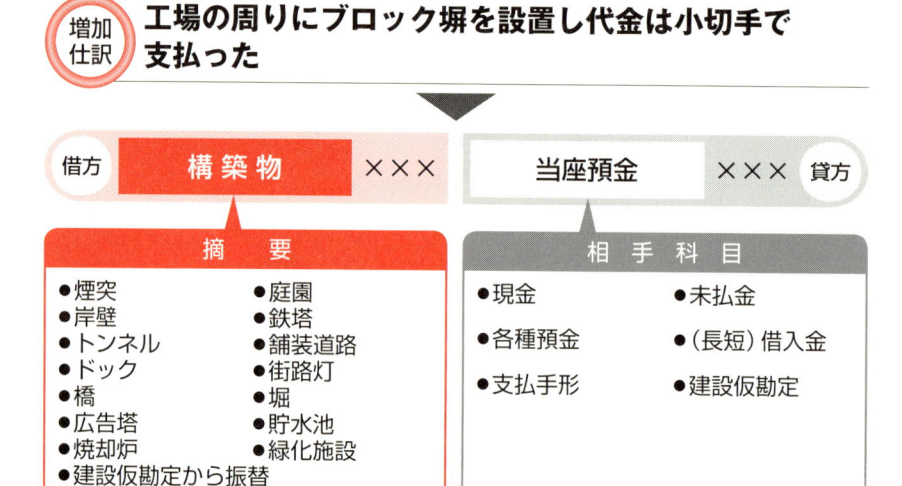

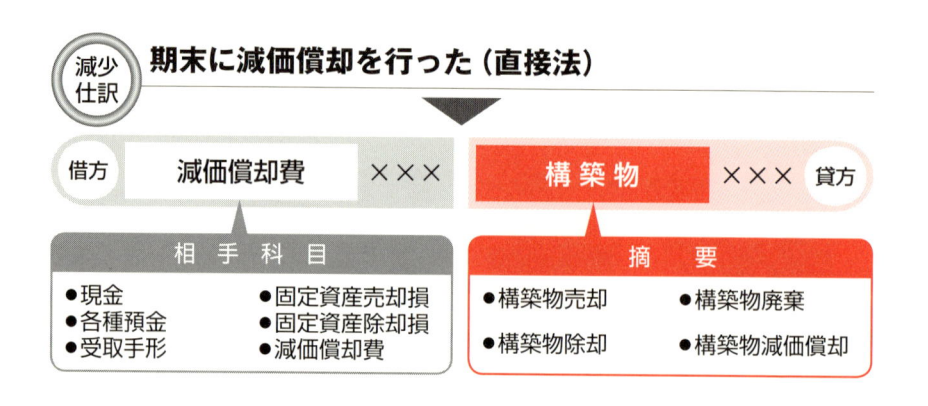

消費税区分 ▶ 対象外 / **課税** / 非課税
個人 / 法人

増加仕訳
工場の周りにブロック塀を設置し代金は小切手で支払った

借方　**構築物**　×××　　当座預金　×××　貸方

摘要
- 煙突
- 岸壁
- トンネル
- ドック
- 橋
- 広告塔
- 焼却炉
- 建設仮勘定から振替
- 庭園
- 鉄塔
- 舗装道路
- 街路灯
- 堀
- 貯水池
- 緑化施設

相手科目
- 現金
- 各種預金
- 支払手形
- 未払金
- (長短)借入金
- 建設仮勘定

減少仕訳
期末に減価償却を行った（直接法）

借方　減価償却費　×××　　**構築物**　×××　貸方

相手科目
- 現金
- 各種預金
- 受取手形
- 固定資産売却損
- 固定資産除却損
- 減価償却費

摘要
- 構築物売却
- 構築物除却
- 構築物廃棄
- 構築物減価償却

土地の上に固定した建物以外の建造物をいいます。

▼注意事項
　建設中のものは減価償却を行うことはできません。そのようなものは建設仮勘定で処理し、建設が終わって構築物勘定へ振り替えた後、実際に使用をはじめたときから減価償却を行います。

消費税区分の例外
　構築物の取得価額に含めた租税公課や借入金利子は対象外になります。構築物を売却した場合は課税売上になります。

▼代表的な仕訳例
- 駐車場をアスファルトで舗装した。代金2,000,000円は翌月末払いとした

| 借方 | 構築物 | 2,000,000 | 未払金 | 2,000,000 | 貸方 |

- 取得価額1,500,000円減価償却累計額1,200,000円の広告用の看板を廃棄処分し、廃棄費用50,000円を現金で支払った

〈直接法〉

| 借方 | 固定資産除却損 | 350,000 | 構築物 | 300,000 | 貸方 |
| | | | 現金 | 50,000 | |

〈間接法〉

| 借方 | 減価償却累計額 | 1,200,000 | 構築物 | 1,500,000 | 貸方 |
| | 固定資産除却損 | 350,000 | 現金 | 50,000 | |

| 個人 | 法人 | 消費税区分 ▶ | 対象外 | **課税** | 非課税 |

27 機械装置

増加仕訳
工場に製造用の機械設備を導入し代金は小切手で支払った

↓

借方 **機械装置** ××× | **当座預金** ××× 貸方

摘要
- 製品製造設備
- 作業用設備
- 搬送設備
- 機械式駐車場設備
- クレーン
- 建設仮勘定から振替
- ブルドーザー
- ベルトコンベア
- プレス
- 研削盤
- 旋盤

相手科目
- 現金
- 各種預金
- 支払手形
- 未払金
- (長短)借入金
- 建設仮勘定

減少仕訳
期末に減価償却を行った（直接法）

↓

借方 減価償却費 ××× | **機械装置** ××× 貸方

相手科目
- 現金
- 各種預金
- 受取手形
- 固定資産売却損
- 固定資産除却損
- 減価償却費

摘要
- 機械装置売却
- 機械装置除却
- 機械装置廃棄
- 機械装置減価償却

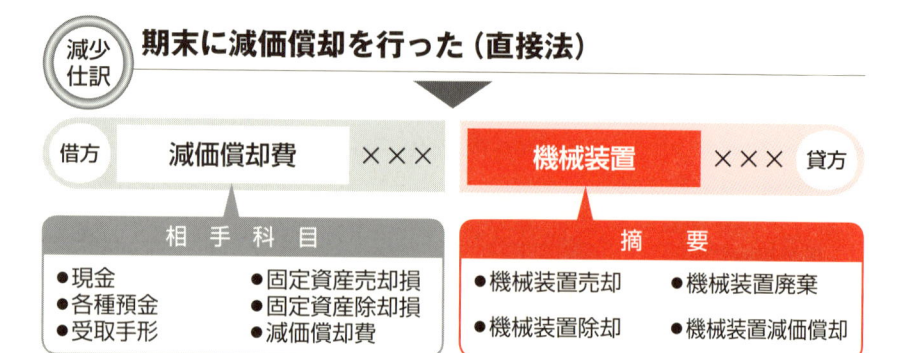

動力によって製造や生産を行う装置をいいます。

▼注意事項
　機械メーカーが販売目的のために製品として造った機械装置は、ここでいう固定資産の機械装置ではなく棚卸資産に該当します。
消費税区分の例外
　機械装置の取得価額に含めた租税公課や借入金利子は対象外になります。機械装置を売却した場合は課税売上になります。

▼代表的な仕訳例
- 現場作業用の設備を購入した。本体価額 8,000,000 円と据付費用 200,000 円、試運転費用 100,000 円を合わせて翌月末払いとした

借方	機械装置	8,300,000	未 払 金	8,300,000	貸方

- 期末において製造設備（取得価額 5,000,000 円、帳簿価額 3,872,000 円、耐用年数 18 年、定率法償却率 0.120）の減価償却を行う

〈直接法〉

借方	減価償却費	464,640	機械装置	464,640	貸方

〈間接法〉

借方	減価償却費	464,640	減価償却累計額	464,640	貸方

※3,872,000 円×0.120＝464,640 円

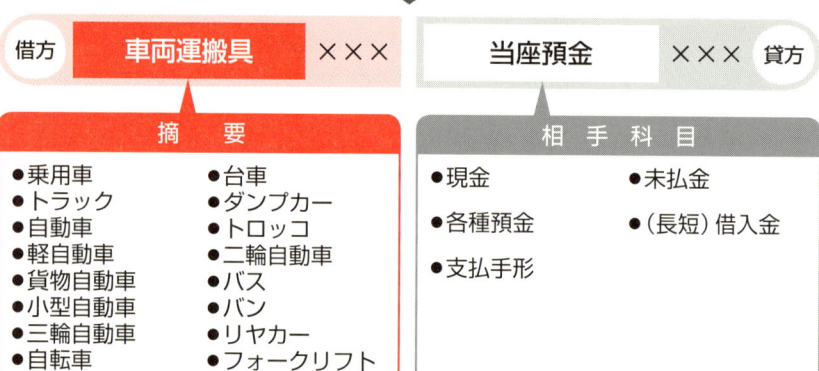

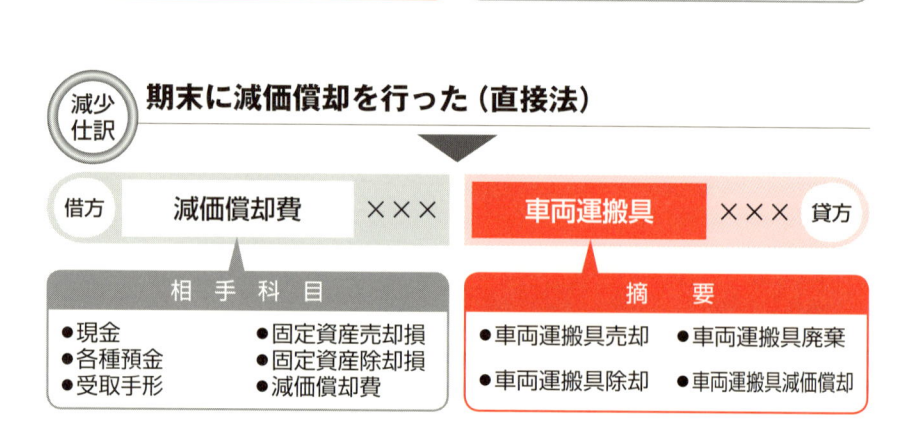

個人 法人　消費税区分 ▶ 対象外　課税　非課税

28 車両運搬具

増加仕訳：営業のために乗用車を購入し、代金は小切手を振り出して支払った

| 借方 | 車両運搬具 | ××× | | 当座預金 | ××× | 貸方 |

摘要
- 乗用車
- トラック
- 自動車
- 軽自動車
- 貨物自動車
- 小型自動車
- 三輪自動車
- 自転車
- 台車
- ダンプカー
- トロッコ
- 二輪自動車
- バス
- バン
- リヤカー
- フォークリフト

相手科目
- 現金
- 各種預金
- 支払手形
- 未払金
- （長短）借入金

減少仕訳：期末に減価償却を行った（直接法）

| 借方 | 減価償却費 | ××× | | 車両運搬具 | ××× | 貸方 |

相手科目
- 現金
- 各種預金
- 受取手形
- 固定資産売却損
- 固定資産除却損
- 減価償却費

摘要
- 車両運搬具売却
- 車両運搬具除却
- 車両運搬具廃棄
- 車両運搬具減価償却

車両運搬具とは事業のために人や物を運ぶ道具をいいます。

▼注意事項

自動車メーカーが販売目的のために製品として造った車両は、ここでいう固定資産の車両運搬具ではなく棚卸資産に該当します。

消費税区分の例外

車両運搬具の取得価額に含めた租税公課や借入金利子は対象外になります。車両運搬具を売却した場合は課税売上になります。

▼代表的な仕訳例

- 本社で使用する車両(取得価額1,000,000円、減価償却累計額675,000円、帳簿価額325,000円)を新車1,200,000円に買い替え、差額代金は現金で支払った。上記車両は査定価額250,000円で下取りしてもらった

借方			貸方		
	現　金＊	250,000		車両運搬具	1,000,000
	減価償却累計額	675,000			
	固定資産売却損	75,000			
	車両運搬具	1,200,000		現　金＊	1,200,000

＊現金を相殺して貸方に現金950,000で表示しても問題ありません。

- 上記車両の下取価額が350,000円だった場合の仕訳(査定価額と下取価額の差額は新車購入代金の値引と考える)

借方			貸方		
	現　金	250,000		車両運搬具	1,000,000
	減価償却累計額	675,000			
	固定資産売却損	75,000			
	車両運搬具	1,100,000		現　金	1,100,000

29 工具器具備品

個人 法人　消費税区分 ▶ 対象外　**課税**　非課税

増加仕訳

パソコンを購入し代金は小切手で支払った

| 借方 | 工具器具備品 | ××× | 当座預金 | ××× | 貸方 |

摘要
- パソコン
- コピー機
- 複写機
- カメラ
- テレビ
- ラジオ
- 冷蔵庫
- 電気機器
- 電話設備
- 事務機器
- 金庫
- 冷暖房機器
- 冷凍庫
- 応接セット
- 事務机
- イス
- キャビネット
- 陳列棚
- 洗濯機
- 時計
- 計器
- 看板
- 容器
- 書画
- 骨董品
- 金型
- 切削工具
- メータ器
- 検査機器
- 観葉植物

相手科目
- 現金
- 各種預金
- 支払手形
- 未払金
- (長短) 借入金

減少仕訳

期末に減価償却を行った（直接法）

| 借方 | 減価償却費 | ××× | 工具器具備品 | ××× | 貸方 |

相手科目
- 現金
- 各種預金
- 受取手形
- 固定資産売却損
- 固定資産除却損
- 減価償却費

摘要
- 工具器具備品売却
- 工具器具備品除却
- 工具器具備品廃棄
- 工具器具備品減価償却

それ自身で製品を造れるわけではないが業務遂行上必要とされる道具をいいます。

▼注意事項

工具器具備品のメーカーが販売目的のために製品として造った工具器具備品は、ここでいう固定資産の工具器具備品ではなく棚卸資産に該当します。

消費税区分の例外

工具器具備品の取得価額に含めた租税公課や借入金利子は対象外になります。工具器具備品を売却した場合は課税売上になります。

▼代表的な仕訳例

- 業務用検査機器を購入し、本体価額 2,000,000 円と据付費用 100,000 円を合わせて翌月末払いとした

| 借方 | 工具器具備品 | 2,100,000 | 未　払　金 | 2,100,000 | 貸方 |

- 古くなったパソコン（取得価額 350,000 円、帳簿価額 35,000 円）を 15,000 円で売却し代金は現金で受け取った

〈直接法〉

| 借方 | 現　　金 | 15,000 | 工具器具備品 | 35,000 | 貸方 |
| | 固定資産売却損 | 20,000 | | | |

〈間接法〉

借方	現　　金	15,000	工具器具備品	350,000	貸方
	減価償却累計額	315,000			
	固定資産売却損	20,000			

| 個人 | 法人 | 消費税区分 ▶ | 対象外 | 課税 | **非課税** |

30 土地（とち）

増加仕訳：工場の敷地を購入し仲介手数料と合わせて小切手で支払った

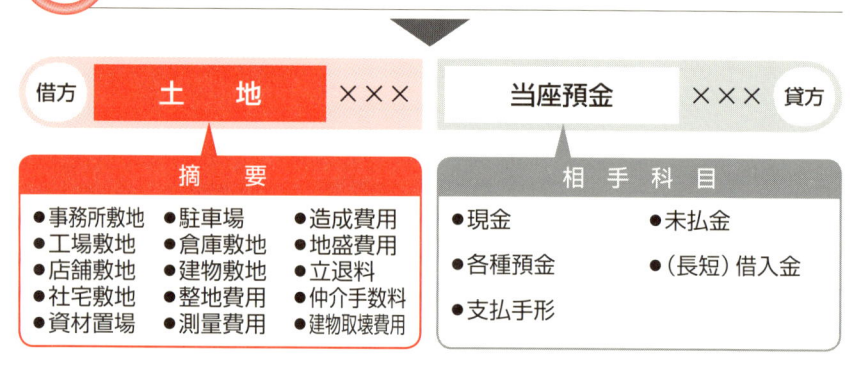

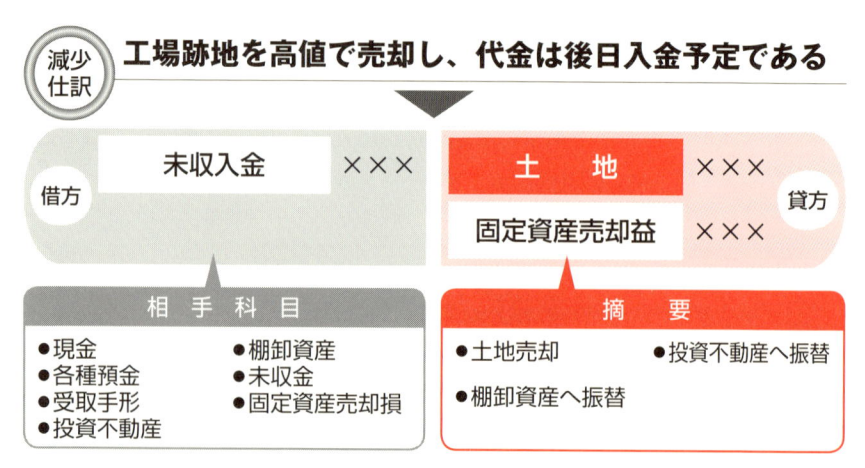

借方　**土地**　×××　｜　**当座預金**　×××　貸方

摘要：
- 事務所敷地
- 工場敷地
- 店舗敷地
- 社宅敷地
- 資材置場
- 駐車場
- 倉庫敷地
- 建物敷地
- 整地費用
- 測量費用
- 造成費用
- 地盛費用
- 立退料
- 仲介手数料
- 建物取壊費用

相手科目：
- 現金
- 各種預金
- 支払手形
- 未払金
- （長短）借入金

減少仕訳：工場跡地を高値で売却し、代金は後日入金予定である

借方　未収入金　×××　｜　**土地**　×××　貸方
　　　　　　　　　　　　　固定資産売却益　×××

相手科目：
- 現金
- 各種預金
- 受取手形
- 投資不動産
- 棚卸資産
- 未収金
- 固定資産売却損

摘要：
- 土地売却
- 棚卸資産へ振替
- 投資不動産へ振替

事業目的のために使用される敷地をいいます。建物のような有形固定資産と違って、減価償却を行わない非減価償却資産です。

▼注意事項

不動産業者が販売目的のために購入した土地は、棚卸資産に該当します。取得価額には造成費用や整地費用、仲介手数料のほか、土地の上に建っている建物の価額（後に取壊す場合）と取壊費用も含まれます。減価償却しないのは、時の経過によって価値が減少するものではないと考えるためです。むしろ利用価値が高まれば時価の上昇につながります。

消費税区分の例外

土地の取得価額に含めた仲介手数料は課税仕入になります。土地を売却した場合は非課税売上になります。

▼代表的な仕訳例

- 倉庫用の土地を 30,000,000 円で購入し、建物取壊費用 1,500,000 円と仲介手数料 900,000 円は小切手で、その他不動産取得税と登録免許税 600,000 円は現金で支払った

借方			貸方		
土　　地	32,400,000		当座預金	32,400,000	
租税公課	600,000		現　　金	600,000	

- 取得価額 21,500,000 円の工場跡地を 50,000,000 円で売却し、代金は小切手で受け取った。仲介手数料などの諸費用 2,000,000 円は小切手を振り出して支払った

借方		貸方	
当座預金	50,000,000	土　　地	21,500,000
		当座預金	2,000,000
		固定資産売却益	26,500,000

貸借対照表 / 資産の部 / 負債の部 / 資本の部

| 個人 | 法人 | 消費税区分 ▶ | 対象外 | 課税 | 非課税 |

31 建設仮勘定

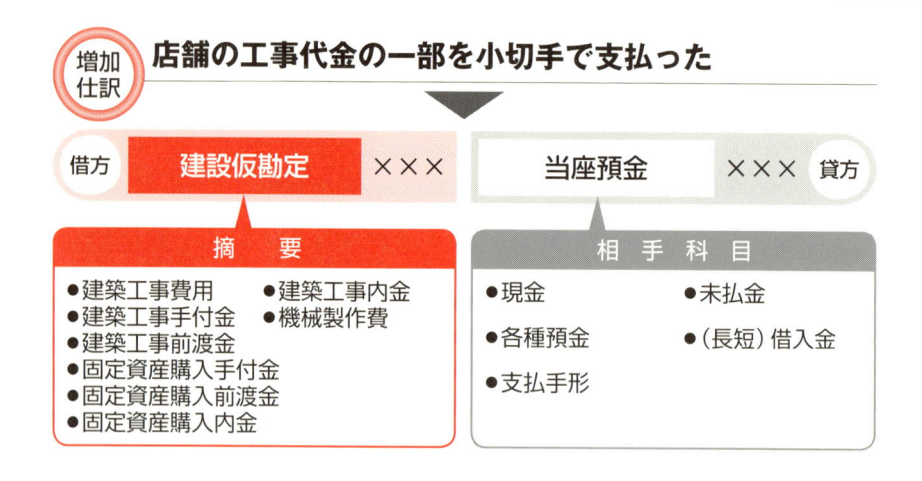

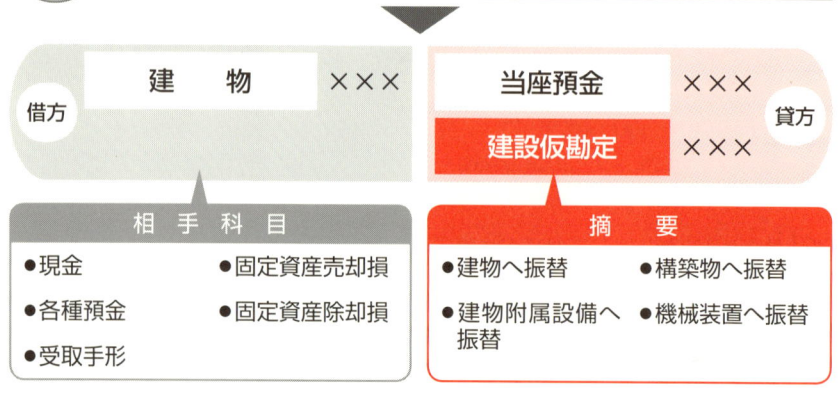

増加仕訳：店舗の工事代金の一部を小切手で支払った

| 借方 | 建設仮勘定 | ××× | 当座預金 | ××× | 貸方 |

摘要
- 建築工事費用
- 建築工事内金
- 建築工事手付金
- 機械製作費
- 建築工事前渡金
- 固定資産購入手付金
- 固定資産購入前渡金
- 固定資産購入内金

相手科目
- 現金
- 未払金
- 各種預金
- （長短）借入金
- 支払手形

減少仕訳：店舗が完成したので残金を小切手で支払い引き渡しを受けた

| 借方 | 建物 | ××× | 当座預金 | ××× | 貸方 |
| | | | 建設仮勘定 | ××× | |

相手科目
- 現金
- 固定資産売却損
- 各種預金
- 固定資産除却損
- 受取手形

摘要
- 建物へ振替
- 構築物へ振替
- 建物附属設備へ振替
- 機械装置へ振替

未完成の有形固定資産について、完成までの諸費用をプールしておくため一時的に処理する勘定です。

▼注意事項

あくまでも仮勘定ですから、完成し、引き渡しを受けた時点で、各固定資産へ振替処理を行います。

また、原則は減価償却を行いませんが、一部完成した部分があってその部分が事業の用に供されている場合には、減価償却の対象となります。

消費税区分の例外

建設仮勘定は、引き渡しを受けて固定資産などに振り替えた時に課税仕入となります。また、建設仮勘定に含めた租税公課や借入金利子は対象外になります。建設仮勘定を売却した場合は課税売上になります。

▼代表的な仕訳例

- 業務で使用する機械を自社で製作した。材料費、労務費、経費がそれぞれ500,000円、600,000円、200,000円かかった

借方		貸方	
建設仮勘定	1,300,000	材料費	500,000
		労務費	600,000
		製造経費	200,000

- 建設中の物流倉庫60,000,000円が完成し残金10,000,000円を小切手で支払い引き渡しを受けた

借方		貸方	
建物	60,000,000	建設仮勘定	50,000,000
		当座預金	10,000,000

個人　法人　消費税区分 ▶ 対象外　課税　非課税

32 減価償却累計額

増加仕訳　期末に車両と工具器具備品の減価償却を行った

借方　減価償却費　×××　｜　減価償却累計額　×××　貸方

相手科目
- 減価償却費

摘要
- 固定資産減価償却

減少仕訳　工具器具備品を簿価を下回る金額で現金にて売却し、売却損が発生した

借方
- 現　金　×××
- 減価償却累計額　×××
- 固定資産売却損　×××

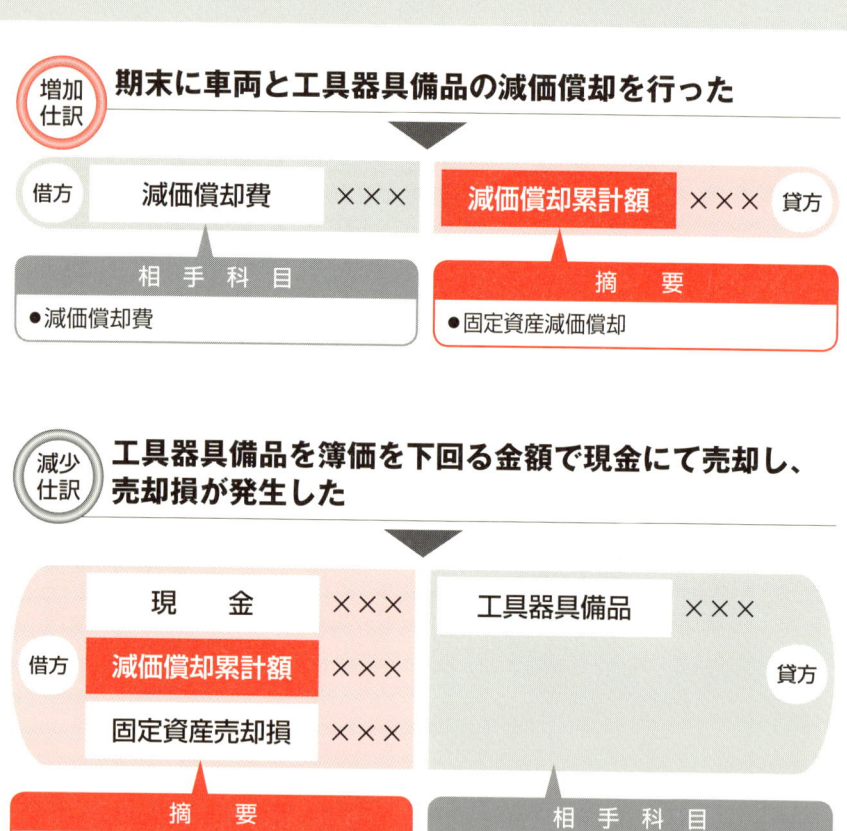

貸方
- 工具器具備品　×××

摘要
- 固定資産売却
- 固定資産除却

相手科目
- 各種有形固定資産
- 固定資産売却益

減価償却資産の控除科目として減価償却費を蓄積させていくための勘定科目です。

▼注意事項

有形固定資産について、間接（減額）法で減価償却の処理をする際に用います。直説(減額)法で減価償却する場合には用いません（▶P 290）。

▼代表的な仕訳例

- 期末に当期の減価償却費として建物と構築物、工具器具備品についてそれぞれ 500,000 円、200,000 円、50,000 円を計上した

| 借方 | 減価償却費 | 750,000 | 減価償却累計額 | 750,000 | 貸方 |

- 取得価額 2,000,000 円、帳簿価額 800,000 円のトラックを廃棄処分した

| 借方 | 減価償却累計額 | 1,200,000 | 車両 | 2,000,000 | 貸方 |
| | 固定資産除却損 | 800,000 | | | |

共通解説 → 無形固定資産（むけいこていしさん）

　無形固定資産とは、実態がないものの会社の経営上、長期にわたって役立つさまざまな権利をいいます。
　なお、無形固定資産は次のように減価償却できるかどうかでも分類することができます。

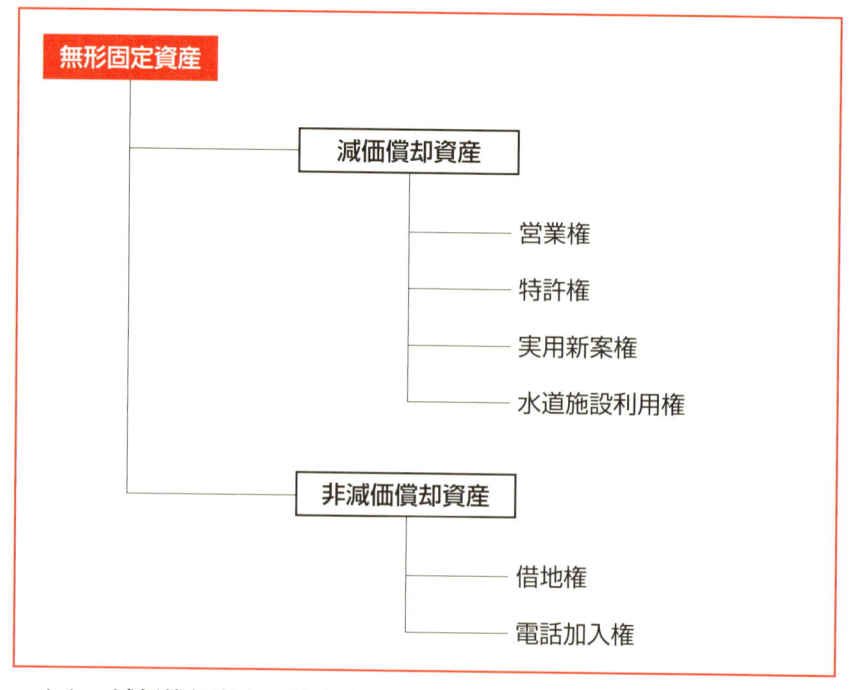

```
無形固定資産
├─ 減価償却資産
│   ├─ 営業権
│   ├─ 特許権
│   ├─ 実用新案権
│   └─ 水道施設利用権
└─ 非減価償却資産
    ├─ 借地権
    └─ 電話加入権
```

　なお、減価償却資産に該当するもので取得価額が10万円未満のものは取得時に全額まとめて費用で処理できます。また、取得価額が10万円以上20万円未満の場合は、3年間を基準に均等額で費用処理できます。
　非減価償却資産については、たとえ所得価額が10万円未満であっても資産として計上しなければなりません。

取得価額

　有形固定資産と同様、「購入価額＋取得のために直接要した費用」が無形固定資産の取得価額です。ただ無形の権利なので、必ずしも代金を払って取得したものばかりではありません。自然発生的なものや無償で譲り受けたものは取得時の時価で計上すべきですが、時価の算定は困難な場合が多いので専門家に相談することをお勧めします。

減価償却の方法

　無形固定資産のうち減価償却資産についてはほとんどが定額法で行います（鉱業権のみ生産高比例法も可）。また有形固定資産と異なり、残存価額はゼロと考えて取得価額の全額を減価償却します。無形固定資産は権利なので利用可能年数が経過してしまったら利用価値はなくなることから全額を償却してしまうのです。

償却限度額

　無形固定資産の種類に応じて税務上の利用可能年数（耐用年数）が決まっています。実際はその期間よりも長く利用できる場合があっても、税務上は便宜的にこの耐用年数で償却した金額までしか費用（損金）として認められません。逆にこの範囲であれば任意にその年度の償却金額を決めることができるのです。極端な話、減価償却費をまったく計上しなくても税務上の問題はありません。

表示方法

　無形固定資産の場合、減価償却費相当分を毎期ごとに取得価額から直接控除する方法で表示します。毎期減価償却費を計上すれば利用可能期間が過ぎると帳簿上の金額はゼロになってしまいます。

個人　法人　消費税区分 ▶ 対象外　課税　非課税

33 営業権（えいぎょうけん）

増加仕訳　再建中のA社を買収し、代金は小切手を振り出して支払った

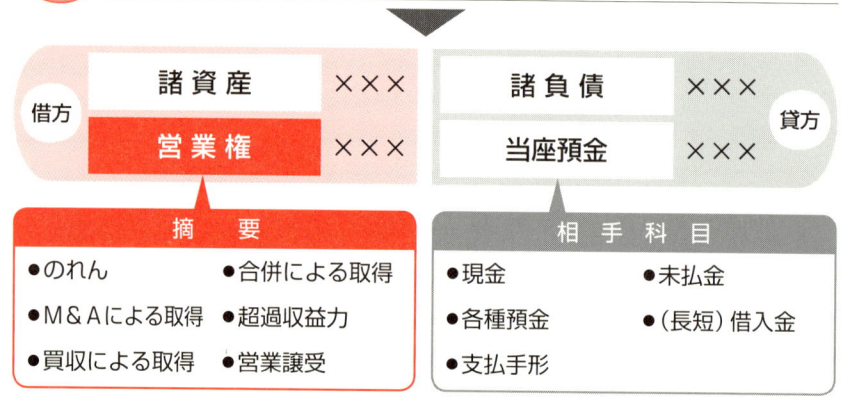

借方			貸方		
諸資産	×××		諸負債	×××	
営業権	×××		当座預金	×××	

摘要（営業権）
- のれん
- M＆Aによる取得
- 買収による取得
- 合併による取得
- 超過収益力
- 営業譲受

相手科目（当座預金）
- 現金
- 各種預金
- 支払手形
- 未払金
- （長短）借入金

減少仕訳　期末に営業権の償却を行った

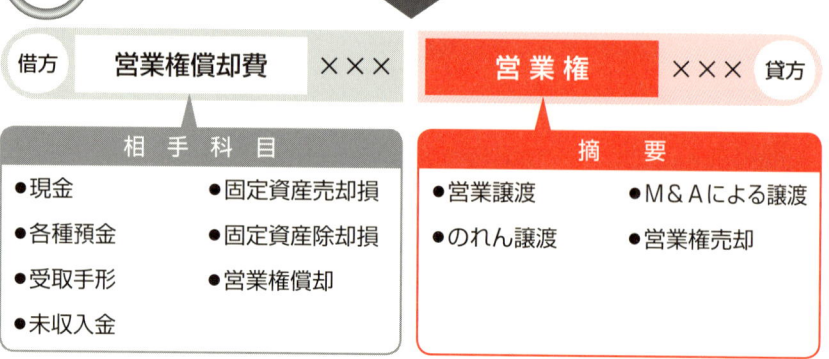

借方			貸方		
営業権償却費	×××		営業権	×××	

相手科目（営業権償却費）
- 現金
- 各種預金
- 受取手形
- 未収入金
- 固定資産売却損
- 固定資産除却損
- 営業権償却

摘要（営業権）
- 営業譲渡
- のれん譲渡
- M＆Aによる譲渡
- 営業権売却

企業が長年の経営活動のなかで培った伝統や信用などの無形の企業価値をいいます。

▼注意事項

　営業権はのれん（暖簾）ともいわれ、会社が経営を行うにあたって有利な立場で取引が行えるような付加価値を生み出す権利ともいえます。ちなみに英語ではグッド・ウィル（good will）といいます。

　この営業権は自社で評価して自社で資産計上することはできません。あくまでも他社のものを合併や買収、営業譲渡で有償取得する場合のみ資産計上できます。

　具体的には、譲り受ける会社や営業の貸借対照表上における資産、負債を時価で評価し、その差額である純資産額より高い値段で売買が行われた場合、その買入金額と純資産額との差額が超過収益力として営業権で計上されることになります。要は会社の純資産の時価以上の価値がその会社にはあるということになるわけです。その目に見えない価値、すなわち貸借対照表に計上されていない付加価値、たとえば、得意先や取引ルート、ノウハウ、人材といったものに対しての価値と考えていただければわかりやすいと思います。

　この営業権をいくらの価値として売買金額を決定するかは非常に難しい問題です。目に見えない無形の価値ですから、専門的な評価方法が必要です。

　なお、営業権の償却期間は税務上5年間で均等額の償却が規定されています。

▼代表的な仕訳例

- 同業である下記A社の営業を譲り受け、代金20,000,000円は小切手を振り出して支払った

A社　貸借対照表			
預金	3,000,000	借入金	35,000,000
商品	50,000,000	資本金	10,000,000
		剰余金	8,000,000
	53,000,000		53,000,000

借方
預　　金	3,000,000
商　　品	50,000,000
営 業 権	2,000,000

貸方
| 借 入 金 | 35,000,000 |
| 当座預金 | 20,000,000 |

- 同業である下記A社の営業を譲り受け、代金20,000,000円は小切手を振り出して支払った

A社　貸借対照表			
諸資産	50,000,000	諸負債	20,000,000
		資本金	10,000,000
		剰余金	20,000,000
	50,000,000		50,000,000

諸資産の時価　　　　　　　　　　　　　　　　40,000,000円
合併によってA社株主に発行した当社の株式総額　35,000,000円

借方
| 諸 資 産 | 40,000,000 |
| 営 業 権 | 15,000,000 |

貸方
| 諸 負 債 | 20,000,000 |
| 資 本 金 | 35,000,000 |

- 期末において期首に計上した営業権5,000,000円を5年で償却した

借方 | 営業権償却 | 1,000,000 |　貸方 | 営 業 権 | 1,000,000 |

＊5,000,000円÷5年＝1,000,000円

▼営業権の評価

　営業権の計上については、まず対象となる会社の資産を評価します。実在する資産か、相応の価値があるかなどです。それに伴って貸借対照表の資産の金額を置き換えます。

　そして負債の方も調べます。本当に存在する負債か、簿外負債はないかなどです。そして同様に貸借対照表の負債の金額を置き換えます。これによる総資産と総負債の差額が純資産額となり、資産をすべて売って負債をすべて返済して残る額ということができます。

　この純資産を、要はいくらで買うかということになってきます。純資産以上の金額で買取れば、その差額分が営業権となります。いくらで買取るかは、将来どれくらいの利益を生み出すかどうかによって判断されます。

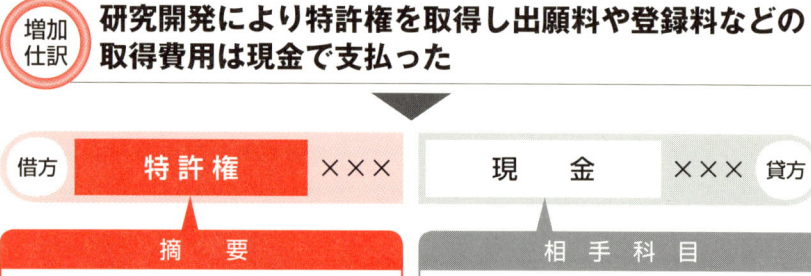

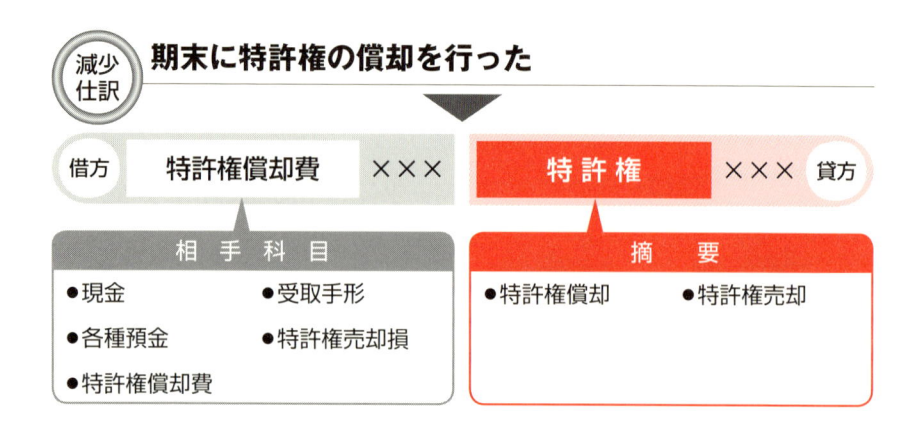

| 個人 | 法人 | 消費税区分 ▶ | 対象外 | **課税** | 非課税 |

34 特許権(とっきょけん)

増加仕訳: 研究開発により特許権を取得し出願料や登録料などの取得費用は現金で支払った

| 借方 | **特許権** ××× | | **現 金** ××× | 貸方 |

摘要
- 特許出願料
- 審査請求料
- 特許登録料
- 特許料
- 特許権買取

相手科目
- 現金
- 各種預金
- 試験研究費
- 支払手形
- (長短)借入金
- 未払金

減少仕訳: 期末に特許権の償却を行った

| 借方 | 特許権償却費 ××× | | **特許権** ××× | 貸方 |

相手科目
- 現金
- 各種預金
- 特許権償却費
- 受取手形
- 特許権売却損

摘要
- 特許権償却
- 特許権売却

特許法にもとづき登録することにより発明したものを一定期間の間、独占的に利用できる権利をいいます。

▼注意事項

　特許権の取得には、自社で発明して取得する場合と、他から購入して取得する場合があります。

自社で発明した場合

　発明を開始したときから完成して特許を取得したときまでの諸費用が特許権として処理されることになります。

　ただし、特許を取得するまでの諸費用が試験研究費として繰延資産で処理されている場合、それまでの未償却残高を特許権に振り替えることとなります。しかし普通はその都度費用として処理していると考えられますので、その場合は特許取得にかかる出願料や審査請求料、登録料などが特許権の取得価額となります。

　自社発明の場合は、これらの費用を取得価額に入れないことも認められるので、その場合は特許権の価額はゼロということになります。

他から購入した場合

　購入代金と出願料や特許料、登録料などの諸費用を取得価額とします。この場合は出願料や特許料、登録料などの諸費用はかならず取得価額に入れなければなりません。

▼その他の工業所有権

　特許権は、発明といった新しい技術のうち、高度なものに対して与えられるものです。権利の存続期間は出願の日から20年です。ただし、下図のとおり、税法上の耐用年数は8年です。

　特許権のほかにも、無形固定資産に計上できる工業所有権が3つあります。

　実用新案権は、すでにある技術に新しいアイデアを加えて物品の実用性を高めた考案に対して与えられます。存続期間は、出願の日から6年です。税法上の耐用年数は5年です。

　意匠権は、物品の新しい形や模様などのデザインに対して与えられるものです。存続期間は登録から15年です。同様に税法上の耐用年数は7年です。

　商標権は、自己と他人の商品や役務を区別し、商品や役務の信用を保持するためのマークに対して与えられます。存続期間は10年で、10年ごとに更新することもできるため、永久に存続させることが可能です。ただしこれにも、10年という税法上の耐用年数があります。

■工業所有権

種類	内容	耐用年数
特許権	産業上利用することができる新規の発明を排他的、独占的に利用できる権利	8年
実用新案権	実用新案を登録した物品の製造・使用などを排他的に独占できる権利	5年
意匠権	工業上利用することができる新規の意匠を排他的・独占的に使用できる権利	7年
商標権	指定する商品について登録した商標を排他的・独占的に使用できる権利	10年

34 特許権

▼代表的な仕訳例

- 試験研究が成功し特許を取得することができたため今まで繰延資産として計上していた試験研究費の未償却残高 6,000,000 円を特許権へ振り替えた。なお登録料などの諸費用 50 万円は現金で支払った

| 借方 | 特許権 | 6,500,000 | 試験研究費 | 6,000,000 | 貸方 |
| | | | 現　　金 | 500,000 | |

- A社より特許権を 3,000,000 円で購入し、諸費用 200,000 円と一緒に現金で支払った

| 借方 | 特許権 | 3,200,000 | 現　　金 | 3,200,000 | 貸方 |

- 期末に特許権の償却を行った。取得価額は 2,000,000 円で税法上の耐用年数は 8 年である

| 借方 | 特許権償却 | 250,000 | 特許権 | 250,000 | 貸方 |

貸借対照表　資産の部　負債の部　資本の部

| 個人 | 法人 | 消費税区分 ▶ | **対象外** | 課税 | 非課税 |

35 借地権(しゃくちけん)

増加仕訳: 土地を賃借する契約を結び、権利金は小切手で支払った

| 借方 | 借地権 | ××× | 当座預金 | ××× | 貸方 |

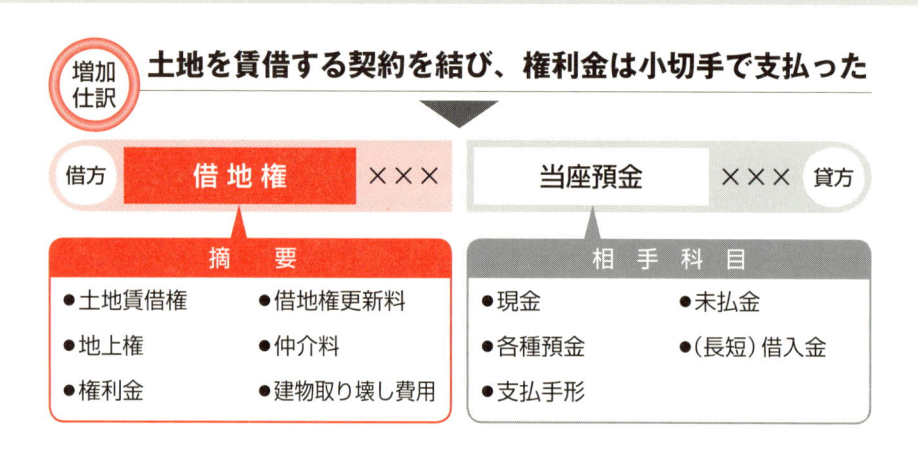

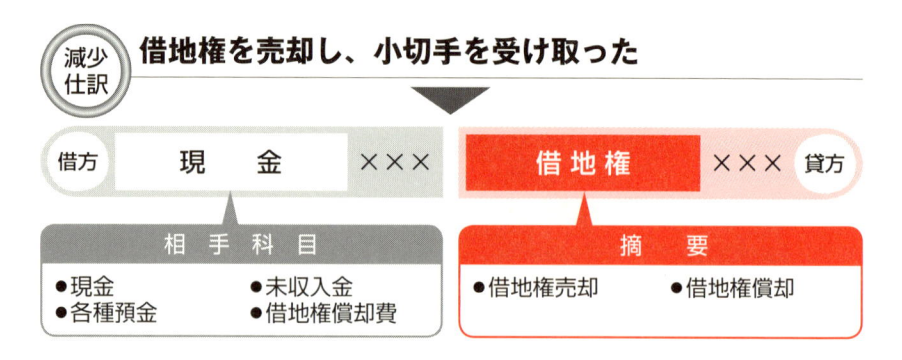

摘要
- 土地賃借権
- 地上権
- 権利金
- 借地権更新料
- 仲介料
- 建物取り壊し費用

相手科目
- 現金
- 各種預金
- 支払手形
- 未払金
- (長短) 借入金

減少仕訳: 借地権を売却し、小切手を受け取った

| 借方 | 現金 | ××× | 借地権 | ××× | 貸方 |

相手科目
- 現金
- 各種預金
- 未収入金
- 借地権償却費

摘要
- 借地権売却
- 借地権償却

▼注意事項

　借地権を設定する際に、権利金として土地の時価に対して50％前後の金額を支払う慣行のある地域があります。借地権を設定することで土地の所有者はその土地を利用できなくなってしまうことから、このよう

> 建物の所有を目的とする地上権や賃借権をいいます。平たくいえば、他人の土地を借りて建物を建てたりして利用させてもらう権利のことです。

な多額の権利金の授受が行われています。しかし、契約期間が満了すれば返還してもらえる場合もあります。

▼権利金の認定

権利金の授受が慣行としてあるにもかかわらず、その授受が行われていない場合や、金額が少ない場合には、権利金が贈与されたものとみなされて課税が生じることがあります。その場合の処理は以下のようになります。

| 地主側 | 借方 | 寄付金 | ××× | 権利金収入 | ××× | 貸方 |

地主からみれば、本来もらえたであろう権利金収入をもらえなかった、すなわち、もらったものを返したとして、これを寄付したと見なして処理します。

| 借主側 | 借方 | 借地権 | ××× | 受贈益 | ××× | 貸方 |

借主側からみれば、本来支払うべきであった権利金を払わずにすんだ、すなわちいったんは払ったがすぐに返してもらったとして、受贈益とみなして処理します。

しかし、権利金の慣行があり、権利金の授受が行われていなくても、それに代わり得るだけの相当の地代の授受があれば、税務上、課税されないことになっています。

というわけで、地主側では権利金収入に課税され（寄付金は費用勘定ですが、この場合は一部しか損金処理が認められない）、借主側も受贈益に対して課税されます。

▼更新料の支払

借地権は非減価償却資産ですので、基本的には毎年の減価償却は行いません。しかし、借地権契約で更新時に更新料を支払う場合、更新料の一部を権利金として処理する一方、今までの帳簿上の借地権の金額を一部償却することが必要になってきます。これは更新によって新たに利用期間が延びる一方、更新料の一部の費用計上を認めたものといえます。

$$借地権償却費の金額 = 更新直前における借地権の帳簿価額 \times \frac{更新料の金額}{更新時の借地権の時価}$$

▼権利金の返還

借地権契約によっては、将来土地を返す際に権利金が返還される場合と土地を無償で返す場合があります。もし土地を無償で返す場合にその旨が契約書に記載されていてかつ税務署へ無償返還の届出がなされている場合は、権利金の授受がなくても権利金が贈与されたものとみなされて課税が生じることはありません。しかし、相当の地代が支払われていない場合には実際の地代と相当の地代の差額分を少なく受け取ったとして、その分は寄付がなされたとみなし、以下の処理が必要になります。

| 借方 | 寄付金 | ××× | 受取賃借料 | ××× | 貸方 |

▼代表的な仕訳例

- 借地権契約を結ぶことになり、権利金10,000,000円と仲介手数料300,000円は小切手を振り出して支払った

| 借方 | 借地権 10,300,000 | 当座預金 10,300,000 | 貸方 |

- 借地権契約について期限がきたので更新料5,000,000円を小切手で支払い更新を行った。借地権の帳簿価額は8,000,000円で更新時の時価は20,000,000円である

| 借方 | 借地権 5,000,000 | 当座預金 5,000,000 | 貸方 |
| | 借地権償却費* 2,000,000 | 借地権 2,000,000 | |

$$*8,000,000円 \times \frac{5,000,000円}{20,000,000円} = 2,000,000円$$

- 上記借地権を借地上の建物(帳簿価額8,000,000円)とともに25,000,000円で売却し、代金は普通預金口座に入金された

借方	普通預金 25,000,000	借地権 13,300,000	貸方
		建 物 8,000,000	
		固定資産売却益 3,700,000	

| 個人 | 法人 | 消費税区分 ▶ | 対象外 | **課税** | 非課税 |

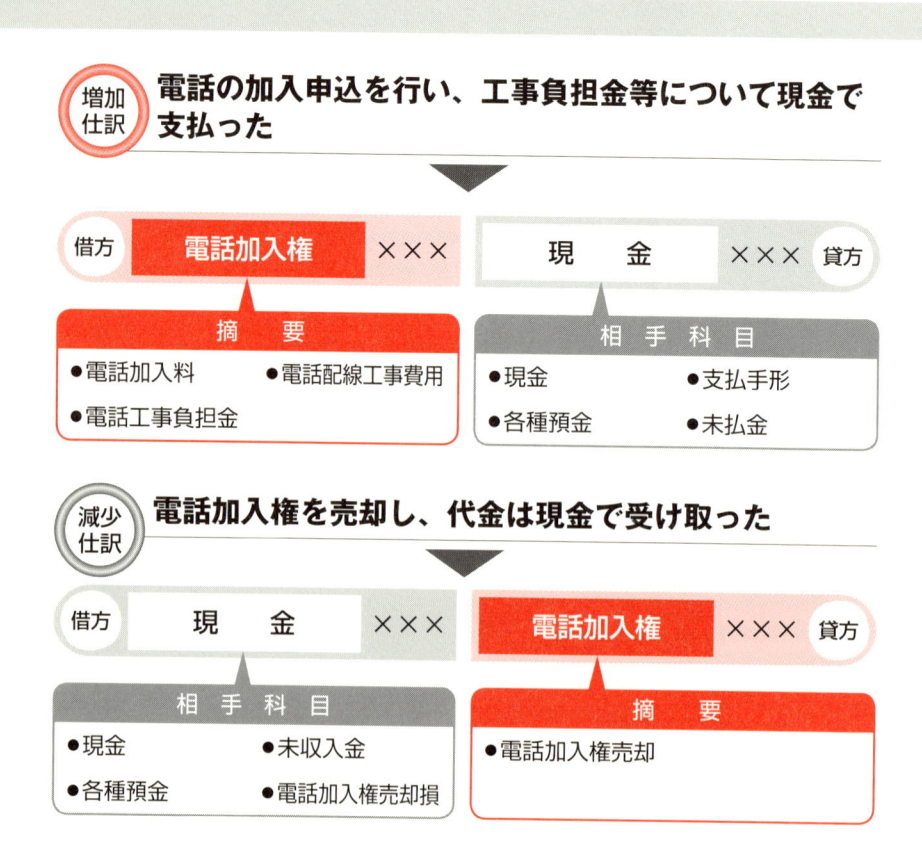

36 電話加入権(でんわかにゅうけん)

増加仕訳　電話の加入申込を行い、工事負担金等について現金で支払った

↓

| 借方 | 電話加入権 | ××× | | 現　金 | ××× | 貸方 |

摘　要
- 電話加入料
- 電話配線工事費用
- 電話工事負担金

相　手　科　目
- 現金
- 支払手形
- 各種預金
- 未払金

減少仕訳　電話加入権を売却し、代金は現金で受け取った

↓

| 借方 | 現　金 | ××× | | 電話加入権 | ××× | 貸方 |

相　手　科　目
- 現金
- 未収入金
- 各種預金
- 電話加入権売却損

摘　要
- 電話加入権売却

日本電信電話株式会社との間で契約を結んで通信サービスを受ける権利をいいます。要するに、固定電話回線を引くときＮＴＴに払うお金を、費用とせず、資産計上するものです。

▼注意事項

　電話加入権は非減価償却資産であることから減価償却は行いませんので、取得価額が10万円未満であっても経費処理することはできません。必ず資産計上する必要があります。

　この、ＮＴＴの電話を引く際にかかる施設設置負担金（電話加入権、税抜7万2000円）は、平成17年9月現在、半額の3万6000円に値下げされています。しかし、税務の取り扱いとしては、この価値の減少について費用（損金）処理を認めていません。

　将来的には全廃される可能性もあるようですので、税務の動向には注意が必要です。

▼代表的な仕訳例

- 電話加入の申込を行い加入料や設備料等75,000円を現金で支払った

| 借方 | 電話加入権 | 75,000 | 現　　金 | 75,000 | 貸方 |

- 上記電話加入権を55,000円で売却し代金は現金で受け取った

| 借方 | 現　　金 | 55,000 | 電話加入権 | 75,000 | 貸方 |
| | 固定資産売却損 | 20,000 | | | |

個人　法人　消費税区分 ▶ 対象外　課税　非課税

37 ソフトウェア

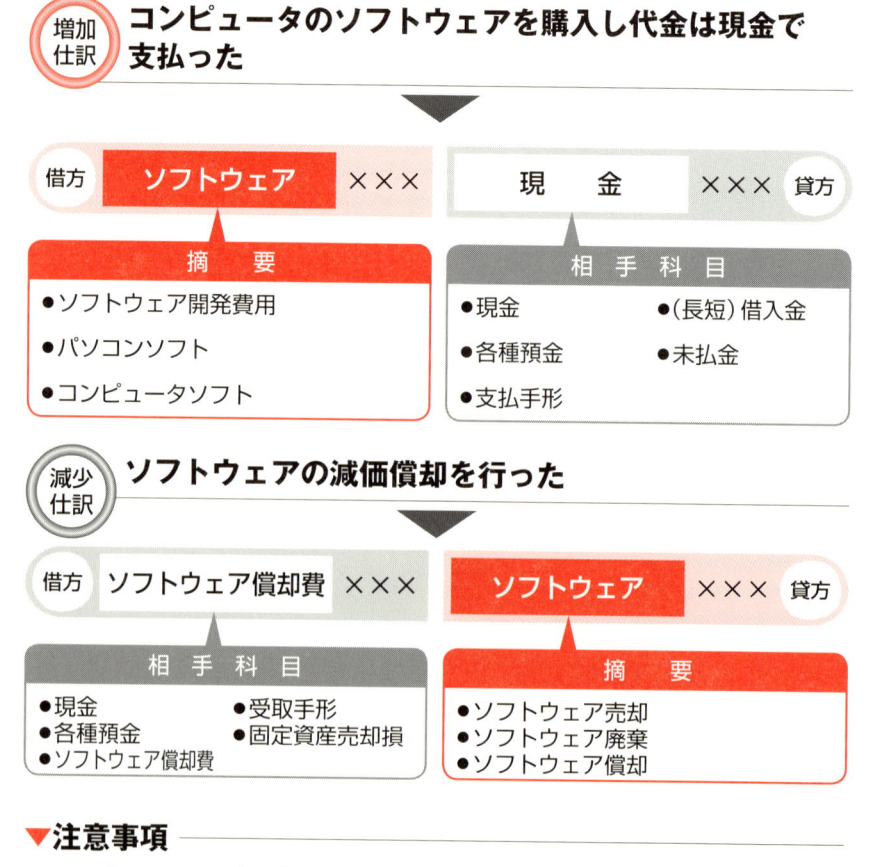

増加仕訳　コンピュータのソフトウェアを購入し代金は現金で支払った

| 借方 | ソフトウェア | ××× | | 現　金 | ××× | 貸方 |

摘要
- ソフトウェア開発費用
- パソコンソフト
- コンピュータソフト

相手科目
- 現金
- 各種預金
- 支払手形
- (長短) 借入金
- 未払金

減少仕訳　ソフトウェアの減価償却を行った

| 借方 | ソフトウェア償却費 | ××× | | ソフトウェア | ××× | 貸方 |

相手科目
- 現金　・受取手形
- 各種預金　・固定資産売却損
- ソフトウェア償却費

摘要
- ソフトウェア売却
- ソフトウェア廃棄
- ソフトウェア償却

▼注意事項

　ソフトウェアの取り扱いは、自社製作の場合であれ他社から購入した場合であれ、取得に要した費用を原則として、資産計上する必要があります。

コンピュータに一定の仕事を行わせるためのプログラムをいいます。そこにはシステム仕様書、フローチャート等の関連文書も含まれます。

自社製作の場合
製作のための人件費＋材料費＋経費＋使用するために要した費用

他社購入の場合
購入代金＋使用するために要した費用

また耐用年数はその利用目的によって以下のように異なっています。
- 複写して販売するための原本……………………………………3年
- 開発研究のためのもの……………………………………………3年
- その他のもの（自社で業務用として使用するものなど）………5年

▼代表的な仕訳例

- ソフトウェアの開発を業者に委託し、開発費用 8,000,000 円を普通預金から振り込んだ

| 借方 | ソフトウェア | 8,000,000 | 普通預金 | 8,000,000 | 貸方 |

- 上記ソフトウェアを 5,300,000 円で売却し代金は小切手で受け取った。なお帳簿価格は 5,400,000 円である

| 借方 | 現　　金 | 5,300,000 | ソフトウェア | 5,400,000 | 貸方 |
| | 固定資産売却損 | 100,000 | | | |

個人 | **法人** | 消費税区分 ▶ **対象外** | 課税 | 非課税

38 投資有価証券（とうしゆうかしょうけん）

増加仕訳：将来性を見込んで未公開会社の株式を購入し代金は小切手を振り出して支払った

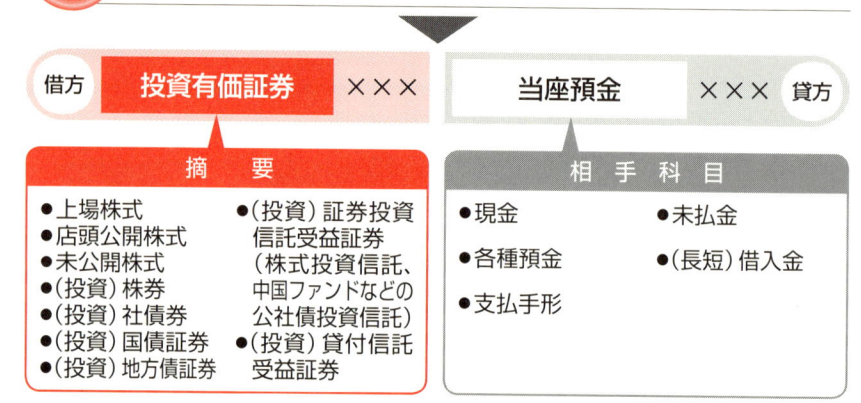

借方　投資有価証券　×××　｜　当座預金　×××　貸方

摘要（投資有価証券）
- 上場株式
- 店頭公開株式
- 未公開株式
- （投資）株券
- （投資）社債券
- （投資）国債証券
- （投資）地方債証券
- （投資）証券投資信託受益証券（株式投資信託、中国ファンドなどの公社債投資信託）
- （投資）貸付信託受益証券

相手科目（当座預金）
- 現金
- 各種預金
- 支払手形
- 未払金
- （長短）借入金

減少仕訳：持っていた会社の株式を売却し、売却益を計上した

借方　普通預金　×××　｜　投資有価証券　×××　貸方
　　　　　　　　　　　　　投資有価証券売却益　×××

相手科目（普通預金）
- 現金
- 各種預金
- 未収入金
- 投資有価証券売却損

摘要（投資有価証券／投資有価証券売却益）
- 上場株式
- 店頭公開株式
- 未公開株式
- （投資）株券
- （投資）社債券
- （投資）国債証券
- （投資）地方債証券
- （投資）証券投資信託受益証券
- （投資）貸付信託受益証券

原則、保有するすべての株式や公社債、投資信託受益証券などをいいます。ただし子会社株式、証券会社等が短期売買目的で購入する場合、1年以内に満期が到来する債券は除きます。

▼注意事項

子会社株式との違い

　子会社株式とは他の会社の発行している株式の過半数を自らが所有している場合、その所有している会社の株式のことをいいます。そのため所有している株式の中でこれに該当するものは子会社株式勘定で処理することになります。

消費税区分の例外

　購入時にかかる購入手数料や名義書換料は課税仕入になります。

▼代表的な仕訳例

- 上場会社の株式10,000株を1株150円で購入し買入手数料45,000円と合わせて現金で支払った

借方		貸方	
投資有価証券	1,545,000	現　　金	1,545,000

- 満期まで所有するつもりで購入した投資信託受益証券（取得価額2,300,000円）を2,500,000円で売却した。代金は小切手で受け取った

借方		貸方	
現　　金	2,500,000	投資有価証券	2,300,000
		投資有価証券売却益	200,000

貸借対照表 / 資産の部 / 負債の部 / 資本の部

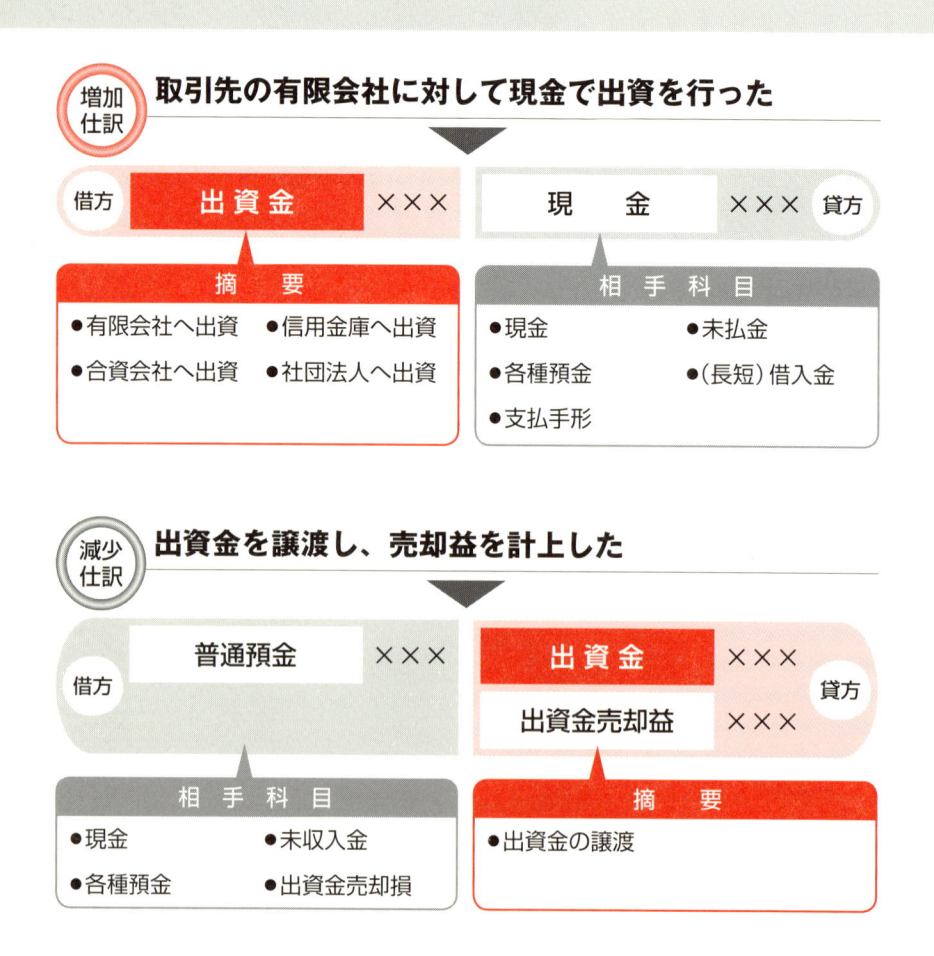

| 個人 | 法人 | 消費税区分 ▶ | 対象外 | 課税 | 非課税 |

39 出資金

増加仕訳 取引先の有限会社に対して現金で出資を行った

借方 **出資金** ×××　　現金 ××× 貸方

摘要
- 有限会社へ出資
- 信用金庫へ出資
- 合資会社へ出資
- 社団法人へ出資

相手科目
- 現金
- 未払金
- 各種預金
- (長短)借入金
- 支払手形

減少仕訳 出資金を譲渡し、売却益を計上した

借方 普通預金 ×××　　**出資金** ××× 貸方
　　　　　　　　　　　出資金売却益 ×××

相手科目
- 現金
- 未収入金
- 各種預金
- 出資金売却損

摘要
- 出資金の譲渡

株式会社以外の会社（有限会社など）や組合などへの拠出金のことをいいます。

▼注意事項
消費税区分の例外
購入時にかかる購入手数料や名義書換料は課税仕入になります。

▼代表的な仕訳例
- 知人の有限会社へ出資を行い、出資金 1,000,000 円を現金で振り込んだ

| 借方 | 出資金 | 1,000,000 | 現　　金 | 1,000,000 | 貸方 |

- 満期まで所有するつもりで購入した投資信託受益証券（取得価額 3,000,000）を 2,500,000 円で売却した。代金は小切手で受け取った

| 借方 | 現　　金 | 2,500,000 | 出資金 | 3,000,000 | 貸方 |
| | 出資金売却損 | 500,000 | | | |

- 信用金庫から借入を行うにあたって、信用金庫の出資証券を 50,000 円で購入し、現金で支払った

| 借方 | 出資金 | 50,000 | 現　　金 | 50,000 | 貸方 |

貸借対照表　資産の部　負債の部　資本の部

40 長期貸付金

個人 / 法人 / 消費税区分 ▶ 対象外

増加仕訳: 3年後の返済予定で、取引先に対して小切手を振り出して貸付を行った

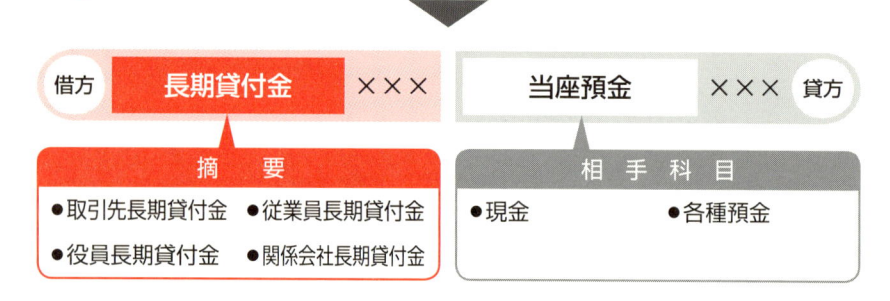

借方	長期貸付金	×××	当座預金	×××	貸方

摘要
- 取引先長期貸付金
- 従業員長期貸付金
- 役員長期貸付金
- 関係会社長期貸付金

相手科目
- 現金
- 各種預金

減少仕訳: 長期貸付金のうち、一部が返済され、普通預金口座へ入金された

借方	普通預金	×××	長期貸付金	×××	貸方

相手科目
- 現金
- 各種預金

摘要
- 短期貸付金へ振替
- 返済

貸付金のうち、期末日の翌日から1年を超えて返済を受けるものをいいます。

▼注意事項

　貸付金や借入金の短期・長期の区分は、期末日の翌日から1年を超えるかどうかの基準で行います（ワン・イヤー・ルール）。

　返済が進んで1年以内に返済を受けることになった場合でも、短期貸付金に振り替えずに、そのまま長期貸付金として表示しておいてもかまいません。

▼代表的な仕訳例

- 従業員に対して現金で1,000,000円を貸し付けた。返済は5年間均等の予定である

借方		貸方	
長期貸付金	1,000,000	現　　金	1,000,000

- 長期貸付金のうち当年返済分200,000円と利息60,000円が当座預金へ振り込まれた

借方		貸方	
当座預金	260,000	長期貸付金	200,000
		受取利息	60,000

| 個人 | 法人 | 消費税区分 ▶ | **対象外** | 課税 | 非課税 |

41 破産債権等（はさんさいけんとう）

増加仕訳　売掛金を有する得意先が倒産し、会社更生法による更生手続き開始の申し立てがあった

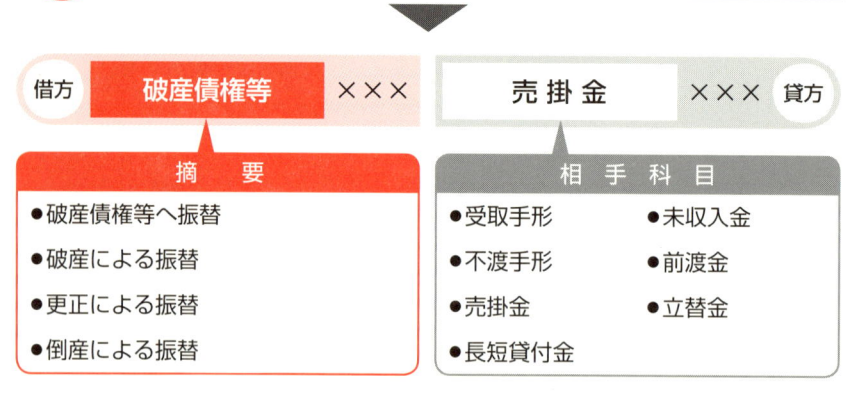

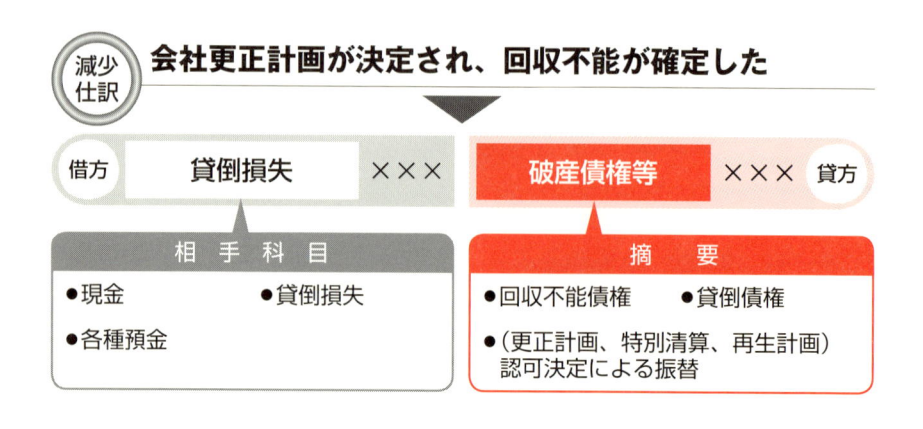

　　　　　　　　　　↓

| 借方 | **破産債権等** | ×××　　　　　売掛金　　×××　| 貸方 |

摘要
- 破産債権等へ振替
- 破産による振替
- 更正による振替
- 倒産による振替

相手科目
- 受取手形
- 不渡手形
- 売掛金
- 長短貸付金
- 未収入金
- 前渡金
- 立替金

減少仕訳　会社更正計画が決定され、回収不能が確定した

　　　　　　　　　　↓

| 借方 | 貸倒損失 | ×××　　　**破産債権等**　×××　| 貸方 |

相手科目
- 現金
- 各種預金
- 貸倒損失

摘要
- 回収不能債権
- 貸倒債権
- （更正計画、特別清算、再生計画）認可決定による振替

売掛金や受取手形などについて、会社が破産により清算や更生開始手続きにより回収が困難となった債権をいいます。

▼注意事項

　通常は回収するまでに1年以上かかるので、長期債権としての処理になります。
　返済が進んで1年以内に返済を受けることになった場合でも、そのまま長期債権として投資等で表示してかまいません。

▼代表的な仕訳例

- 取引先に対する長期貸付金 2,000,000 円が会社更生法による更生手続開始の申し立てにより棚上げになった

| 借方 | 破産債権等 | 2,000,000 | 貸付金 | 2,000,000 | 貸方 |

- 破産債権等 3,000,000 円のうち 2,000,000 円が更生計画により切り捨てられた

| 借方 | 貸倒損失 | 2,000,000 | 破産債権等 | 2,000,000 | 貸方 |

| 個人 | 法人 | 消費税区分 ▶ | **対象外** | 課税 | 非課税 |

42 差入保証金(さしいれほしょうきん)

増加仕訳 建物を賃借して家賃の6カ月分を差入保証金として現金で支払った

| 借方 | 差入保証金 | ××× | | 現　　金 | ××× | 貸方 |

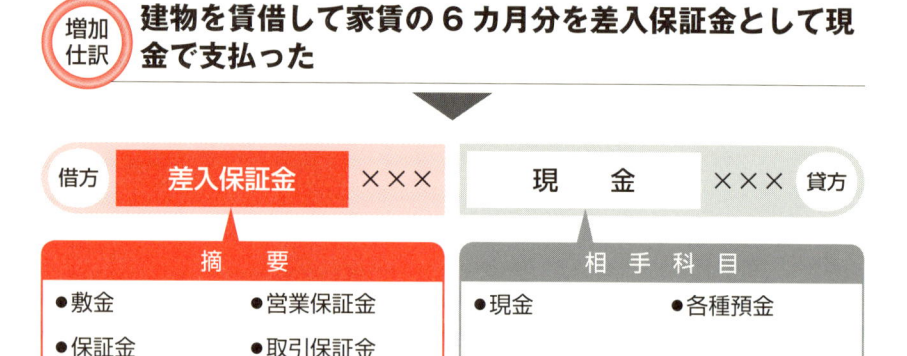

摘　要
- 敷金
- 保証金
- 営業保証金
- 取引保証金

相　手　科　目
- 現金
- 各種預金

減少仕訳 入居していた建物から移転することになり、普通預金口座へ保証金が返還された

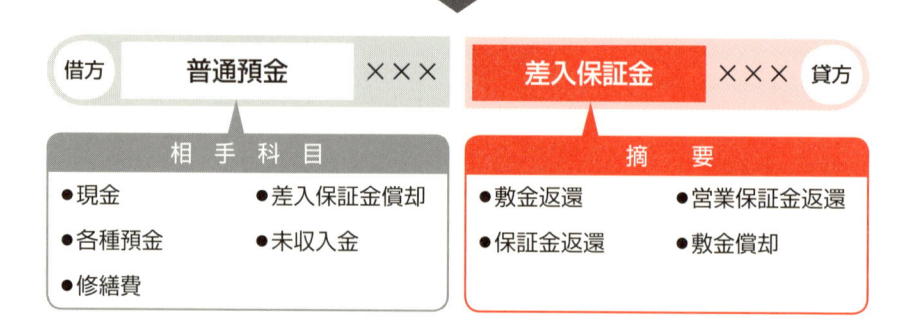

| 借方 | 普通預金 | ××× | | 差入保証金 | ××× | 貸方 |

相　手　科　目
- 現金
- 各種預金
- 修繕費
- 差入保証金償却
- 未収入金

摘　要
- 敷金返還
- 保証金返還
- 営業保証金返還
- 敷金償却

建物などを借りるときに支払う敷金や保証金、その他取引を行うにあたり担保として差し入れる営業保証金をいいます。

▼注意事項

敷金のうち、契約満了時に返還されない部分がある場合は権利金として処理します。これは税務独自の繰延資産として原則5年で償却することになります。

▼代表的な仕訳例

- 5年契約でオフィスを賃借し、保証金2,000,000円を振り込んだ。なお、そのうち10％は退去時に償却される契約となっている

借方			貸方		
	差入保証金	1,800,000		普通預金	2,000,000
	権利金	200,000			

- 建物賃貸借契約の満了により敷金1,500,000円のうち権利金として処理していた300,000円を除く1,200,000円が普通預金口座へ振り込まれた。なお、権利金としての未償却残高は60,000円である

借方			貸方		
	普通預金	1,200,000		差入保証金	1,200,000
	権利金償却	60,000		権利金	60,000

| 個人 | 法人 |　消費税区分 ▶ | 対象外 | 課税 | 非課税 |

43 長期前払費用

増加仕訳　機械を5年間のリース契約で導入し、リース料5年分をまとめて小切手で支払った

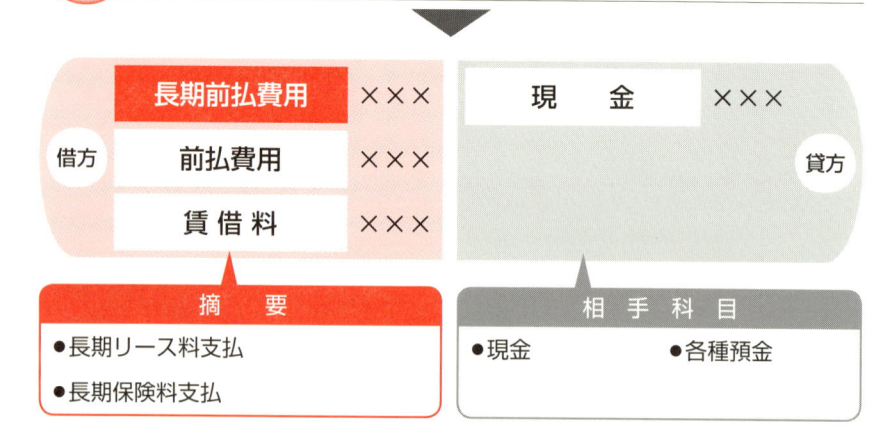

借方
- 長期前払費用　×××
- 前払費用　×××
- 賃借料　×××

貸方
- 現金　×××

摘要
- 長期リース料支払
- 長期保険料支払

相手科目
- 現金
- 各種預金

減少仕訳　決算にあたり、長期前払費用のうち、1年以内に費用化されるものを前払費用に振り替えた

借方
- 前払費用　×××

貸方
- 長期前払費用　×××

相手科目
- 前払費用

摘要
- 前払費用へ振替

前払いで払った費用のうち、期末日の翌日から1年を超える費用をいいます。

▼注意事項
　長期前払費用は固定資産の投資等の部に計上されるのに対して、期末日の翌日から1年以内のものは前払費用として流動資産の部に計上します。

▼代表的な仕訳例
- 5年契約の火災保険料2,5000,000円を支払った

借方		貸方	
長期前払費用	2,000,000	現　　金	2,500,000
前払費用	500,000		

- 5年契約の火災保険料1,000,000円のうち来期分200,000円を前払費用に振り替えた

借方		貸方	
前払費用	200,000	長期前払費用	200,000

法人 消費税区分▶ 対象外

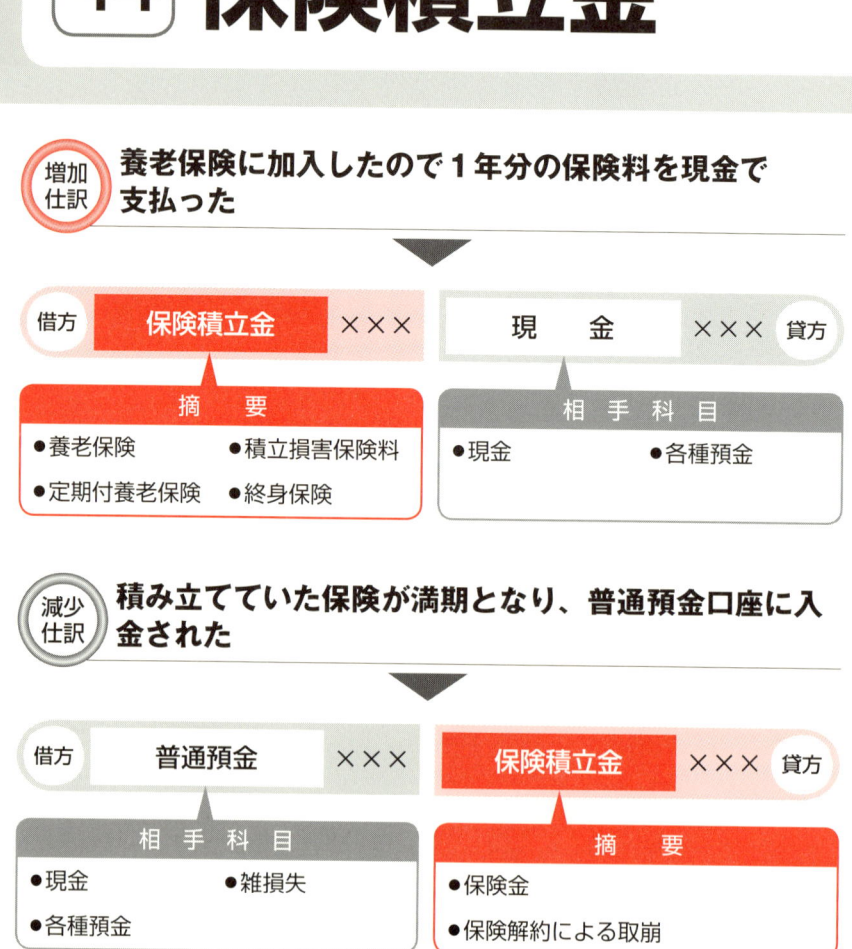

44 保険積立金(ほけんつみたてきん)

増加仕訳 養老保険に加入したので1年分の保険料を現金で支払った

| 借方 | 保険積立金 | ××× | 現　金 | ××× | 貸方 |

摘　要
- 養老保険
- 定期付養老保険
- 積立損害保険料
- 終身保険

相手科目
- 現金
- 各種預金

減少仕訳 積み立てていた保険が満期となり、普通預金口座に入金された

| 借方 | 普通預金 | ××× | 保険積立金 | ××× | 貸方 |

相手科目
- 現金
- 各種預金
- 雑損失

摘　要
- 保険金
- 保険解約による取崩

満期返戻金のある保険に対して支払う保険料のうち、積立を要する部分をいいます。

▼注意事項

たとえば養老保険で保険金受取人が会社である場合や、建物などの火災保険で満期返戻金があり、長期契約である場合は、保険料の費用処理はできません。満期になれば返金があることから、貯蓄性があるため費用ではなく資産として積み立てることになります。

なお、満期保険金が支払われた場合は、保険金と保険積立金の差額は雑収入として「営業外収益の部」へ表示します。

▼代表的な仕訳例

- 5年契約で満期返戻金のある火災保険に加入して1年分の保険料200,000円を現金で支払った

借方	保険積立金	200,000	現　金	200,000	貸方

- 養老保険が満期を迎えて保険金5,000,000円が普通預金に振り込まれた。なお該当する保険積立金は4,200,000円である

借方	普通預金	5,000,000	保険積立金	4,200,000	貸方
			雑収入	800,000	

共通解説 繰延資産（くりのべしさん）

　繰延資産とは代金を支払いそれに対するサービスを受けたけれども、その代金の支出がこれから将来にわたって効果を及ぼしていくものをいいます。そのため、目に見える棚卸資産や固定資産とは異なりますが、固定資産と同様にその支出の効果が及ぶ期間に合理的な費用配分を行う必要があります。

商法で認めた繰延資産の種類
①創立費　②開業費　③試験研究費　④開発費　⑤新株発行費
⑥社債発行費　⑦社債発行差金　⑧建設利息

税法で認めた繰延資産の種類
　商法で認めた繰延資産（上記①〜⑧）

税法独自の繰延資産
①自己が便益を受ける公共的施設または共同的施設設置または改良のために支出する費用▶道路建設負担金
②資産を賃借しまたは使用するために支出する権利金、立退料その他の費用▶建物を賃借するための権利金
③役務の提供を受けるために支出する権利金その他の費用▶ノウハウの頭金
④製品などの広告宣伝の用に供する資産を贈与したことにより生ずる費用▶広告宣伝のためのワゴンカー
⑤上記の費用のほか、自己が便益を受けるために支出する費用▶出版権、加盟金、契約金

これら税法独自の繰延資産は、会計処理上は無形固定資産や投資等として表示します。

償却方法
▶商法で認めた繰延資産
商法上はそれぞれに償却期間が定められており、その期間内で均等額以上の償却を行う必要があります。そのため月割で償却を行うことができません。

税法上では任意償却が認められていますので、全額を一時に償却してもまったく償却しないことも認められています。

会計理論上は、健全性の観点から早期で償却することが望ましいといえます。

▶税法独自の繰延資産
税法上でそれぞれに償却期間が定められていますので、それに基づいた償却限度額の範囲で償却（費用化）することになります。

▶税法上の償却限度額
繰延資産の支出額を償却期間で割ってその金額に支出もしくは着手した月から期末月までの月数をかけた金額です。そのため、固定資産と違い支出額全額を償却期間内で償却することになります。

また、支出額が20万円未満のものについては、その支出年度で全額費用計上できます。

45 創立費（そうりつひ）

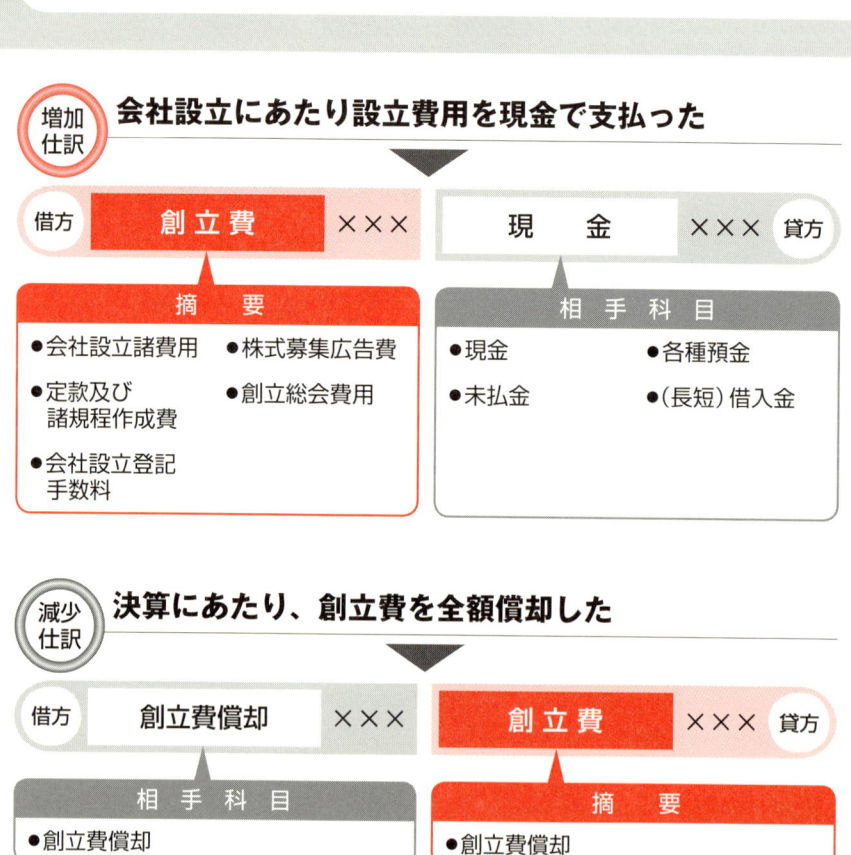

[個人] **法人** 消費税区分▶ [対象外] **課税** [非課税]

増加仕訳：会社設立にあたり設立費用を現金で支払った

| 借方 | 創立費 | ××× | 現　金 | ××× | 貸方 |

摘要（創立費）
- 会社設立諸費用
- 定款及び諸規程作成費
- 会社設立登記手数料
- 株式募集広告費
- 創立総会費用

相手科目（現金）
- 現金
- 未払金
- 各種預金
- （長短）借入金

減少仕訳：決算にあたり、創立費を全額償却した

| 借方 | 創立費償却 | ××× | 創立費 | ××× | 貸方 |

相手科目
- 創立費償却

摘要
- 創立費償却

会社を設立するために要した諸費用をいいます。創立費の支出の効果は会社が存続している期間において続くものと考えられるため、繰延資産として処理します。

▼注意事項

　支出の効果が長期にわたる創立費を一時の費用として計上するのは望ましくないので、繰延資産として処理することが求められています。

　また、会社の存続期間にわたって償却するということは現実的ではなく、健全性の観点からも早期償却が求められますので、商法上は支出後5年以内で毎期均等額以上の償却をしなければならないと定めています。結果的には、支出年度に一括償却することも可能です。

▼代表的な仕訳例

- 会社を設立し、定款作成料や登録免許税、各種届出書作成手数料 1,200,000 円を現金で支払った

| 借方 | 創立費 | 1,200,000 | 現　　金 | 1,200,000 | 貸方 |

- 期末において上記創立費を5年均等額で償却する

| 借方 | 創立費償却 | 240,000 | 創立費 | 240,000 | 貸方 |

46 開業費

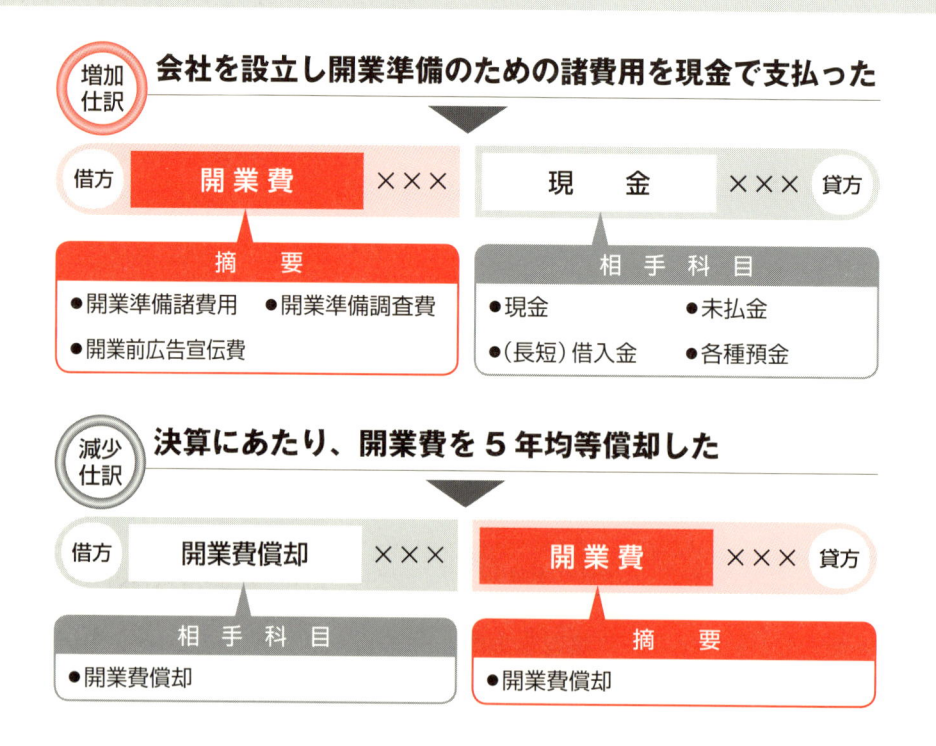

個人 / 法人　消費税区分▶ 対象外 / **課税** / 非課税

増加仕訳　会社を設立し開業準備のための諸費用を現金で支払った

借方　開業費　×××　　　現金　×××　貸方

摘要
- 開業準備諸費用
- 開業準備調査費
- 開業前広告宣伝費

相手科目
- 現金
- 未払金
- (長短)借入金
- 各種預金

減少仕訳　決算にあたり、開業費を5年均等償却した

借方　開業費償却　×××　　　開業費　×××　貸方

相手科目
- 開業費償却

摘要
- 開業費償却

会社設立もしくは個人事業準備から営業を開始するまでの間に、開業準備として特別に要した諸費用をいい、繰延資産として処理します。

▼注意事項

同じ開業準備中の費用であっても、使用人給料や水道光熱費などの経常的なものは含まれません。

開業費の支出の効果は会社が存続している期間において続くものと考えられます。そのため、一時の費用として計上するのは望ましくないので繰延資産として処理することが求められています。

また、会社の存続期間にわたって償却するということは現実的ではなく、健全性の観点からも早期償却が求められますので、商法上は支出後5年以内で毎期均等額以上の償却をしなければならないと定められています。結果的には、支出年度に一括償却することも可能です。

▼代表的な仕訳例

- 会社を設立し、開業準備としての市場調査や広告宣伝費 1,200,000 円を現金で支払った

| 借方 | 開業費 | 1,200,000 | 現金 | 1,200,000 | 貸方 |

- 期末において上記開業費を5年均等額で償却する

| 借方 | 開業費償却 | 240,000 | 開業費 | 240,000 | 貸方 |

| 個人 | 法人 | 消費税区分 ▶ | 対象外 | **課税** | 非課税 |

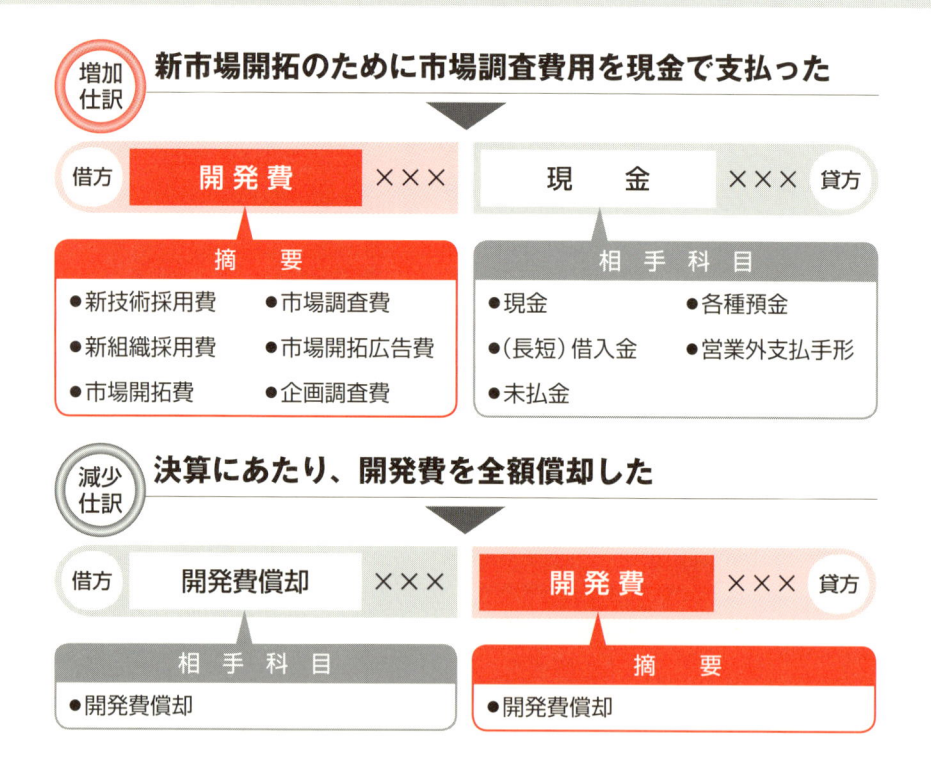

47 開発費
かいはつひ

増加仕訳 新市場開拓のために市場調査費用を現金で支払った

| 借方 | 開発費 | ××× | | 現　金 | ××× | 貸方 |

摘要
- 新技術採用費
- 市場調査費
- 新組織採用費
- 市場開拓広告費
- 市場開拓費
- 企画調査費

相手科目
- 現金
- 各種預金
- （長短）借入金
- 営業外支払手形
- 未払金

減少仕訳 決算にあたり、開発費を全額償却した

| 借方 | 開発費償却 | ××× | | 開 発 費 | ××× | 貸方 |

相手科目
- 開発費償却

摘要
- 開発費償却

新技術または新経営組織の採用、資源の開発、市場の開拓等のために支出した費用、生産能率の向上または生産計画の変更等により、設備の大規模な配置替えを行った場合などの費用をいいます。

▼注意事項

　開発費には、経常的に発生するものは含みません。

　開発費の支出の効果は将来の収益効果や効率化につながるものと期待される点では、繰延資産として処理することが求められますが、その効果は確実なものではなく、またその因果関係も明確でないことから早期償却が望ましいとされています。商法上は支出後5年以内で毎期均等額以上の償却をしなければならないと定めています。結果的には、支出年度に一括償却することも可能です。

▼代表的な仕訳例

- 店舗の新規出店のために、市場開拓調査費と広告宣伝費 3,500,000 円を現金で支払った

| 借方 | 開 発 費 | 3,500,000 | 現　　金 | 3,500,000 | 貸方 |

- 期末において上記開発費を 5 年均等額で償却する

| 借方 | 開発費償却 | 700,000 | 開 発 費 | 700,000 | 貸方 |

48 試験研究費

個人 / 法人　消費税区分 ▶ 対象外 / 課税 / 非課税

増加仕訳：新製品開発のための研究費用を現金で支払った

借方　試験研究費　×××　　現金　×××　貸方

摘要
- 新製品開発費
- 新技術開発費
- 新製品試作費
- 新技術研究費

相手科目
- 現金
- 各種預金
- (長短)借入金
- 営業外支払手形
- 未払金

減少仕訳：決算にあたり、試験研究費を5年均等額で償却した

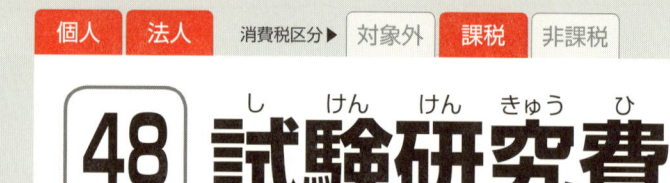

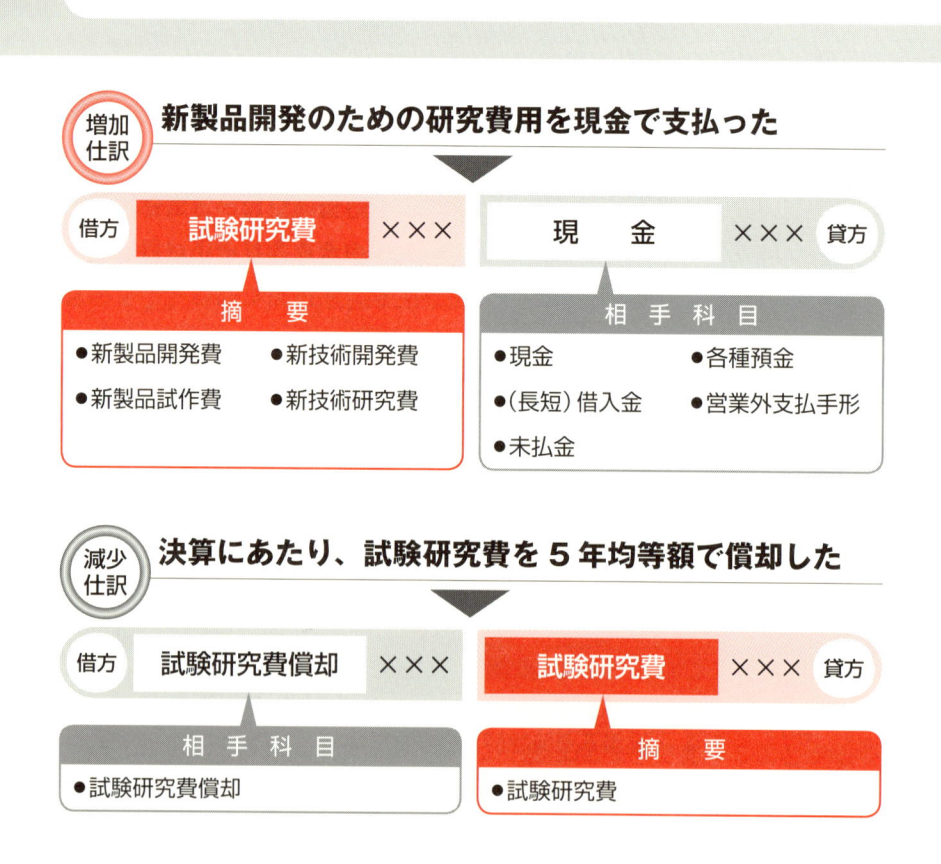

借方　試験研究費償却　×××　　試験研究費　×××　貸方

相手科目
- 試験研究費償却

摘要
- 試験研究費

新製品新技術の研究のため特別に支出した費用をいいます。会計理論上は支出時に一括で費用計上することが求められ、商法上は支出後5年以内で毎期均等額以上の償却をします。

▼注意事項

現に生産している製品または採用している製造技術の改良のため通常行う試験研究のための費用は含まれません。

試験研究費の支出の効果は将来の収益効果や効率化につながるものと期待される点では、繰延資産として処理することが求められますので、試験研究の過程において特許権や実用新案権などを取得したときには、その支出額を特許権などに振替えて償却することになります。

この試験研究の効果は確実なものではなく、長期間資産計上するのは健全性の点からは望ましくないため、会計理論上は支出時に一括で費用計上することが求められています。

商法上は支出後5年以内で毎期均等額以上の償却をしなければならないと定めています。結果的には、支出年度で一括償却することも可能です。

▼代表的な仕訳例

● 新製品試作のために試作用機械1,800,000円を小切手で支払った

| 借方 | 試験研究費 | 1,800,000 | 当座預金 | 1,800,000 | 貸方 |

● 期末において上記試験研究費を5年均等額で償却する

| 借方 | 試験研究費償却 | 360,000 | 試験研究費 | 360,000 | 貸方 |

| 個人 | 法人 | 消費税区分 ▶ | 対象外 | 課税 | 非課税 |

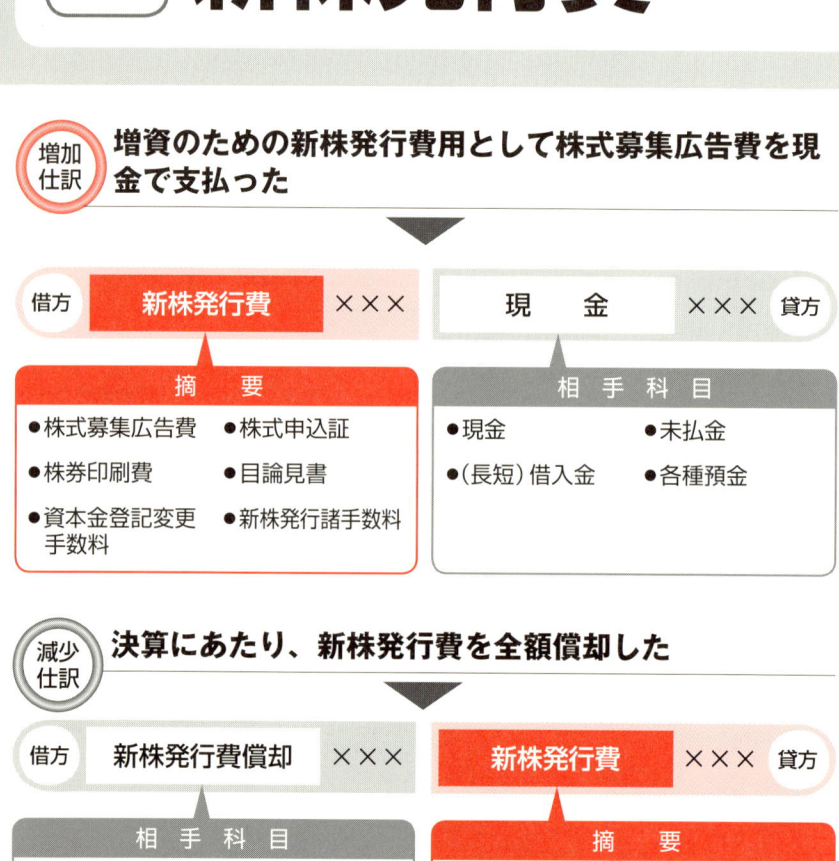

49 新株発行費

増加仕訳 増資のための新株発行費用として株式募集広告費を現金で支払った

↓

| 借方 | 新株発行費 | ××× | | 現　金 | ××× | 貸方 |

摘要
- 株式募集広告費
- 株券印刷費
- 資本金登記変更手数料
- 株式申込証
- 目論見書
- 新株発行諸手数料

相手科目
- 現金
- (長短)借入金
- 未払金
- 各種預金

減少仕訳 決算にあたり、新株発行費を全額償却した

↓

| 借方 | 新株発行費償却 | ××× | | 新株発行費 | ××× | 貸方 |

相手科目
- 新株発行費償却

摘要
- 新株発行費

株式募集のための広告費、金融機関の取扱手数料、目論見書、株券等の印刷費、その他新株発行のため直接支出した費用を資産計上する勘定科目です。

▼注意事項

　新株発行費は資金調達のための費用であり、その効果は相当期間及ぶと期待される点では繰延資産として処理することが求められますが、その効果は確実なものではなく、またその因果関係も明確でないことから早期償却が望ましいとされています。商法上は支出後3年以内で毎期均等額以上の償却をしなければならないと定めています。

▼代表的な仕訳例

- 新株式発行によって資本金変更等に要した費用210,000円を小切手で支払った

| 借方 | 新株発行費 | 210,000 | 当座預金 | 210,000 | 貸方 |

- 期末において上記新株発行費を3年均等額で償却する

| 借方 | 新株発行費償却 | 70,000 | 新株発行費 | 70,000 | 貸方 |

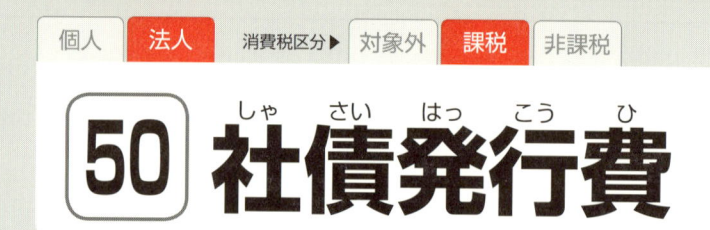

個人 **法人** 消費税区分▶ 対象外 **課税** 非課税

50 社債発行費

増加仕訳 資金調達のための社債発行費用として社債募集広告費を現金で支払った

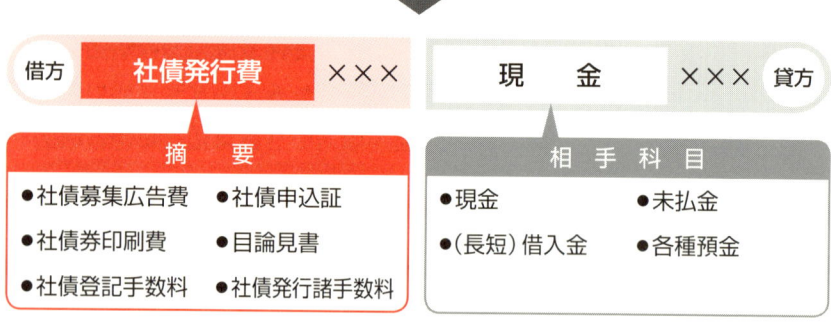

↓

借方 **社債発行費** ×××

摘要
- 社債募集広告費
- 社債申込証
- 社債券印刷費
- 目論見書
- 社債登記手数料
- 社債発行諸手数料

現　金 ××× 貸方

相手科目
- 現金
- 未払金
- (長短)借入金
- 各種預金

減少仕訳 決算にあたり、社債発行費を償還期間の2年で均等償却した

↓

借方 社債発行費償却 ×××

相手科目
- 社債発行費償却

社債発行費 ××× 貸方

摘要
- 社債発行費

社債募集のための広告費、金融機関の取扱手数料、目論見書、社債券等の印刷費、その他社債発行のため直接支出した費用を資産計上する勘定科目です。

▼注意事項

　社債発行費は資金調達のための費用であり、その効果は社債が存続する期間及ぶと期待される点では、繰延資産として処理することが求められます。商法上は支出後3年以内（社債の償還期間が3年未満の場合は償還期間）で毎期均等額以上の償却をしなければならないと定めています。

▼代表的な仕訳例

- 社債発行費にかかる社債券印刷費用、目論見書作成費用300,000円を小切手で支払った

借方	社債発行費	300,000	当座預金	300,000	貸方

- 期末において上記社債発行費を3年均等額で償却する

借方	社債発行費償却	100,000	社債発行費	100,000	貸方

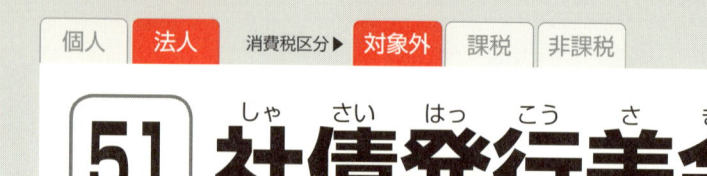

個人 **法人** 消費税区分 ▶ **対象外** 課税 非課税

51 社債発行差金
(しゃさいはっこうさきん)

増加仕訳：社債を割引発行し、払込金は当座預金とした

借方
- 当座預金 ×××
- 社債発行差金 ×××

貸方
- 社債 ×××

摘要
- 社債割引発行費

相手科目
- 社債

減少仕訳：決算にあたり、社債発行差金を社債の償還期間で償却した

借方
- 社債発行差金償却 ×××

貸方
- 社債発行差金 ×××

相手科目
- 社債発行差金償却

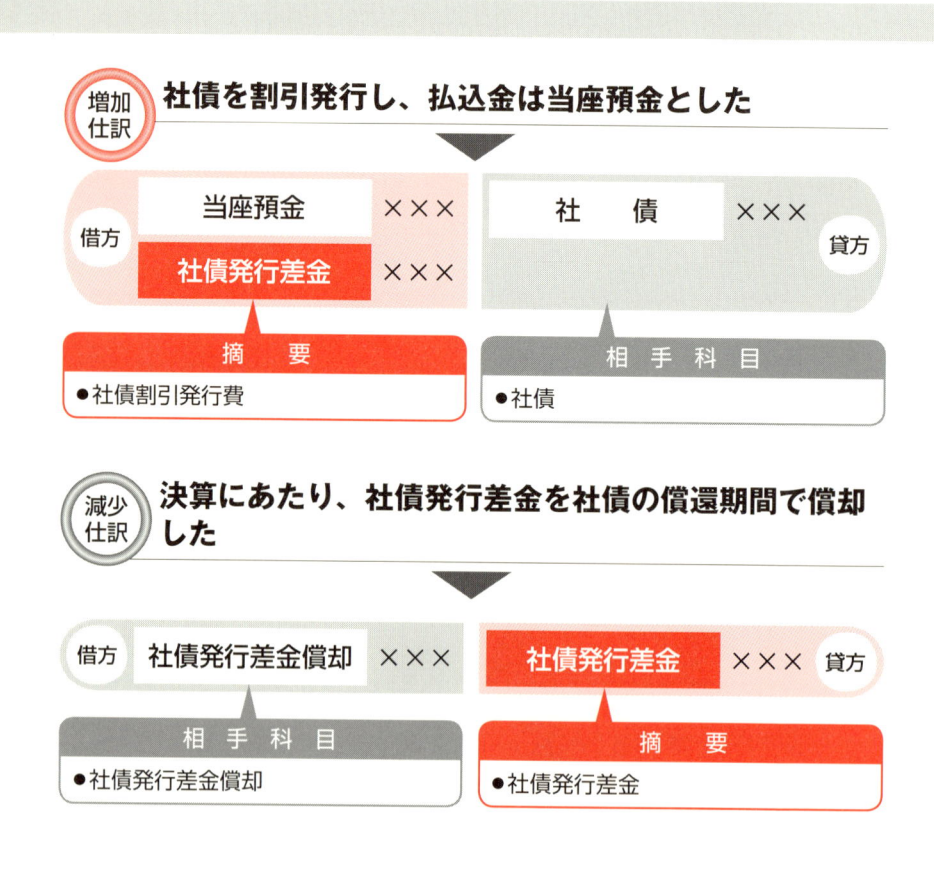

摘要
- 社債発行差金

▼注意事項

　社債発行差金は社債の応募条件を有利にするために行われる社債の割引発行によって発生するもので、利息の前払い的な性格のものです。そこで全額を一時に費用として処理するよりも社債の発行から償還に至る

社債を割引発行した場合に生じる、額面総額と発行価額との差額を処理する勘定科目です。差額は社債の償還日までの期間に会社が負担するので、前払利息のように資産計上します。

までの期間で費用処理するほうが適当と考えられることから繰延資産として処理します。商法上は社債の償還期間内で毎期均等額以上の償却をしなければならないと定めています。

税務上は、その支出の効果の及ぶ期間で償却することになっています。

$$償却限度額 = 社債発行差金の額 \times \frac{その事業年度の月数^*}{償還期間の月数}$$

＊発行した年度は発行日から期末までの月数（1月未満切り上げ）

▼代表的な仕訳例

- 期首に社債総額5,000,000円（償還期間5年、額面100円につき95円）を発行し全額払込を受けた

借方		貸方	
当座預金	4,750,000	社　債	5,000,000
社債発行差金	250,000		

- 期末において上記社債発行差金を5年均等額で償却する

借方		貸方	
社債発行差金償却	50,000	社債発行差金	50,000

- 3月決算にあたり、昨年7月に発行した社債10,000,000円（償還期間5年、額面100円につき98円）の社債発行差金を税法の償却限度額まで償却した

借方		貸方	
社債発行差金償却＊	30,000	社債発行差金	30,000

$$*10,000,000円 \times \frac{100-98円}{100円} \div 5年 \times \frac{9カ月}{12カ月} = 30,000円$$

| 個人 | 法人 | 消費税区分 ▶ | 対象外 | 課税 | 非課税 |

52 事業主貸(じぎょうぬしかし)

増加仕訳 事業で使っている普通預金から生活費を一部引き出した

↓

| 借方 | 事業主貸 | ××× | 普通預金 | ××× | 貸方 |

摘要
- 生活費引出
- 家事消費支払
- 所得税立替
- 住民税立替
- 社会保険料立替
- 事業主へ貸付

相手科目
- 現金
- 各種預金

減少仕訳 期末において事業主貸の残高と事業主借の残高を相殺した

↓

| 借方 | 事業主借 | ××× | 事業主貸 | ××× | 貸方 |

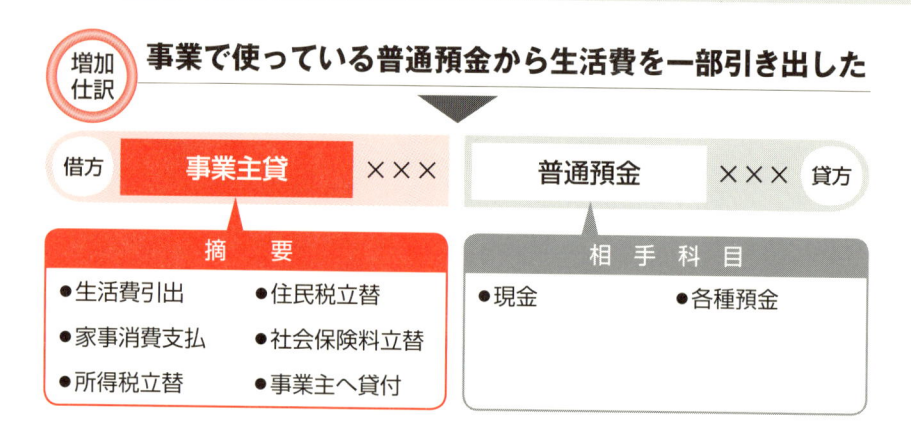

相手科目
- 元入金
- 事業主借

摘要
- 元入金と相殺
- 事業主借と相殺

▼ **注意事項**

　個人の事業主の方は給料をもらう立場ではないため、自分の事業収入の中から生活費などを引き出して使っていることになります。この場合の引き出したお金は、その事業という範疇から見ると事業主に対してお

個人で事業を行っている場合に、その事業の中から事業主へ貸付を行う際に処理する勘定科目です。

金を貸したと見ることができるため、この勘定科目で処理することになります。

　個人の事業主の方は自分の事業とプライベートな生活の部分が一緒になっている感覚であるため、同じ財布でお金の出し入れを行っていることがほとんどです。そのため、事業の分とプライベートな生活の分を会計上は区分する必要があります。その際にこの勘定科目を利用して分けることになるのです。同じ財布であっても会計上は別のものとして処理しないと、正確な会計の数値や税金の計算ができないからです。

　事業のほうでお金が足りなければ個人の貯金を投入してやり繰りしたり、逆に事業のほうでお金に余裕があればプライベートに使ったりといった方法で事業とプライベートをうまくまわしていくのが一般的なのですが、通帳だけは事業用とプライベート用は分けておかないと管理が煩雑になってしまいます。

▼代表的な仕訳例

- 事業主の税金と保険料 723,600 円を現金で納付した

| 借方 | 事業主貸 | 723,600 | 現　金 | 723,600 | 貸方 |

- 期首において事業主貸勘定 1,253,100 円が残高として残っているので、元入金と相殺した

| 借方 | 元入金 | 1,253,100 | 事業主貸 | 1,253,100 | 貸方 |

貸借対照表 ②
負債の部

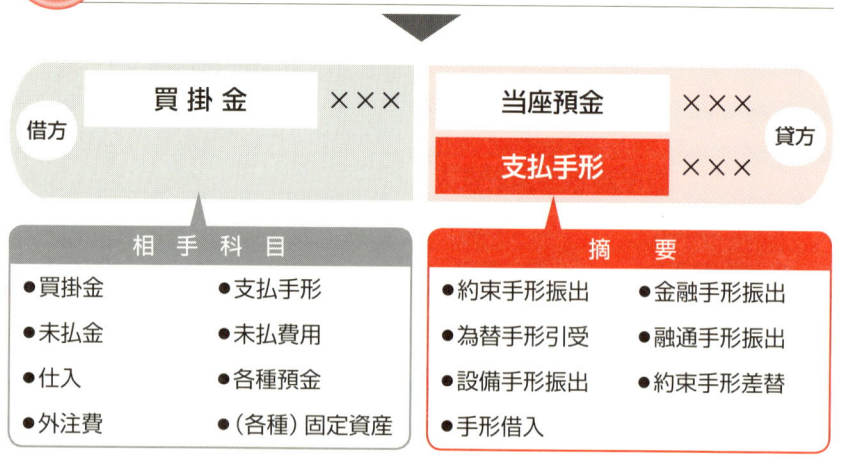

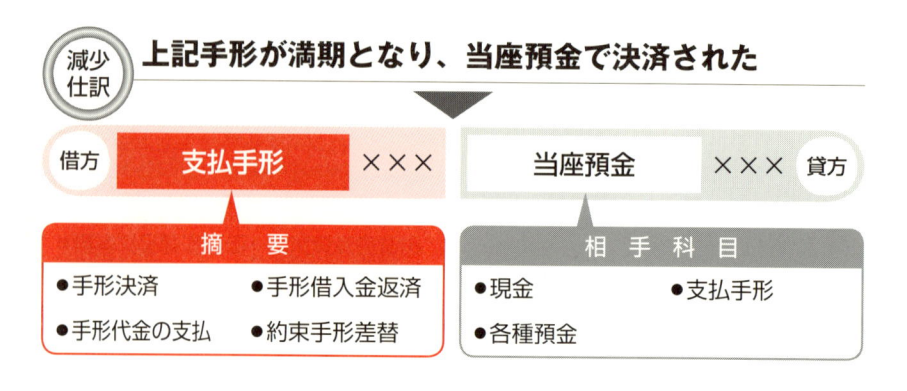

| 個人 | 法人 | 消費税区分 ▶ | **対象外** | 課税 | 非課税 |

① 支払手形

増加仕訳 取引先に対する買掛金を小切手と約束手形を振り出して支払った

▼

借方　買掛金　×××　　貸方　当座預金　×××
　　　　　　　　　　　　　　　支払手形　×××

相手科目
- 買掛金
- 未払金
- 仕入
- 外注費
- 支払手形
- 未払費用
- 各種預金
- （各種）固定資産

摘要
- 約束手形振出
- 為替手形引受
- 設備手形振出
- 手形借入
- 金融手形振出
- 融通手形振出
- 約束手形差替

減少仕訳 上記手形が満期となり、当座預金で決済された

▼

借方　**支払手形**　×××　　当座預金　×××　貸方

摘要
- 手形決済
- 手形代金の支払
- 手形借入金返済
- 約束手形差替

相手科目
- 現金
- 各種預金
- 支払手形

通常の取引を行った場合に発生する債務を支払うために振り出した約束手形や引き受けた為替手形のことをいいます。

▼注意事項

　支払手形勘定は通常の取引が対象ですから、商品や製品の仕入代金の支払や買掛金の支払を行った場合に限られることになります。貸借対照表への表示方法については支払期限の長短に関係なく流動負債の部に支払手形として表示します。

為替手形

　たとえば、当社が得意先に対して売掛金を、仕入先に対して買掛金を有している場合に、得意先からの入金を待って仕入先に支払うのであれば直接得意先から仕入先に支払ってもらったほうが合理的な場合があります。このような場合に得意先に対して一定金額を一定期日にその仕入先に対して支払うことを約束させた手形を為替手形といいます。

　この場合、当社が振出人であり得意先が名宛人（支払人）で仕入先が指図人（受取人）といいます。

営業外支払手形

　機械装置や器具費品など通常の取引以外の取引によって発生した手形債務は営業外支払手形勘定で処理します。

　貸借対照表への表示方法については期末日の翌日から１年以内に期限が来るものであり、かつ金額が小さい場合は支払手形勘定に含めるか流動負債の部にあるその他流動負債勘定で表示し、金額が大きければ営業外支払手形勘定で表示します。

　また、期末日の翌日から１年を超えて期限が来るものは固定負債の部で同様に表示します。

手形借入金

短期的な借入を行う場合、金融機関に担保として約束手形を差し入れる場合があります。その場合に振り出した約束手形は手形借入金で処理します。

融通手形

資金繰りが苦しい場合に、取引先などとの間でお互いに約束手形を振り出し合い、金融機関に手形を持ち込んで割り引くことにより資金を融通し合うことがあります。

このような融通手形は非常に危険です。つまり相手方が資金繰りに詰まって不渡りを出した場合には2重の支払を行わなければならないことから、自分の方の資金繰りがさらに悪化してしまうからです。

相手方が不渡りを出すと、その手形は決済されないため、金融機関から買戻を求められます。その上、自分の振り出した約束手形の支払もあります。金融機関から買い戻した不渡手形は当然、相手方に対して支払を請求できますが、不渡りを出した会社に請求しても全額回収できる可能性はかなり低いでしょう。

このようなことから、融通手形の振出を行うべきではありません。

▼代表的な仕訳例

- 仕入先に対する買掛金300,000円を、約束手形を振り出して支払った

| 借方 | 買掛金 | 300,000 | 支払手形 | 300,000 | 貸方 |

- 仕入先A社に対する買掛金200,000円を支払うためにA社振り出し、当社宛の為替手形を引き受けB社に交付した

| 借方 | 買掛金 | 200,000 | 支払手形 | 200,000 | 貸方 |

① 支払手形

- 振り出した約束手形300,000が満期となり、当座預金から引き落とされた

| 借方 | 支払手形 | 300,000 | 当座預金 | 300,000 | 貸方 |

- すでに振り出した約束手形500,000円の期限が間近であるが、資金不足のため手形の差し替えを行った。差し替えた手形は利息を含めて525,000円である

| 借方 | 支払手形 | 500,000 | 支払手形 | 525,000 | 貸方 |
| | 支払利息 | 25,000 | | | |

- 情報処理用の機器3,500,000円を購入して代金は約束手形を振り出して支払った

| 借方 | 器具備品 | 3,500,000 | 営業外支払手形 | 3,500,000 | 貸方 |

- 金融機関に約束手形を差し入れて融資1,000,000円を受け、利息30,000円を差し引かれて普通預金口座に入金された

| 借方 | 普通預金 | 970,000 | 手形借入金 | 1,000,000 | 貸方 |
| | 支払利息 | 30,000 | | | |

- 手形借入金1,000,000円が満期となり、利息10,000とともに普通預金から引き落とされた

| 借方 | 手形借入金 | 1,000,000 | 普通預金 | 1,010,000 | 貸方 |
| | 支払利息 | 10,000 | | | |

貸借対照表

資産の部

負債の部

資本の部

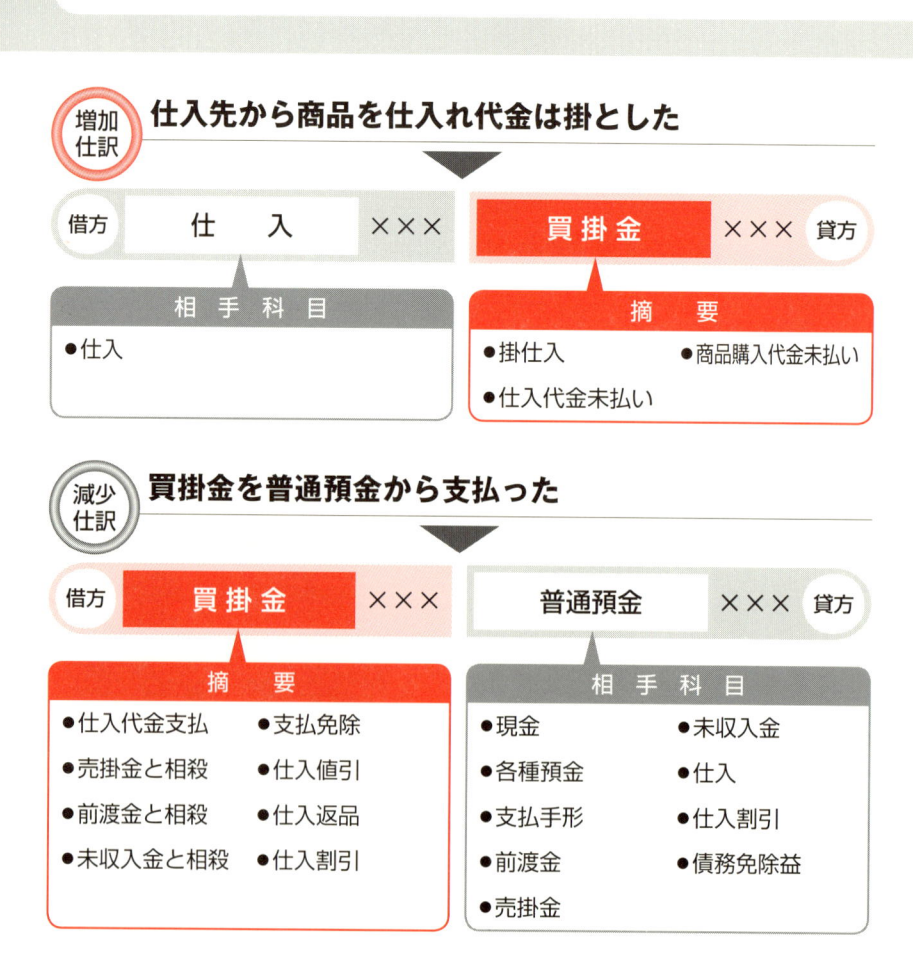

個人　法人　消費税区分 ▶ 対象外　課税　非課税

② 買掛金(かいかけきん)

増加仕訳　仕入先から商品を仕入れ代金は掛とした

| 借方 | 仕　　入 | ××× | 買掛金 | ××× | 貸方 |

相手科目
- 仕入

摘要
- 掛仕入
- 仕入代金未払い
- 商品購入代金未払い

減少仕訳　買掛金を普通預金から支払った

| 借方 | 買掛金 | ××× | 普通預金 | ××× | 貸方 |

摘要
- 仕入代金支払
- 売掛金と相殺
- 前渡金と相殺
- 未収入金と相殺
- 支払免除
- 仕入値引
- 仕入返品
- 仕入割引

相手科目
- 現金
- 各種預金
- 支払手形
- 前渡金
- 売掛金
- 未収入金
- 仕入
- 仕入割引
- 債務免除益

本来の営業目的にかかる商品や原材料を購入する場合における未払い代金のことをいいます。本来の営業目的以外の取引から生じる未払い代金は未払金勘定で処理します。

▼注意事項

　本来の営業目的にかかる商品や原材料の未払い代金といっても、業種によっては、特別な勘定科目を使用する場合があります。たとえば、建設業における原材料などの未払い代金は、工事未払金勘定を用いて処理します。

▼代表的な仕訳例

- 仕入先から商品 200,000 円を仕入れ、代金は運送費 30,000 と一緒に掛とした

| 借方 | 仕　入 | 230,000 | 買掛金 | 230,000 | 貸方 |

- 上記商品について仕入先から 20,000 円の値引を受けた

| 借方 | 買掛金 | 20,000 | 仕　入 | 20,000 | 貸方 |

- 上記仕入代金について約束手形を振り出して支払った

| 借方 | 買掛金 | 210,000 | 支払手形 | 210,000 | 貸方 |

| 個人 | 法人 | 消費税区分 ▶ | 対象外 | 課税 | 非課税 |

3 前受金（まえうけきん）

増加仕訳：顧客から内金を受け取った

| 借方 | 普通預金 | ××× | 前受金 | ××× | 貸方 |

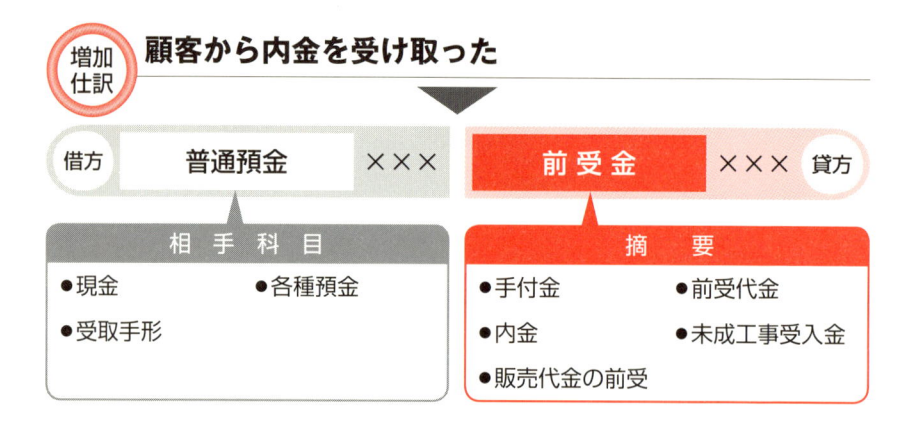

相手科目
- 現金
- 各種預金
- 受取手形

摘要
- 手付金
- 前受代金
- 内金
- 未成工事受入金
- 販売代金の前受

減少仕訳：製品を売上げ、前受金以外は普通預金口座へ振り込まれた

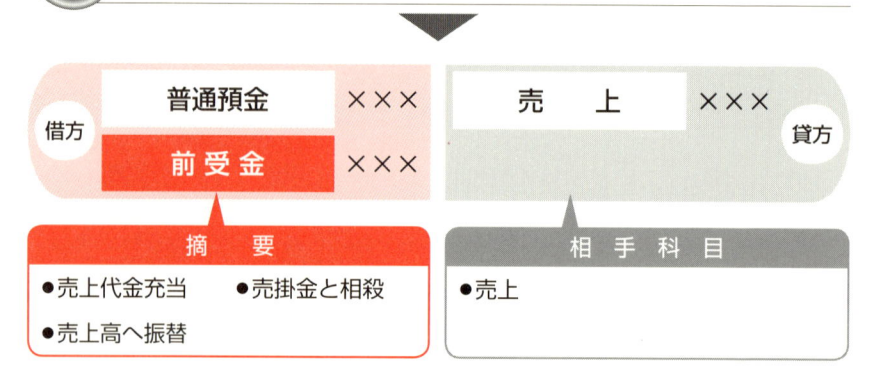

| 借方 | 普通預金 | ××× | 売上 | ××× | 貸方 |
| | 前受金 | ××× | | | |

摘要
- 売上代金充当
- 売掛金と相殺
- 売上高へ振替

相手科目
- 売上

営業目的で販売した商品や製品、サービス代金の一部または全部を前もって受け取った場合の手付けや内金のことです。

▼注意事項

前受金は、商品の販売に伴い売上を計上するときに、売上に振り替えることになります。

また、業種によって特別な勘定科目を使用する場合があります。建設業においてはこの前受金勘定に代わって未成工事受入金勘定を用いることになります。

▼代表的な仕訳例

- 得意先から手付金として現金500,000円を受け取った

| 借方 | 現　　金 | 500,000 | 前受金 | 500,000 | 貸方 |

- 上記得意先に商品1,000,000円を売り上げ、前受金以外は約束手形を受け取った

| 借方 | 前 受 金 | 500,000 | 売　　上 | 1,000,000 | 貸方 |
| | 受取手形 | 500,000 | | | |

| 個人 | 法人 | 消費税区分 ▶ | 対象外 | 課税 | 非課税 |

④ 短期借入金

増加仕訳 銀行から1年返済で借入を行い、普通預金へ入金した

▼

| 借方 | 普通預金 | ××× |　　| 短期借入金 | ××× | 貸方 |

相手科目
- 現金
- 長期借入金
- 各種預金

摘要
- 銀行から借入
- 証書借入
- 個人から借入
- 手形借入
- 役員から借入
- 運転資金調達
- 取引先から借入
- 当座借越
- 関係会社から借入
- 長期借入金から振替

減少仕訳 役員からの借入金を現金で返済した

▼

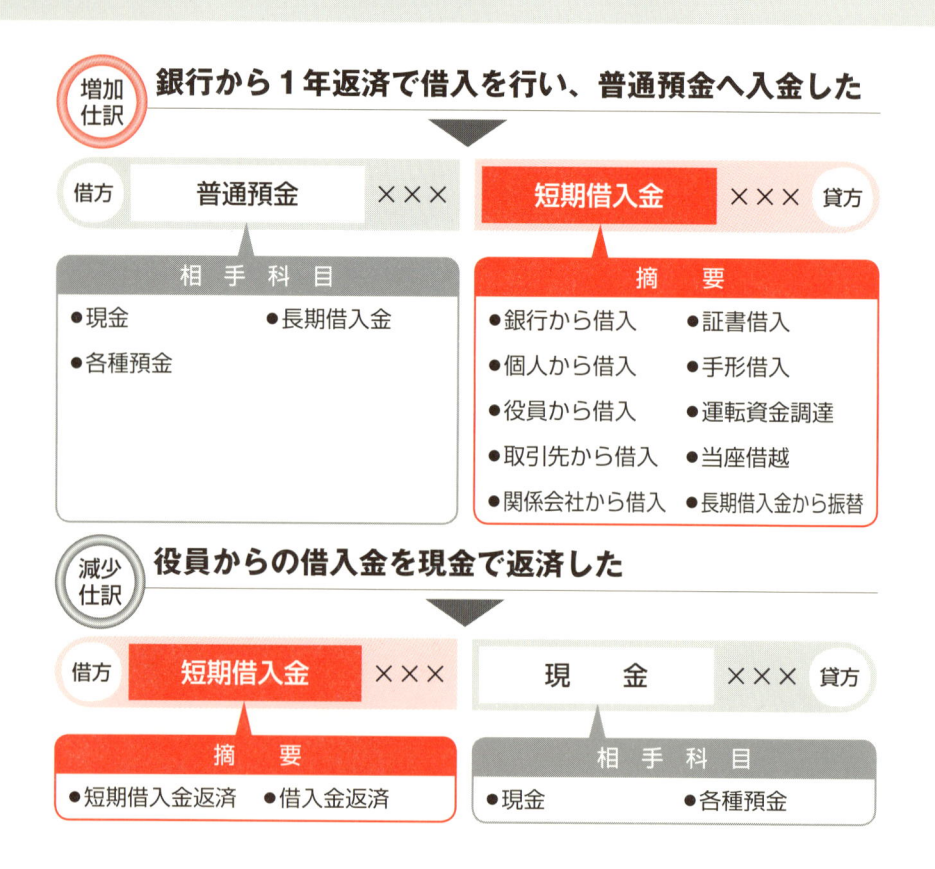

| 借方 | 短期借入金 | ××× |　　| 現　金 | ××× | 貸方 |

摘要
- 短期借入金返済
- 借入金返済

相手科目
- 現金
- 各種預金

▼**注意事項**

短期借入金には、①金銭消費貸借契約による借入、②約束手形振出による借入、③当座借越契約による借入、④長期借入のうち1年以内に返済される借入、の4つがあります。

銀行や取引先、役員などからの借入金のうち返済期限が1年以内の借入金をいいます。

当座借越

　銀行との間で資金が一時的に不足することにより、小切手や自動引き落としによる支払ができなくなることに備えて、当座預金口座に資金手当てをしてもらう契約を結ぶことがあります。この場合には当座預金の残高がマイナス残になってしまいますので、この分を補うために短期借入金で処理することになります。

　期中取引においてはとくにこの処理をする必要はありませんが、期末で当座預金がマイナス残になっていればこのような処理を行う必要があります。

▼代表的な仕訳例

- 取引先から半年後に返済することを条件に1,000,000円の借入を行い、当座預金に入金した

| 借方 | 当座預金 | 1,000,000 | 短期借入金 | 1,000,000 | 貸方 |

- 短期借入金のうち200,000円を利息10,000円とともに現金で支払った

| 借方 | 短期借入金 | 200,000 | 現　　金 | 210,000 | 貸方 |
| | 支払利息 | 10,000 | | | |

- 期末になって当座預金の残高が300,000円マイナスとなっていた。銀行との間では当座借越契約を結んである

| 借方 | 当座預金 | 300,000 | 短期借入金 | 300,000 | 貸方 |

| 個人 | 法人 | 消費税区分 ▶ | **対象外** | 課税 | 非課税 |

⑤ 未払金（みばらいきん）

増加仕訳　店舗改築を行い、代金は2カ月後に支払う予定である

| 借方 | 建　物 | ××× | 未払金 | ××× | 貸方 |

相手科目
- 固定資産（建物、車両等）
- 有価証券
- 経費（外注費、水道光熱費等）

摘　要
- 固定資産購入代金未払い
- 有価証券購入代金未払い
- 外注費未払い
- 経費未払い
- 事務用品代未払い
- 電気代未払い
- 水道代未払い
- ガス代未払い
- 交際費未払い
- 運賃未払い
- 電話料未払い

減少仕訳　未払金を現金で決済した

| 借方 | 未払金 | ××× | 現　金 | ××× | 貸方 |

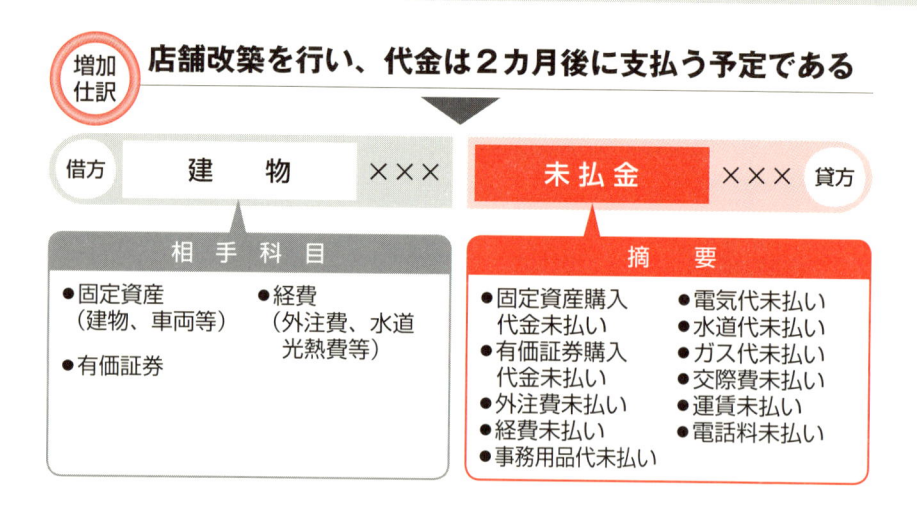

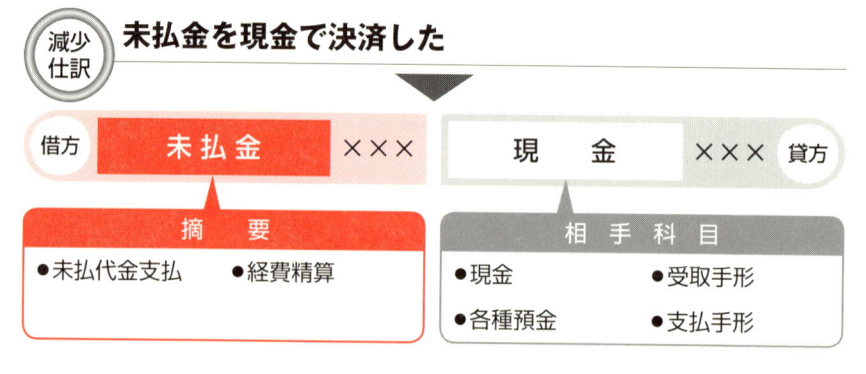

摘　要
- 未払代金支払
- 経費精算

相手科目
- 現金
- 各種預金
- 受取手形
- 支払手形

▼ **注意事項**

　未払費用と違う点に注意が必要です。

　実務的には費用になるものの未払いは未払費用で処理し、そうでない

物の購入やサービスの提供など、本来の営業取引以外の取引によって発生した債務をいいます。そのため、本来の営業取引から生じる買掛金とは区別して処理します。

固定資産や有価証券の支払は未払金で処理することが一般的です。
　しかし、未払費用は債務として確定していないもの、すなわち支払利息や賃借料のように一定期間、継続的にサービスを受けていて、支払日がまだきていない期日未到来のものについての未払いを処理する科目です。
　そして未払金はそれ以外のもの、すなわち継続的な取引ではない単発の物品購入やサービスの提供を受けた場合の債務として確定しているものを処理する科目です。

▼代表的な仕訳例

- 今月の業務委託手数料 1,000,000 円が未払いである

| 借方 | 支払手数料 | 1,000,000 | 未払金 | 1,000,000 | 貸方 |

- 水道代の未払金 50,000 円が普通預金口座から引き落とされた

| 借方 | 未払金 | 50,000 | 普通預金 | 50,000 | 貸方 |

- 先月自動車を購入した代金 2,300,000 円を相手の口座に現金で振り込んだ。なお手数料 420 円は当方が負担した

| 借方 | 未払金 | 2,300,000 | 現　金 | 2,300,420 | 貸方 |
| | 支払手数料 | 420 | | | |

| 個人 | 法人 | 消費税区分 ▶ | **対象外** | 課税 | 非課税 |

6 未払費用（みばらいひよう）

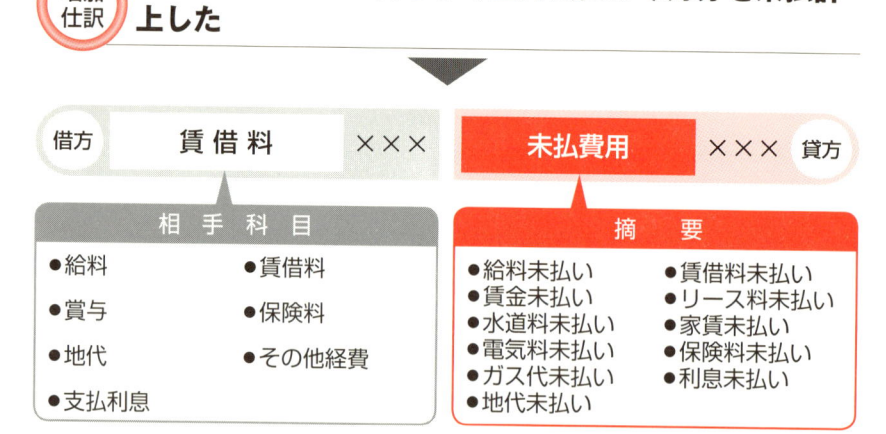

増加仕訳　コピー機のリース料として翌月支払の今月分を未払計上した

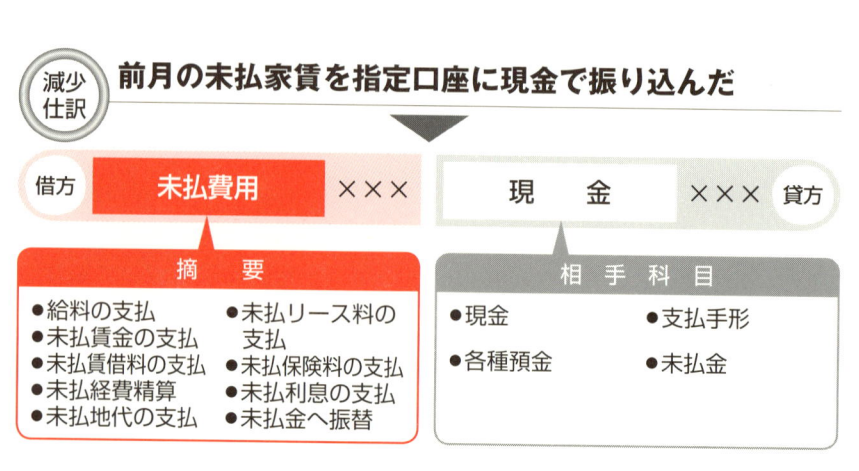

↓

借方　**賃借料**　×××　　**未払費用**　×××　貸方

相手科目
- 給料
- 賞与
- 地代
- 支払利息
- 賃借料
- 保険料
- その他経費

摘要
- 給料未払い
- 賃金未払い
- 水道料未払い
- 電気料未払い
- ガス代未払い
- 地代未払い
- 賃借料未払い
- リース料未払い
- 家賃未払い
- 保険料未払い
- 利息未払い

減少仕訳　前月の未払家賃を指定口座に現金で振り込んだ

↓

借方　**未払費用**　×××　　現　金　×××　貸方

摘要
- 給料の支払
- 未払賃金の支払
- 未払賃借料の支払
- 未払経費精算
- 未払地代の支払
- 未払リース料の支払
- 未払保険料の支払
- 未払利息の支払
- 未払金へ振替

相手科目
- 現金
- 各種預金
- 支払手形
- 未払金

継続してサービスを受ける場合に、ある一定時点で受けたサービスに対して、まだ代金の支払が終わっていないものをいいます。

▼注意事項

　たとえば支払利息や賃借料のように一定期間継続的にサービスを受けていて、支払日がまだきていない期日未到来のものについての未払い分を処理する科目です。

　未払金のところでも触れましたが、未払金は継続的な取引ではない単発の物品購入やサービスの提供を受けた場合の債務として確定しているものを処理する科目です。しかし、実務的には費用になるものの未払いは未払費用で処理し、そうでない固定資産や有価証券の支払は未払金で処理することが一般的です。

▼代表的な仕訳例

- 決算にあたり20日締め給料の未払い分（21日から期末日までの分）5,000,000円を計上した

| 借方 | 給料手当 | 5,000,000 | 未払費用 | 5,000,000 | 貸方 |

- 決算にあたり銀行借入金に対する利息500,000円を未払計上した

| 借方 | 支払利息 | 500,000 | 未払費用 | 500,000 | 貸方 |

- 翌期に普通預金口座から借入金元本3,000,000円と上記利息に前期末から今月支払日までの利息160,000円が合わせて引き落とされた

借方	短期借入金	3,000,000	普通預金	3,660,000	貸方
	未払費用	500,000			
	支払利息	160,000			

173

個人　法人　消費税区分▶ 対象外　課税　非課税

7 預り金(あずかりきん)

増加仕訳 コンサルタントへ源泉所得税を差し引いて現金で報酬を支払った

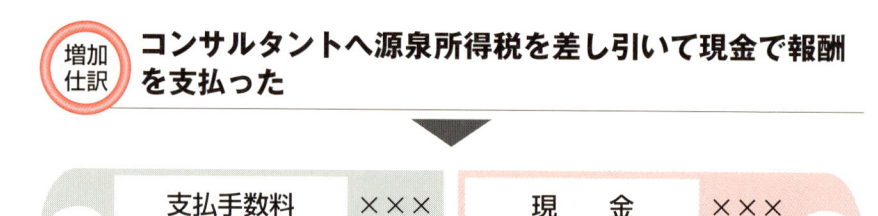

借方：支払手数料 ×××
貸方：現金 ×××　預り金 ×××

相手科目
- 給与手当
- 支払手数料
- 顧問料
- 各種預金
- 現金

摘要
- 社会保険料控除
- 旅行積立金控除
- 源泉所得税控除
- 食費控除
- 住民税控除
- 営業保証金

減少仕訳 前月分の預り金を現金で納付した

借方：預り金 ×××
貸方：現金 ×××

摘要
- 社会保険料納付
- 旅費へ振替
- 源泉所得税納付
- 福利厚生費へ振替
- 住民税納付
- 営業保証金返還

相手科目
- 現金
- 各種預金
- 福利厚生費
- 旅費交通費

従業員や取引先から一時的に預かったお金をいいます。後で納付するときまでの間、負債に計上しておきます。

▼注意事項

預り金には、たとえば給与から天引きされる従業員の源泉所得税、住民税、社会保険料（健康保険料、厚生年金保険料など）、社内旅行積立金、顧問税理士や弁護士などの源泉所得税があります。

▼代表的な仕訳例

- 従業員の給料3,500,000円を支払う際に源泉所得税630,000円、住民税220,000円、社会保険料165,000円を差し引いて現金で支払った

借方		貸方	
給与手当	3,500,000	現　　金	2,485,000
		源泉所得税預り金	630,000
		住民税預り金	220,000
		社会保険料預り金	165,000

- 上記源泉所得税と住民税を翌月現金で納付した

借方		貸方	
源泉所得税預り金	630,000	現　　金	850,000
住民税預り金	220,000		

- 上記社会保険料350,000円が普通預金口座から引き落とされた

借方		貸方	
社会保険料預り金	165,000	普通預金	350,000
法定福利費	185,000		

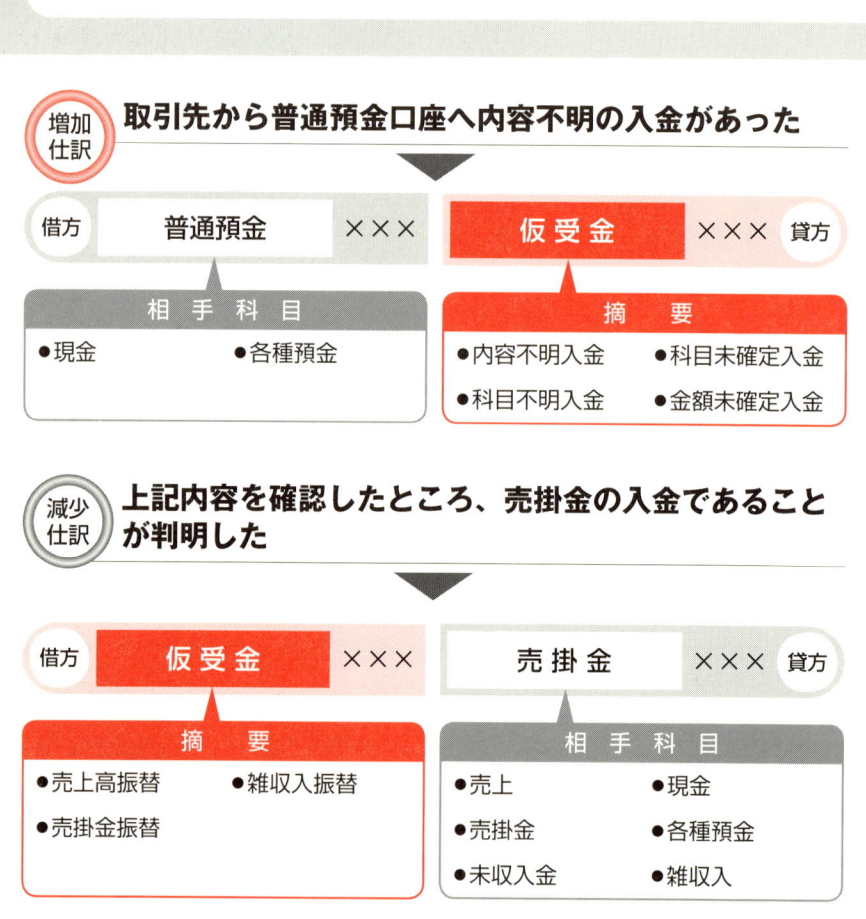

個人 / 法人　消費税区分 ▶ 対象外 / 課税 / 非課税

8 仮受金（かりうけきん）

増加仕訳　取引先から普通預金口座へ内容不明の入金があった

借方　普通預金　×××　｜　仮受金　×××　貸方

相手科目
- 現金
- 各種預金

摘要
- 内容不明入金
- 科目未確定入金
- 科目不明入金
- 金額未確定入金

減少仕訳　上記内容を確認したところ、売掛金の入金であることが判明した

借方　仮受金　×××　｜　売掛金　×××　貸方

摘要
- 売上高振替
- 雑収入振替
- 売掛金振替

相手科目
- 売上
- 現金
- 売掛金
- 各種預金
- 未収入金
- 雑収入

入金があったが、その内容が不明なものや未確定なもの、または内容はわかっていても金額が確定していないものを一時的に処理するための勘定科目です。

▼注意事項

　たとえば得意先からの入金があったが請求金額と一致していない場合や内容不明の入金、従業員からの仮払金の精算金でまだ報告を受けていないものなどを、仮受金として処理します。

　いずれにしても決算上はその内容をすべて判明させ、適切な勘定科目へ振り替えることが必要です。仮受金が計上されたままの決算書は非常に印象がよくありません。そして時間が経つにつれその内容がわかりにくくなりますので、早期に判明させることが必要でしょう。

▼代表的な仕訳例

- 決算にあたり仮受金 149,370 円の内容を調査したところ売掛金の入金で、振込手数料 630 円を差し引かれたものであることが判明した

借方	仮受金	149,370	売掛金	150,000	貸方
	支払手数料	630			

- 出張先の従業員から振り込まれた 250,000 円が売掛金の回収であることが判明した

借方	仮受金	250,000	売掛金	250,000	貸方

- 決算にあたり調査の結果、仮受金の残高 5,600 円の内容が判明しなかったので雑収入に振り替えた

借方	仮受金	5,600	雑収入	5,600	貸方

貸借対照表 / 資産の部 / 負債の部 / 資本の部

| 個人 | 法人 | 消費税区分 ▶ | 対象外 | 課税 | 非課税 |

9 前受収益（まえうけしゅうえき）

増加仕訳　テナントから来月分の家賃が普通預金に入金された

借方　普通預金　×××　　前受収益　×××　貸方

相手科目
- 現金
- 各種預金
- 受取手形
- 長期前受収益

摘要
- 家賃前受
- 地代前受
- 受取利息前受
- 収入前受
- 長期前受収益より振替

減少仕訳　上記前受収益を、翌月受取家賃に振り替えた

借方　前受収益　×××　　受取家賃　×××　貸方

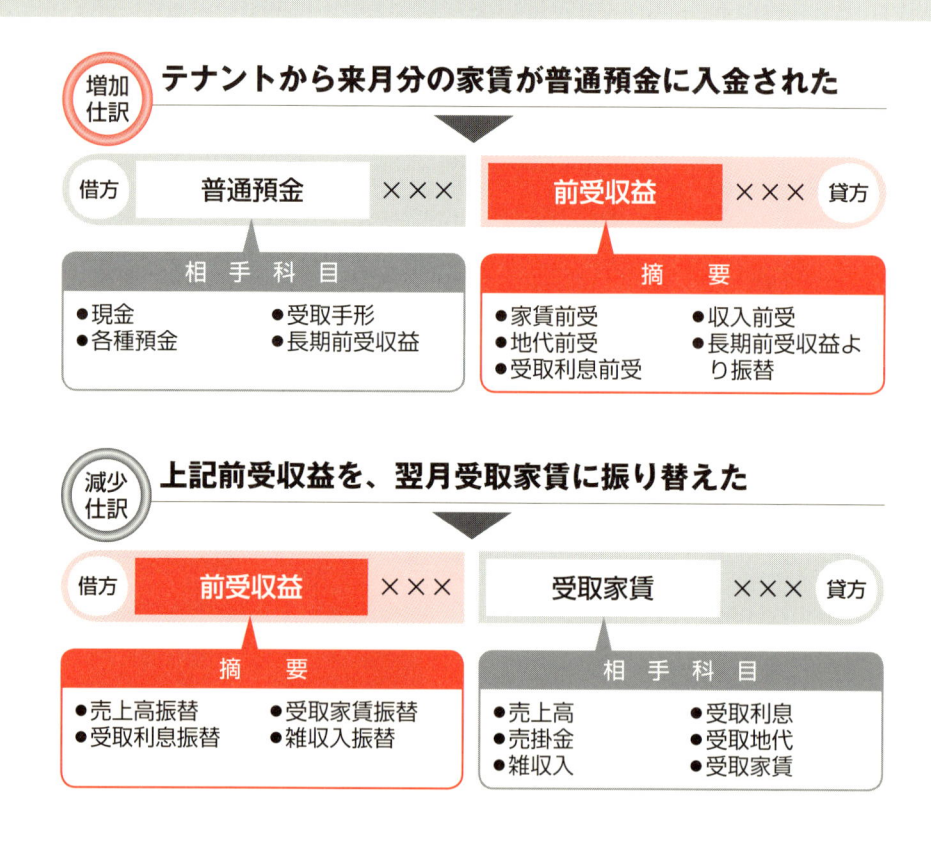

摘要
- 売上高振替
- 受取利息振替
- 受取家賃振替
- 雑収入振替

相手科目
- 売上高
- 売掛金
- 雑収入
- 受取利息
- 受取地代
- 受取家賃

▼ **注意事項**

　たとえばオフィスビルの賃貸は、賃貸借契約にもとづいて数年間フロアを貸すというサービスを提供し続けるわけですが、一般的に家賃は来月分を今月中に受け取るといったように前受けしています。まだ提供し

継続してサービスを提供する場合に、ある一定時点でまだサービスを行っていないにもかかわらず受け取った対価を処理する勘定科目です。

ていないサービス（フロアを貸すこと）に対して家賃を受け取るわけです。このような場合に来月分の家賃は前受収益として処理することになります。

処理のやり方には2通りあります。ひとつは受取時には前受収益で処理し、その後に収入に振り替えていくやり方ともうひとつは受取時に収入で処理し、期末で来月以降分を前受収益に振り替える処理です。毎月の月次決算をきちんと行うためには前者のやり方が望ましいといえますが、事務手続きの観点でいえば後者のやり方が簡素化は図れます。

▼代表的な仕訳例

- 決算にあたってすでに売上計上しているコンピュータメンテナンス料の中に、来月分の2,000,000円が含まれていたので振替処理を行った

| 借方 | 売上高 | 2,000,000 | 前受収益 | 2,000,000 | 貸方 |

- 翌期になって上記前受収益を売上高に振り替えた

| 借方 | 前受収益 | 2,000,000 | 売上高 | 2,000,000 | 貸方 |

- 普通預金に入金された来月分の家賃500,000円を期間損益の適正化の観点から発生主義で処理する

| 借方 | 普通預金 | 500,000 | 前受収益 | 500,000 | 貸方 |

※発生主義に対して実際の現金の動きをもって会計処理をするやり方を現金主義といいます。正確な収入と費用を把握するには、現金の動きではなく、取引事象によって会計処理をする発生主義が望ましいといえます。

| 個人 | 法人 | 消費税区分 ▶ | **対象外** | 課税 | 非課税 |

10 仮受消費税(かりうけしょうひぜい)

増加仕訳：現金で商品を売上げ税抜き処理で計上した

借方
- 現金 ×××

貸方
- 売上 ×××
- 仮受消費税 ×××

相手科目
- 現金
- 各種預金
- 受取手形
- 売掛金
- 未収金
- 未払収益

摘要
- 課税売上
- 仮受消費税
- 税抜処理
- 外税処理

減少仕訳：仮受消費税と仮払消費税を相殺し、差額を未払消費税に計上した

借方
- 仮受消費税 ×××

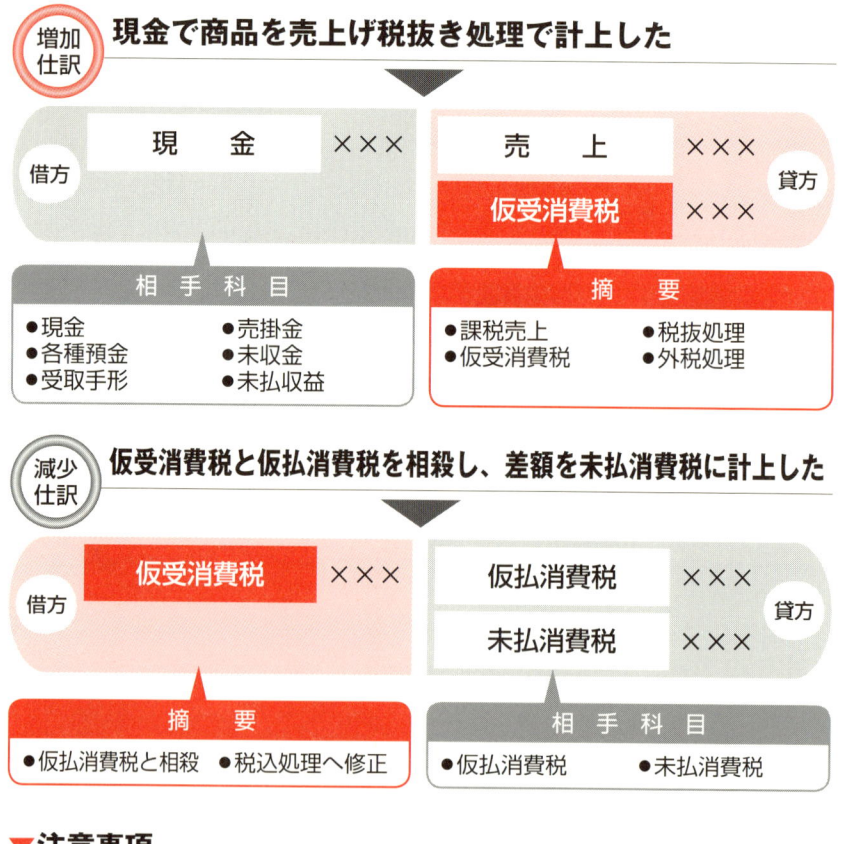

貸方
- 仮払消費税 ×××
- 未払消費税 ×××

摘要
- 仮払消費税と相殺
- 税込処理へ修正

相手科目
- 仮払消費税
- 未払消費税

▼注意事項

　消費税の処理方法には税込処理と税抜処理があります。仮受消費税で処理するのは税抜処理の方です。どちらでもかまいませんが、消費税を納める義務のない事業者や会社（免税事業者）は税込処理を行います。

売上の計上や固定資産の売却などにかける消費税を処理するための勘定科目です。

▼代表的な仕訳例

- 古くなったパソコン（消耗品で経費処理済）を売って現金52,500円（税込）を受け取った。なお当社は税抜処理を採用している

借方	現　金	52,500	貸方	雑収入	50,000
				仮受消費税	2,500

- 商品1,260,000円を掛で販売した

税込処理

借方	売掛金	1,260,000	貸方	売　上	1,260,000

税抜処理

借方	売掛金	1,260,000	貸方	売　上	1,200,000
				仮受消費税	60,000

- 決算にあたり消費税の処理を行い、仮受消費税残高7,200,000円と仮払消費税残高5,400,000円を相殺して未払消費税を計上した

借方	仮受消費税	7,200,000	貸方	仮払消費税	5,400,000
				未払消費税	1,800,000

| 個人 | 法人 | 消費税区分 ▶ | 対象外 | 課税 | 非課税 |

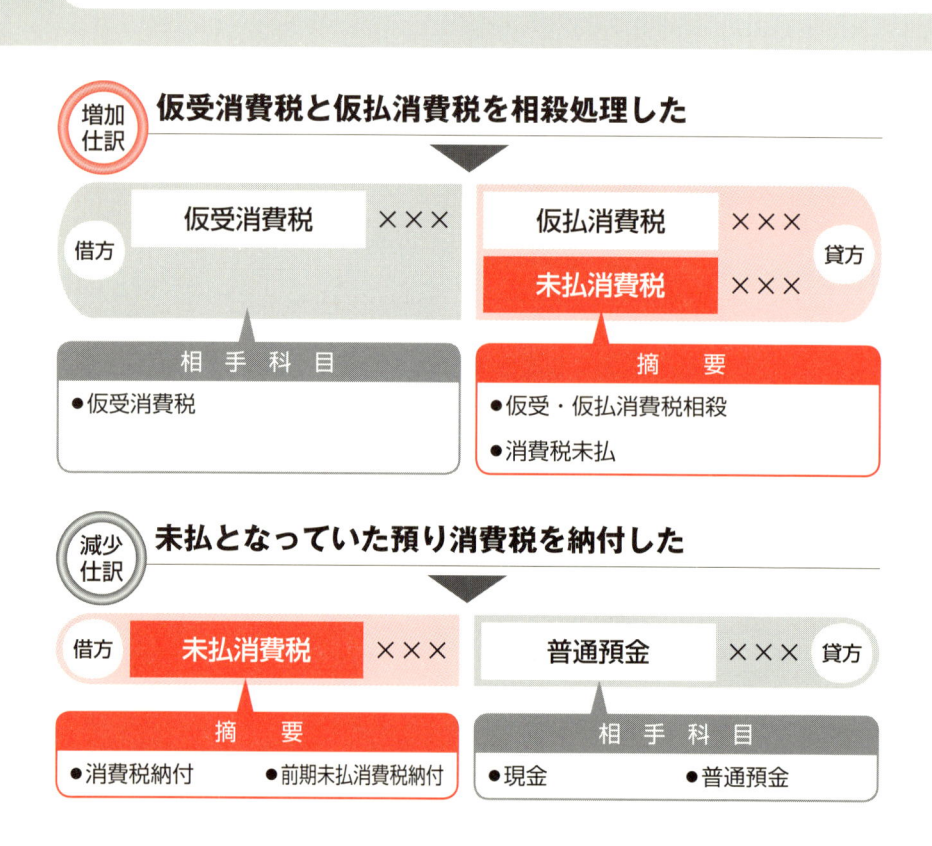

11 未払消費税
（みばらいしょうひぜい）

増加仕訳：仮受消費税と仮払消費税を相殺処理した

借方：仮受消費税 ×××
貸方：仮払消費税 ×××　未払消費税 ×××

相手科目
- 仮受消費税

摘要
- 仮受・仮払消費税相殺
- 消費税未払

減少仕訳：未払となっていた預り消費税を納付した

借方：未払消費税 ×××
貸方：普通預金 ×××

摘要
- 消費税納付
- 前期未払消費税納付

相手科目
- 現金
- 普通預金

仮受消費税と仮払消費税の差額、すなわち受け取った消費税から支払った消費税を引いた残りの預り消費税のうち、まだ支払いが済んでいないものをいいます。

▼代表的な仕訳例

- 決算にあたり課税売上（消費税の対象となる売上）が 50,000,000 円（消費税 2,500,000 円）で課税仕入（消費税の対象となる経費など）が 38,000,000 円（消費税 1,900,000 円）であったので未払消費税を計上した

税込処理

| 借方 | 租税公課 | 600,000 | 未払消費税 | 600,000 | 貸方 |

税抜処理

| 借方 | 仮受消費税 | 2,500,000 | 仮払消費税 | 1,900,000 | 貸方 |
| | | | 未払消費税 | 600,000 | |

- 商品 5,250,000 円（税込）を現金で仕入れ、これを 6,300,000 円（税込）で現金で販売した。なお今期の取引はこれだけであったので未払消費税の処理もあわせて行った

税込処理

借方	現　　金	1,050,000	売　　上	6,300,000	貸方
	仕　　入	5,250,000			
	租税公課	50,000	未払消費税	50,000	

税抜処理

借方	現　　金	1,050,000	売　　上	6,000,000	貸方
	仕　　入	5,000,000	仮受消費税	300,000	
	仮払消費税	250,000			

借方	仮受消費税	300,000	仮払消費税	250,000	貸方
			未払消費税	60,000	

※税込処理も税抜処理もどちらであっても利益の金額が同じになる点を理解してください。

- 事業を立ち上げたのでパソコンサーバー 3,150,000 円とコピー機 1,260,000 円を購入し代金は後日支払うことにした。今期は現金での売上が 157,500 円のみで他に取引はなく決算を迎えたので上記にかかる処理をまとめて行った。なお消費税課税事業者選択届出は行っている

税込処理

借方	器具備品	4,410,000	未払金	4,410,000	貸方
	現　金	157,500	売　上	157,500	
	未収消費税	202,500	雑収入	202,500	

税抜処理

借方	器具備品	4,200,000	未払金	4,410,000	貸方
	仮払消費税	210,000	売　上	150,000	
	現　金	157,500	仮受消費税	7,500	

借方	仮受消費税	7,500	仮払消費税	210,000	貸方
	未収消費税	202,500			

※受け取った消費税（仮受消費税）より支払った消費税（仮払消費税）が多ければ還付されるため、未収消費税を計上することになります。税込処理も税抜処理もどちらであっても利益の金額が同じになる点を理解してください。

⑪未払消費税

税込処理も税抜処理も利益の金額は同じ

税込処理の場合

売	上	1,050	（うち消費税50→税抜処理の仮受消費税）
仕	入	315	（うち消費税15→税抜処理の仮払消費税）
給	料	200	（不課税仕入（対象外）のため0（ゼロ））
その他経費		420	（うち消費税20→税抜処理の仮払消費税）
租税公課		15	（50－15－0－20→税抜処理の未払消費税）
利	益	100	

租税公課　15 ／ 未払消費税　15

仮受消費税　50 ／ 仮払消費税　35
　　　　　　　　／ 未払消費税　15

税抜処理の場合

売	上	1,000
仕	入	300
給	料	200
その他経費		400
利	益	100

一致します

貸借対照表
資産の部
負債の部
資本の部

185

| 個人 | **法人** | 消費税区分 ▶ | **対象外** | 課税 | 非課税 |

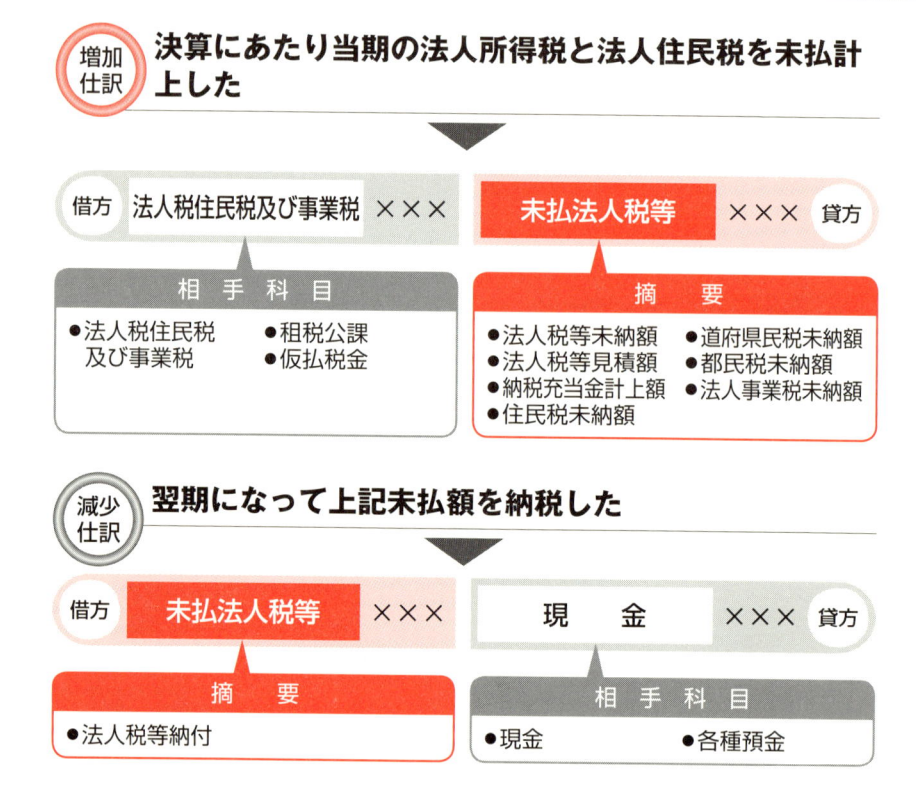

12 未払法人税等
（みばらい ほうじんぜい とう）

増加仕訳 決算にあたり当期の法人所得税と法人住民税を未払計上した

▼

| 借方 | 法人税住民税及び事業税 | ××× | | 未払法人税等 | ××× | 貸方 |

相手科目
- 法人税住民税及び事業税
- 租税公課
- 仮払税金

摘要
- 法人税等未納額
- 法人税等見積額
- 納税充当金計上額
- 住民税未納額
- 道府県民税未納額
- 都民税未納額
- 法人事業税未納額

減少仕訳 翌期になって上記未払額を納税した

▼

| 借方 | 未払法人税等 | ××× | | 現　金 | ××× | 貸方 |

摘要
- 法人税等納付

相手科目
- 現金
- 各種預金

▼注意事項

　未払法人税等とは法人税（国税）、住民税及び事業税（地方税）に対する未払金をいいます。決算日から申告期限までは通常2カ月間ありますので、その間に未払法人税等の金額の計算を行いますが、しかし他の費用などと違って最後に金額が確定するため正確な数値を計算して計上

中間納付や予定納付を行った場合には仮払税金等の勘定科目で処理して決算で年間の法人税等を計算し、この仮払税金と年間の法人税等を相殺した金額を未払法人税等として計上することになります。

するのが時間的に困難であるため、見積額で計上することもあります。

見積計上した場合の未払法人税等の額と実際の納付額の差額が発生した場合は、過年度法人税等として営業外損益もしくは特別損益で処理するか、とくに差額が大きくなければそのまま未払法人税等で残しておき、次年度の未払法人税等をその分調整するのが実務的です。

▼代表的な仕訳例

- 決算にあたり年間の法人税 2,500,000 円、住民税 1,200,000 円（事業税 600,000 円を含む）と仮払金に計上されている中間納付額 1,500,000 円を相殺して法人税を未払い計上した

| 借方 | 法人税住民税及び事業税 | 3,700,000 | 仮　払　金 | 1,500,000 | 貸方 |
| | | | 未払法人税等 | 2,200,000 | |

- 翌期になって上記未払法人税を現金で納付した

| 借方 | 未払法人税等 | 2,200,000 | 現　　金 | 2,200,000 | 貸方 |

- 見積計上していた未払法人税等 1,200,000 円について実際の納付額は 1,100,000 円であったが、これを現金で支払った

| 借方 | 未払法人税等 | 1,200,000 | 現　　金 | 1,100,000 | 貸方 |
| | | | 過年度法人税等 | 100,000 | |

または

| 借方 | 未払法人税等 | 1,100,000 | 現　　金 | 1,100,000 | 貸方 |

| 個人 | **法人** | 消費税区分 ▶ | **対象外** | 課税 | 非課税 |

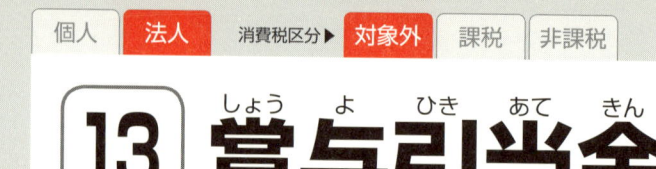

13 賞与引当金
しょうよひきあてきん

増加仕訳 決算にあたり3カ月後のボーナス支給に備え、賞与引当金を計上した

↓

| 借方 | 賞与引当金繰入 | ××× | | 賞与引当金 | ××× | 貸方 |

相手科目
- 賞与引当金繰入

摘要
- 賞与引当金繰入

減少仕訳 過大に見積もっていた賞与引当金を戻し入れた

↓

| 借方 | 賞与引当金 | ××× | 賞与引当金戻入益 | ××× | 貸方 |

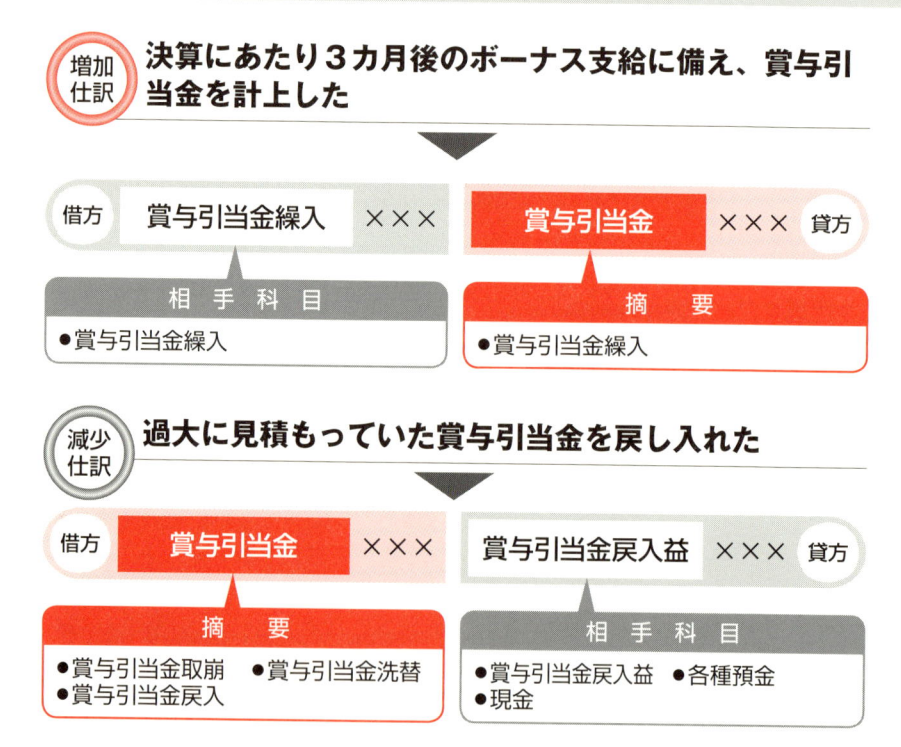

摘要
- 賞与引当金取崩 ● 賞与引当金洗替
- 賞与引当金戻入

相手科目
- 賞与引当金戻入益 ● 各種預金
- 現金

▼注意事項

　ボーナスは夏と冬に支給するのが一般的ですが、将来の支給が予想されることを見越して早めに見積もり、費用計上を行っておけば、支払日に一度に費用計上を行うことによるインパクトを小さくし、毎期毎期の期間損益（毎期毎期の収益や費用や利益の関係）を適正に表すことが可能になります。

> 将来の賞与の支給を見越して早めに見積もり、対応する期間に費用計上しておく場合に使う科目です。

　決算の後で賞与の支給がある場合に、賞与の計算期間がその決算までの年度と次年度にまたがっている部分については、そのまたがった部分はその期間の費用に、残りの部分は次年度の費用に分けることになります。

　会計上は期間損益をあるべき姿にすることを目的としていますから、将来ボーナスを支給することがほぼ間違いなく、その金額を合理的に見積もることができれば、今期の費用は今期中に計上する必要があります。

　税務上の話をしますと、賞与引当金は費用（損金）として認められていませんので、税務申告書の作成には注意が必要です。ただ、賞与の支給日が決算日に近い場合で賞与の計算期間が終了しており、各自の支給金額が確定している場合には、全社員にそれぞれの支給金額を通知し、確定債務として未払金に計上することで費用（損金）として認められます。ただし、決算日の翌月から1カ月以内に支給することが前提です。

▼代表的な仕訳例

- 3月決算にあたり7月支給予定のボーナス総額5,000,000円（支給対象期間1月から6月まで）のうち、今期にかかる3カ月分を引当計上した

| 借方 | 賞与引当金繰入 | 2,500,000 | 賞与引当金 | 2,500,000 | 貸方 |

- 翌期になって上記ボーナスを現金で支給した。支給したボーナスは総額で5,200,000円であった

| 借方 | 賞与引当金 | 2,500,000 | 現金 | 5,200,000 | 貸方 |
| | 賞与 | 2,700,000 | | | |

| 個人 | **法人** | 消費税区分 ▶ | **対象外** | 課税 | 非課税 |

14 退職給付引当金

増加仕訳 決算にあたり従業員の将来の退職金支払に備え、退職給付引当金を計上した

| 借方 | 退職給付引当金繰入 | ××× | 退職給付引当金 | ××× | 貸方 |

相手科目	摘要
●退職給付引当金繰入	●退職給付引当金繰入

減少仕訳 従業員の退職にあたり、引当金を取り崩して一時金を支払った

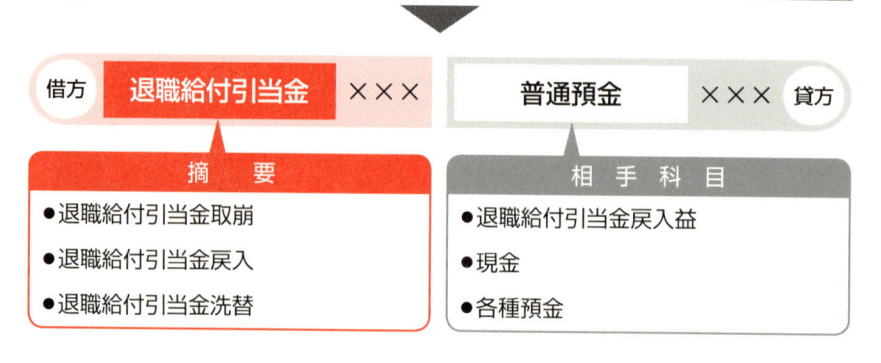

| 借方 | 退職給付引当金 | ××× | 普通預金 | ××× | 貸方 |

摘要	相手科目
●退職給付引当金取崩	●退職給付引当金戻入益
●退職給付引当金戻入	●現金
●退職給付引当金洗替	●各種預金

> 従業員の将来における退職金支給に備えて会社が前もって少しずつ費用として積み立てていく負債項目です。

▼注意事項

　従業員が会社に入社して定年までいると仮定した場合に、退職金規程のある会社であればおおよその金額が予測できるでしょう。その予測値をもとに退職までの期間で毎期積み上げ計上していきます。

　退職給付引当金は負債項目ですが、一方で退職給付引当金繰入という費用項目を借方の相手科目として計上しますので費用が計上される一方で将来負担という負債が計上されることになります。この処理によって毎期毎期の費用の認識ができ、負債計上されることで将来の負担額を把握できます。

　退職給付引当金の算出方法はかなり複雑ですが、簡単に説明すると、従業員一人ひとりに対して入社してから退職までの期間でいくらの退職金を支払う必要があるのかの見込額を算出します。そしてこの見込額をもとに、仮に今現在で従業員が退職した場合にいくらの退職金を支払う必要があるのか必要額を計算します（ここで割引率を用いて退職時から現在までに引きなおして計算します）。そこから今まで積み立ててきた退職給付引当金の残高（初年度であればゼロ）を差し引いてその差額を退職給付引当金繰入額として算出します。そしてこの金額を退職給付引当金に追加計上することになります。

　税務上は、この退職給付引当金は費用（損金）に認められません。あくまでも確定債務でなければ認められませんので、退職者がでて、退職金を支払ったときに初めてその金額が費用（損金）として認められます。

▼代表的な仕訳例

- 決算にあたり今期分として退職給付引当金を 7,000,000 円繰入計上した

| 借方 | 退職給付引当金繰入 | 7,000,000 | 退職給付引当金 | 7,000,000 | 貸方 |

- 翌期になって創業以来勤めていた従業員の一人が退職し、退職金 5,000,000 円を支給した。この従業員に対して今まで積み立てていた退職給付引当金は 4,800,000 円であった

| 借方 | 退職給付引当金 | 4,800,000 | 現　　金 | 5,000,000 | 貸方 |
| | 退 職 金 | 200,000 | | | |

⑭ 退職給付引当金

退職給付引当金

貸借対照表

資産	負債
	資本

退職給付引当金を計上すると

貸借対照表

資産	負債
	退職給付引当金
	資本

退職給付引当金繰入によって費用が増加し利益が減少する一方、退職給付引当金が増加し、自己資本比率が低下(悪化)！

早いうちから引当金を計上していれば、退職金の将来負担に備えることができる

退職給付引当金の積立イメージ

今年引当分
退職給付引当金
入社日　昨年　現在　退職予定日
退職金

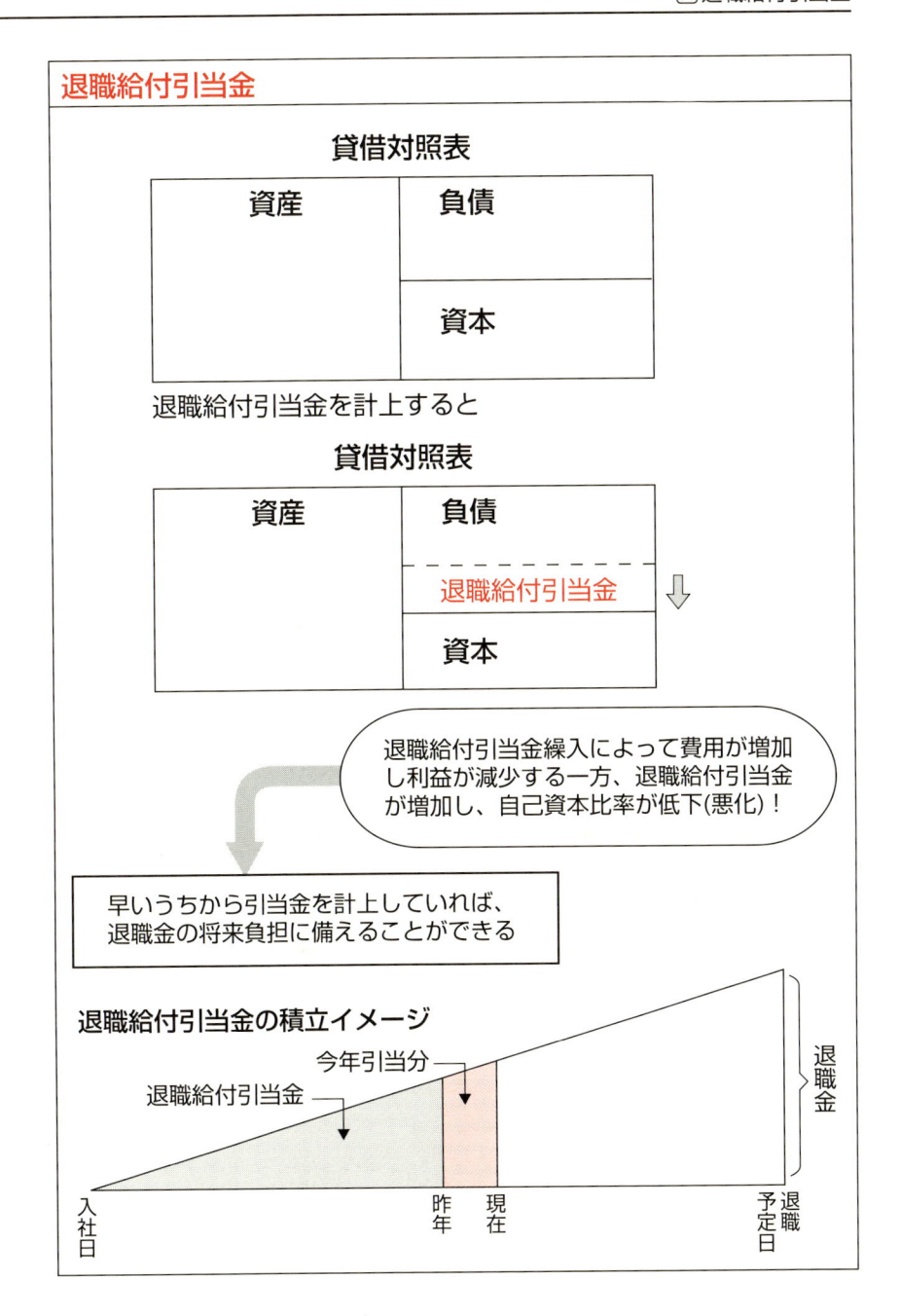

15 社債

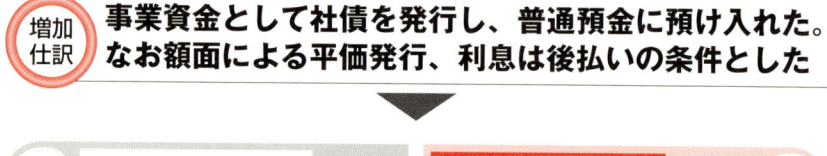

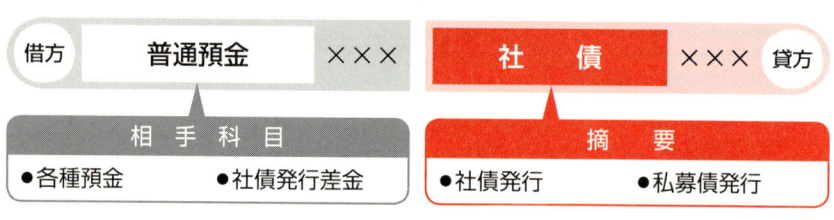

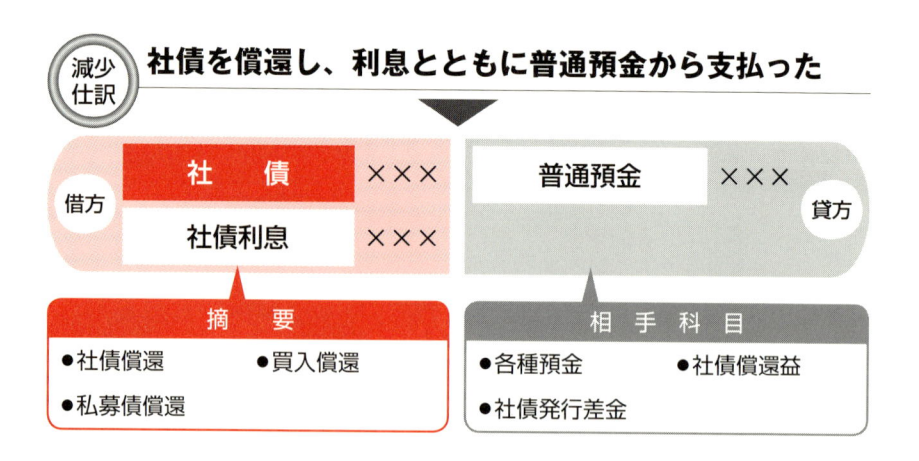

個人 | **法人** | 消費税区分 ▶ **対象外** | 課税 | 非課税

増加仕訳　事業資金として社債を発行し、普通預金に預け入れた。なお額面による平価発行、利息は後払いの条件とした

▼

| 借方 | 普通預金 | ××× | | 社 債 | ××× | 貸方 |

相手科目
- 各種預金
- 社債発行差金

摘要
- 社債発行
- 私募債発行

減少仕訳　社債を償還し、利息とともに普通預金から支払った

▼

| 借方 | 社 債 | ××× | | 普通預金 | ××× | 貸方 |
| | 社債利息 | ××× | | | | |

摘要
- 社債償還
- 買入償還
- 私募債償還

相手科目
- 各種預金
- 社債償還益
- 社債発行差金

> 株式会社が資金調達のために広く外部に債券を発行し、その代わりに資金の提供を受け、一定の条件にもとづいて利息の支払や元本の返済を行う債務をいいます。

▼注意事項

　社債の発行には額面による平価発行と額面より低い価額で発行する割引発行が一般的です。

　割引発行をした場合には額面金額との差額は社債発行差金という科目で処理します。この社債発行差金は割引による利息の前払い的な性格のものとして繰延資産に計上し、社債の償還期間の間で毎期均等額以上の償却（費用として計上すること）を行うことになります。

　社債は銀行からの借入金と同様に返済義務があるため負債であり返済義務のない資本とは異なる点に注意が必要です。資金を調達するためには、出資者として資本に参加してもらう方法と、会社経営の独立性を保つために、返済する義務はありますが社債を発行したり、融資という方法をとるかは、経営者の判断になります。お互いのメリットデメリットを充分に理解して意思決定を行わないとその結果は大きく異なったものになってしまいます。

　近年比較的規模の大きくない株式会社で私募債を発行するケースが増えています。どうしても身近の人たちから資金を集めることになると思います。銀行借入と違って担保の提供が必要でないことなどから負担が少なくて済みますが、一方、身近な友人や知人がほとんどでしょうから条件どおりに利息の支払や元本の返済ができない場合には人間関係にまでひびが入ることもありますので、充分に検討する必要があると思われます。

▼代表的な仕訳例

- 期首の6月1日に次の条件で社債を発行し、払込金は当座預金とした。なお、社債発行にかかった費用として募集費用、社債券印刷費用、目論見書作成費用150,000円は普通預金から支払った

　　額面総額：10,000,000円／発行価額：額面100円につき97円／
　　償還期間：5年／利率：年5％／利払日：11月30日、5月31日

借方			貸方		
	当座預金	9,700,000		社　債	10,000,000
	社債発行差金	300,000		普通預金	150,000
	社債発行費	150,000			

- 11月30日に利息を小切手で支払った

借方	社債利息	250,000	当座預金	250,000	貸方

- 決算にあたり社債発行差金と社債発行費を償却した

借方					貸方
	社債発行差金償却	60,000	社債発行差金	60,000	
	社債発行費償却	150,000	社債発行費	150,000	

- 5年後の償還日に上記社債総額10,000,000円を、普通預金から利息と共に額面金額で償還した

借方					貸方
	社　債	10,000,000	普通預金	10,250,000	
	社債利息	250,000			

社債の発行と差金償却

貸借対照表(社債発行前)

現　　金　100	資　本　金　100

社債発行 → 総額100、発行価額95、償還期間5年、利率年5%(他は動きがないと仮定)

貸借対照表

現　　金　100	社　　債　100
預　　金　95	資　本　金　100
社債発行差金　5	

<仕訳>

預　　金　　95	社　　債　100
社債発行差金　5	

決　算

貸借対照表

現　　金　100	社　　債　80
預　　金　70	資　本　金　100
社債発行差金　4	剰　余　金　△6

損益計算書

社債発行差金償却	1
社債利息	5
当期損失	6

<仕訳>

社　　債　　　20	預　　金　　25
社債発行差金償却　1	社債発行差金　1
社債利息　　　　5	

⑮社債

貸借対照表

資産の部

負債の部

資本の部

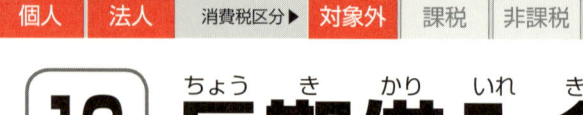

個人 法人 消費税区分 ▶ **対象外** 課税 非課税

16 長期借入金

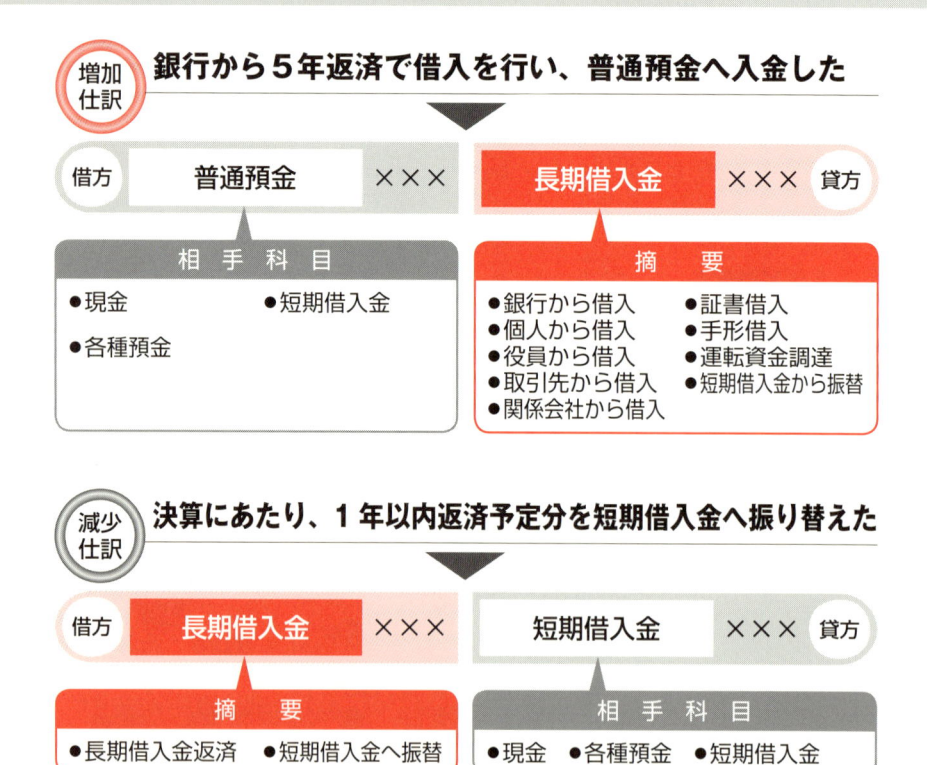

増加仕訳
銀行から5年返済で借入を行い、普通預金へ入金した

借方 | 普通預金 | ××× | 長期借入金 | ××× | 貸方

相手科目
- 現金
- 各種預金
- 短期借入金

摘要
- 銀行から借入
- 個人から借入
- 役員から借入
- 取引先から借入
- 関係会社から借入
- 証書借入
- 手形借入
- 運転資金調達
- 短期借入金から振替

減少仕訳
決算にあたり、1年以内返済予定分を短期借入金へ振り替えた

借方 | 長期借入金 | ××× | 短期借入金 | ××× | 貸方

摘要
- 長期借入金返済
- 短期借入金へ振替

相手科目
- 現金
- 各種預金
- 短期借入金

▼注意事項

期中は長期借入金のままで表示しておき、決算時に決算の翌日から1年以内に返済するものを短期借入金に振り替えます（実務上は振り替えないこともあります）。返済期間が数年に及ぶので貸し手のリスクが増加することから、短期借入金より金利が高くなるのが一般的です。

銀行や取引先、役員などからの借入金のうち、返済期限が1年超の借入金をいいます。

　インフレ経済のときは物価が上がって行く一方、借入金の金額は上がりませんので、相対的にみると借入金の負担が減少していくことになるためできるだけ長期での借入が有利になります。

　逆にデフレ経済のときはモノの価値が下落しているので相対的にみると借入金の負担が増加していくことになります。そのためできるだけ長期での借入よりも短期での借入のほうがリスクは少なくて済みます。

　デフレ経済の時にはできるだけ借金は避け、自己資金で運用していくことをお勧めします。

▼代表的な仕訳例

- 銀行との間で12,000,000円を5年間で借り入れる金銭消費貸借契約を締結し、普通預金へ入金した。その際土地と建物を担保に差し入れた

| 借方 | 普通預金 | 12,000,000 | 長期借入金 | 12,000,000 | 貸方 |

※担保差入については処理を行いません。

- 長期借入金について金利4％で1ヵ月分の利息8,000円と元本が普通預金口座から引き落とされた

| 借方 | 長期借入金 | 200,000 | 普通預金 | 208,000 | 貸方 |
| | 支払利息 | 8,000 | | | |

- 期末になって長期借入金のうち、1年以内返済予定分を短期借入金へ振り替えた

| 借方 | 長期借入金 | 2,400,000 | 短期借入金 | 2,400,000 | 貸方 |

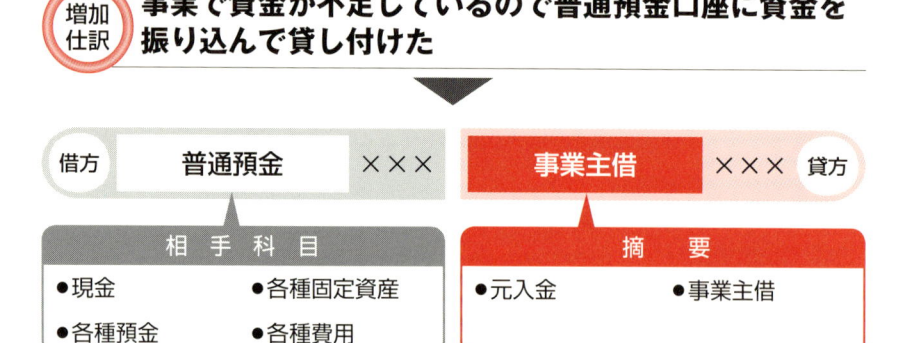

個人 | 法人 | 消費税区分 ▶ | 対象外 | 課税 | 非課税

17 事業主借（じぎょうぬしかり）

【増加仕訳】事業で資金が不足しているので普通預金口座に資金を振り込んで貸し付けた

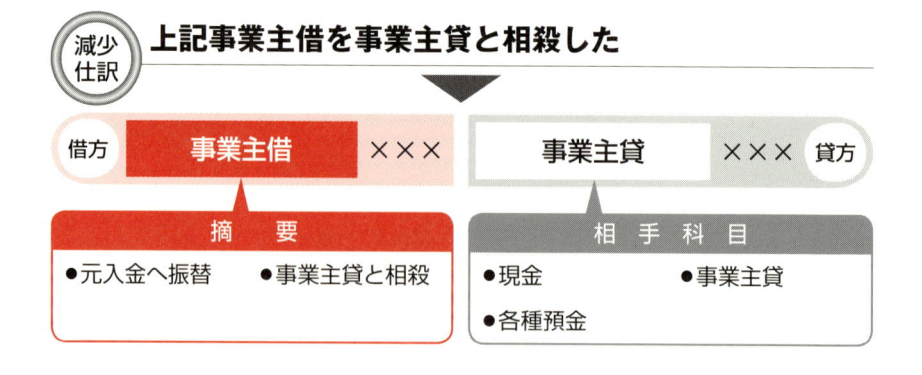

借方　普通預金　×××　　事業主借　×××　貸方

相手科目
- 現金
- 各種預金
- 各種固定資産
- 各種費用

摘要
- 元入金
- 事業主借

【減少仕訳】上記事業主借を事業主貸と相殺した

借方　事業主借　×××　　事業主貸　×××　貸方

摘要
- 元入金へ振替
- 事業主貸と相殺

相手科目
- 現金
- 各種預金
- 事業主貸

▼注意事項

　個人の事業主の方はとくに、事業とプライベートのお金がうまく区別できていない場合がほとんどです。事業でお金が不足していればプライベートの貯金から資金を融通し、逆に事業のほうで資金に余裕があれば

個人で事業を行っている場合に、事業主から借入れを行う際に処理する勘定科目です。

そのお金を生活費の一部に当てたりしてやり繰りしているものです。

ただ、会計上はこの両者は明確に区分しなければなりません。事業の収支を正確に計算したり、税金を正確に計算したりする必要があるからです。その際にこの事業主借勘定を使用します。

プライベートの資金を事業のほうに使った場合、すなわち事業のほうが資金不足でプライベートの資金から借り入れを行うケースや、事業に関する経費の支払をプライベートの個人口座から立替払いしたようなケースが当てはまります。いずれは事業のほうからプライベートのほうへ返済するかもしくは元入金として事業への出資扱いとする方法があります。通常は翌年度にこの事業主借勘定と事業主貸勘定、元入金勘定をお互いに相殺して元入金勘定に集約してしまいます。

▼代表的な仕訳例

- 資金不足のため、事業主から1,000,000円を現金で借り入れた

| 借方 | 現　金 | 1,000,000 | 事業主借 | 1,000,000 | 貸方 |

- 期末になって資金に余裕ができたので、事業主へ800,000円を現金で返済した

| 借方 | 事業主借 | 800,000 | 現　金 | 800,000 | 貸方 |

貸借対照表　資産の部　負債の部　資本の部

貸借対照表 ❸

資本の部

個人 | **法人** | 消費税区分 ▶ **対象外** | 課税 | 非課税

① 資本金

増加仕訳 会社の増資に伴い新株を発行し、払込金は普通預金に預け入れた。なお全額資本金とした

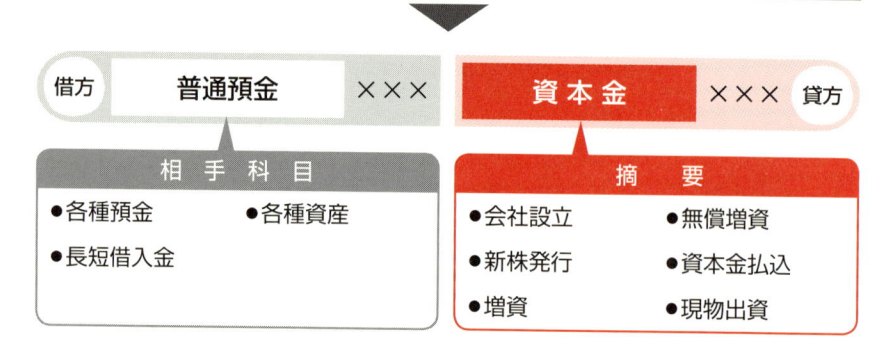

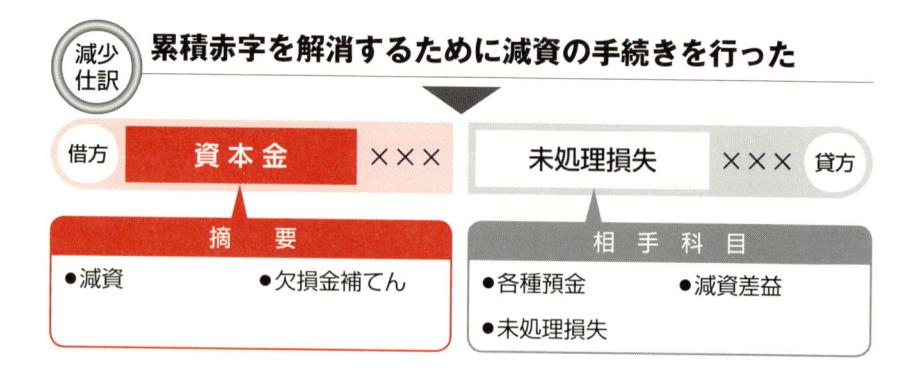

▼

| 借方 | 普通預金 | ××× | | 資本金 | ××× | 貸方 |

相手科目
- 各種預金
- 各種資産
- 長短借入金

摘要
- 会社設立
- 無償増資
- 新株発行
- 資本金払込
- 増資
- 現物出資

減少仕訳 累積赤字を解消するために減資の手続きを行った

▼

| 借方 | 資本金 | ××× | | 未処理損失 | ××× | 貸方 |

摘要
- 減資
- 欠損金補てん

相手科目
- 各種預金
- 減資差益
- 未処理損失

資本金とは出資者から拠出してもらった資金のうち、商法（平成18年度中より新会社法）で定められた法定資本の額をいいます。

▼注意事項

　資本金は会社を運営していくための元手となるものであるため、商法では有限会社においては3,000,000円、株式会社では10,000,000円が最低資本金として定められていました。会社の財務基盤を強化してスムーズな会社運営ができることを目的としたためです。

　しかし、平成15年2月においてこの資本金について特例を設けた確認会社制度が認められました。この制度によって極端な話、資本金1円でも会社の設立が可能となりましたが、5年間で最低資本金の額を満たす必要がありました。それが平成18年度に施行予定の新会社法では、最低資本金の定めそのものが廃止となります。

　会社にとって資本金はできるだけ多いことが望まれます。資本金が多いということはすなわちその会社の体力があることを意味しているからです。それだけ使える資金が多いということであり、借入金と違い返済する必要や利息の支払がない代わりに、利益が出たときは配当をすることが求められます。しかし、会社の業績が悪化しているときには配当の支払も求められませんので、借入と違い元本の返済や利息の支払のように資金的な負担がないのが特徴です。

　一方、出資者である株主（有限会社の場合は社員）に対しての責任があります。あくまでも商法上、会社の所有者はこの株主や社員なのです。経営者はあくまでも雇われているに過ぎないことを認識しなければいけない点は充分注意が必要です。

貸借対照表

資産の部

負債の部

資本の部

▼代表的な仕訳例

- 株式会社を設立するために 10,000,000 円を別段預金に預け入れた

| 借方 | 別段預金 | 10,000,000 | 新株式払込金 | 10,000,000 | 貸方 |

- 上記会社設立の登記が完了した

| 借方 | 新株式払込金 | 10,000,000 | 資本金 | 10,000,000 | 貸方 |
| | 普通預金 | 10,000,000 | 別段預金 | 10,000,000 | |

- 会社の累積赤字額 8,000,000 円を穴埋めするために資本金 20,000,000 円のうち、同額の 8,000,000 円について減資の手続きを行った

| 借方 | 資本金 | 8,000,000 | 未処理損失 | 8,000,000 | 貸方 |

資本金

よくある質問

出資……資本として投資すること　→　**会社から見れば**
　　　　　　　　　　　　　　　　　　資本金へ ①

融資……貸付として投資すること　→　**借入金へ** ②

① 会社から見れば、会社の一部を株式という形で売ったことになる
　→ 出資者＝会社の所有者（経営の意思決定ができる）

② 会社から見れば、お金を借りたのみ
　→ よって利息を付けて返済する義務がある

貸借対照表

資産の部	負債の部 **借入金**
	資本の部 **資本金** 資本準備金

- 負債の部（借入金）…他人資本増加 ↑融資
- 資本の部（資本金）…自己資本増加 ↑出資

個人 | **法人** | 消費税区分 ▶ | **対象外** | 課税 | 非課税

② 資本準備金
しほんじゅんびきん

増加仕訳 会社の増資に伴い新株を発行し、払込金は普通預金に預け入れた。なお発行価額の2分の1を資本金とした

▼

借方 | 普通預金　×××　｜　資本金　×××　貸方
　　　　　　　　　　　　　　　資本準備金　×××

相手科目
- 各種預金
- 各種資産

摘要
- 株式払込剰余金
- 合併差益

減少仕訳 資本準備金の一部を資本金に組み入れた

▼

借方 | 資本準備金　×××　｜　資本金　×××　貸方

摘要
- 減資
- 資本組入
- 欠損金補てん
- 資本準備金取崩

相手科目
- 各種預金　　・資本金
- 未処理損失　・その他資本剰余金
- 減資差益

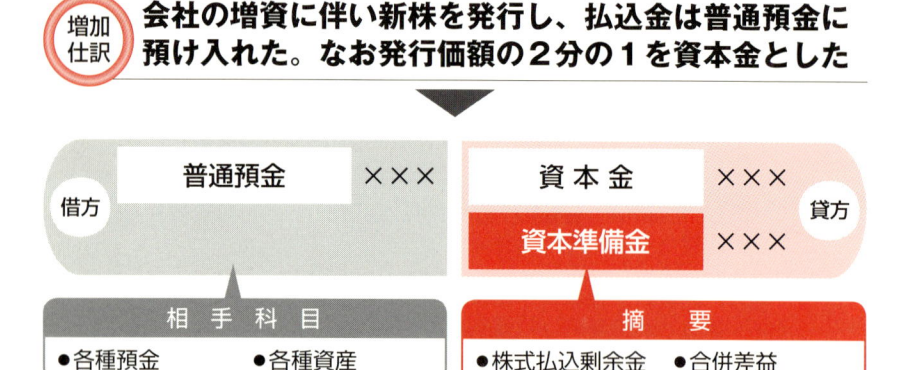

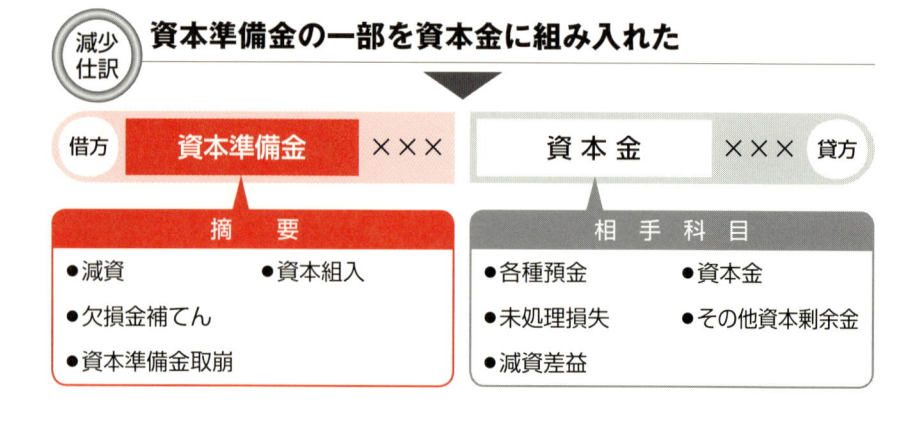

▼**注意事項**

　資本準備金は株主からの出資ですので、払込資本として資本金と同様に会社の財務基盤にかかるものです。資本準備金が発生する主なものと

> 商法により積立が要請されている法定準備金で、増資、減資、合併といった資本取引から生じるものです。

して、出資者の出資金を会社が資本金として計上する際に出資金の一部を資本金にしないことができますが、この一部が資本準備金として処理されることになります。

　商法では資本準備金として、①株式払込剰余金、②株式交換差益、③株式移転差益、④新設分割差益、⑤吸収分割差益、⑥合併差益を規定しています。

　また、その取崩は制限されており、①会社の欠損金（累積赤字）を補てんする場合、②資本金へ組み入れる場合、③法定準備金（資本準備金と利益準備金）のうち資本金の4分の1相当額を超えた金額を減少させる場合の3つに限られています。その際、この資本準備金の取崩しによって生ずる剰余金はその他資本剰余金に計上することになります。

▼代表的な仕訳例

- 株式を1株80,000円で100株発行し払込金は普通預金とした。なお発行価額の2分の1については資本金に組み入れないことにした

借方			貸方		
普通預金	8,000,000		資本金	4,000,000	
			資本準備金	4,000,000	

- 会社の累積赤字額5,000,000円を穴埋めするために資本準備金5,000,000円を取り崩した

借方		貸方	
資本準備金	5,000,000	未処理損失	5,000,000

３ その他資本剰余金

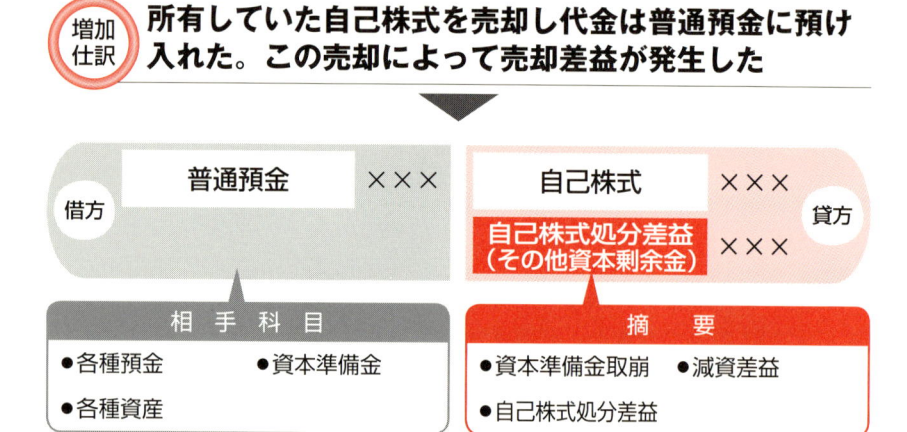

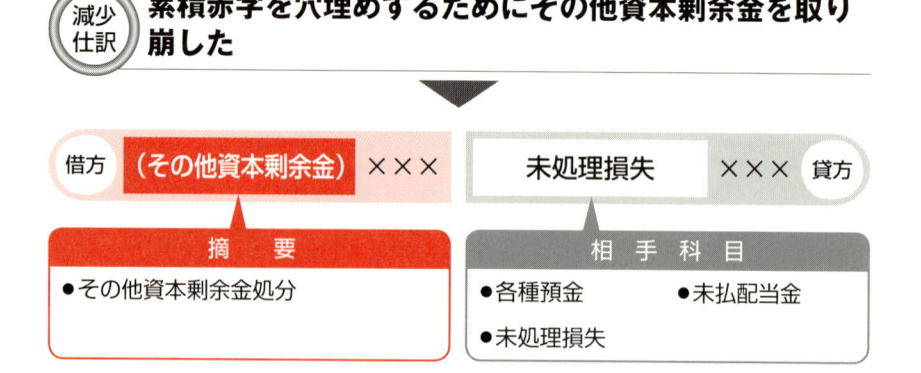

法人 / 消費税区分 ▶ 対象外

増加仕訳
所有していた自己株式を売却し代金は普通預金に預け入れた。この売却によって売却差益が発生した

借方		貸方	
普通預金	×××	自己株式	×××
		自己株式処分差益（その他資本剰余金）	×××

相手科目
- 各種預金
- 資本準備金
- 各種資産

摘要
- 資本準備金取崩
- 減資差益
- 自己株式処分差益

減少仕訳
累積赤字を穴埋めするためにその他資本剰余金を取り崩した

借方		貸方	
（その他資本剰余金）	×××	未処理損失	×××

摘要
- その他資本剰余金処分

相手科目
- 各種預金
- 未払配当金
- 未処理損失

資本金、資本準備金を目的に応じて取り崩した場合に余剰が出ることがあり、その部分をその他資本剰余金といいます。

▼注意事項

　一度資本金や資本準備金を取り崩す限り、たとえあまりの部分が生じてもそれは資本金や資本準備金ではなくなるということから、「その他資本剰余金」で処理します。あくまでも資本金や資本準備金同様に払込資本という性格を有していることから、利益剰余金と混同して処理することはできなくなっています。

　平成15年度の改正商法によりこの資本剰余金は利益準備金同様、配当の原資として処分できるようになりました。これは景気の低迷により配当財源を少しでも確保することが株価対策に必要と考えられたからですが、本来の資本という性格は変わっていないため、従来どおり利益剰余金とは区別して扱うことになっています。

▼代表的な仕訳例

- 会社の累積赤字額8,000,000円を穴埋めするために資本金10,000,000円を取り崩した

借方		貸方	
資本金	10,000,000	未処理損失	8,000,000
		減資差益（その他資本剰余金）	2,000,000

- 配当金の支払のためにその他資本剰余金5,000,000円を処分した

借方		貸方	
その他資本剰余金	5,000,000	未払配当金	5,000,000

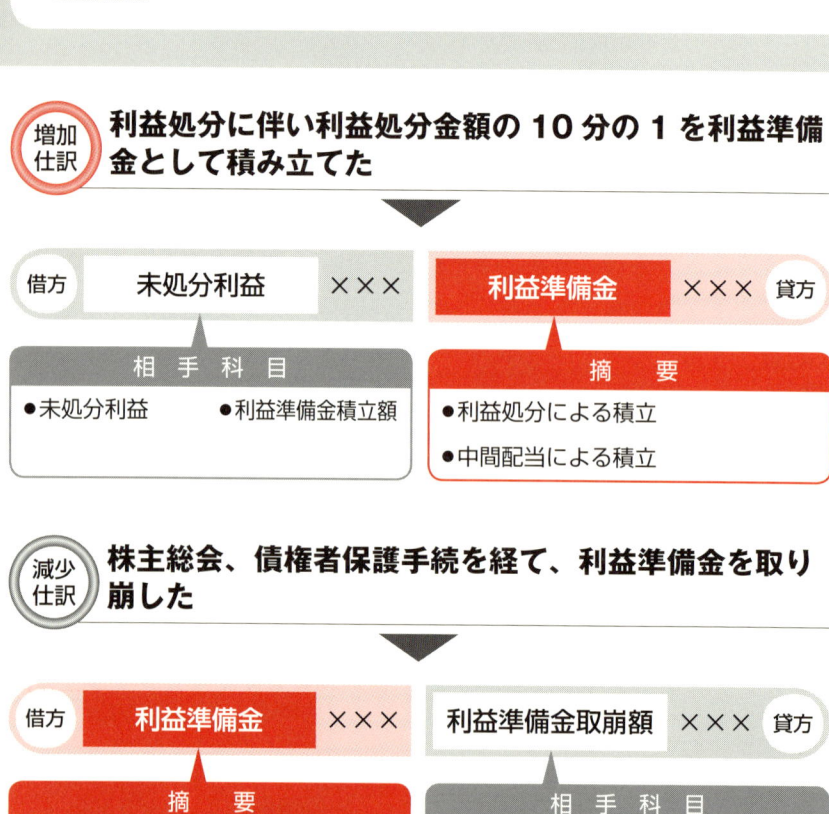

個人 | **法人** | 消費税区分 ▶ **対象外** | 課税 | 非課税

4 利益準備金

増加仕訳 利益処分に伴い利益処分金額の10分の1を利益準備金として積み立てた

借方　未処分利益　×××　　利益準備金　×××　貸方

相手科目
- 未処分利益
- 利益準備金積立額

摘要
- 利益処分による積立
- 中間配当による積立

減少仕訳 株主総会、債権者保護手続を経て、利益準備金を取り崩した

借方　利益準備金　×××　　利益準備金取崩額　×××　貸方

摘要
- 欠損金補てん
- 利益準備金取崩
- 資本金組入

相手科目
- 資本金
- 利益準備金取崩額
- 未処理損失

> 商法により毎期毎期の利益を源泉とする積立が強請されている法定準備金で、資本準備金と同様、財務基盤にかかるものであることからその取崩は制限されています。

▼注意事項

　利益準備金はその源泉が資本ではなく利益である点で、資本準備金とは性格が異なっています。この利益準備金は資本準備金の額と合計して資本金の4分の1に達するまで毎決算期ごとに利益処分として支出する金額（たとえば役員賞与と配当金の合計金額）の10分の1以上を、また中間配当を行うときは、その分配額の10分の1を利益準備金として積み立てる必要があります。

　一方、利益準備金の取崩は資本準備金と同様に、①会社の欠損金（累積赤字）を補てんする場合、②資本金へ組み入れる場合、③法定準備金のうち資本金の4分の1相当額を超えた金額を減少させる場合の3つに限られています。

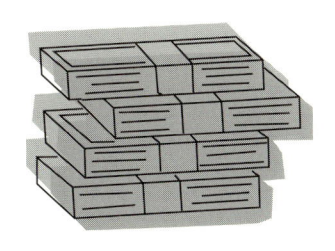

▼代表的な仕訳例

- 株主総会において当期未処分利益 10,000,000 円について、次のとおりの利益処分案が承認された。なお資本金は 20,000,000 円、利益準備金がすでに 4,500,000 円が積み立てられている。
  役員賞与 2,000,000 円、配当金 6,000,000 円、利益準備金は商法規定の最低金額

借方			貸方	
未処分利益	10,000,000	未払配当金	6,000,000
		未払役員賞与	2,000,000
		利益準備金	500,000
		繰越利益	1,500,000

※利益準備金が資本金の4分の1に達するまでの積立となります。

- 配当金の財源としてすでに資本金の4分の1まで積み立てられている法定準備金のうち、資本準備金 2,000,000 円、利益準備金 6,000,000 円を取り崩すことにした

借方		貸方	
資本準備金	2,000,000	その他資本剰余金	
利益準備金	6,000,000	利益準備金取崩額 (P/L 前期繰越損益の下)	6,000,000

※資本準備金の取崩は、損益計算書や利益処分案を通らず、直接貸借対照表の資本の部の方へ計上されます。

- 会社の累積赤字額 12,000,000 円を穴埋めするために資本準備金 5,000,000 円と利益準備金 7,000,000 円を取り崩した

借方		貸方	
資本準備金	5,000,000	未処理損失	12,000,000
利益準備金	7,000,000		

利益準備金とは？

貸借対照表

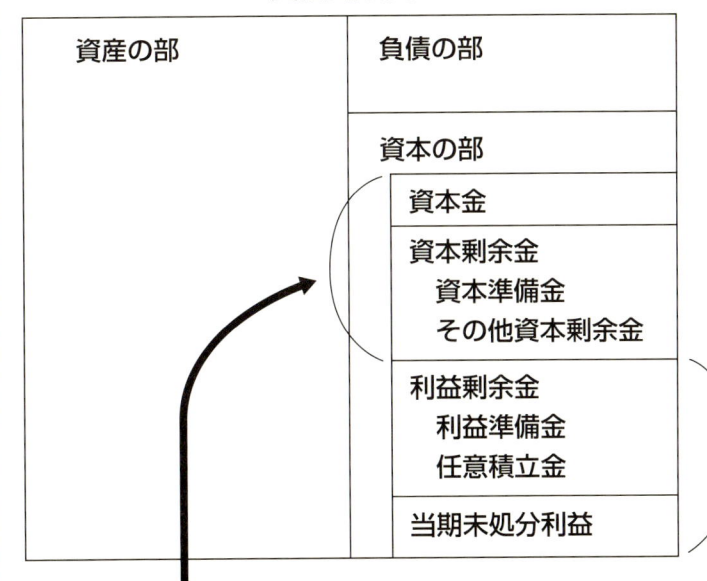

資産の部	負債の部
	資本の部
	資本金
	資本剰余金 　　資本準備金 　　その他資本剰余金
	利益剰余金 　　利益準備金 　　任意積立金
	当期未処分利益

株主からの出資金を源泉としている

所有者である株主が拠出したものであるため、拘束される。勝手に取り崩して使うことができないが、その他資本剰余金は配当として取り崩すことができるようになった

会社が稼いだ利益を源泉としている

会社が毎年毎年生み出した利益が蓄積されてきたもの。そのため、使い方は比較的自由であるが、その中の一部は利益準備金としなければならない

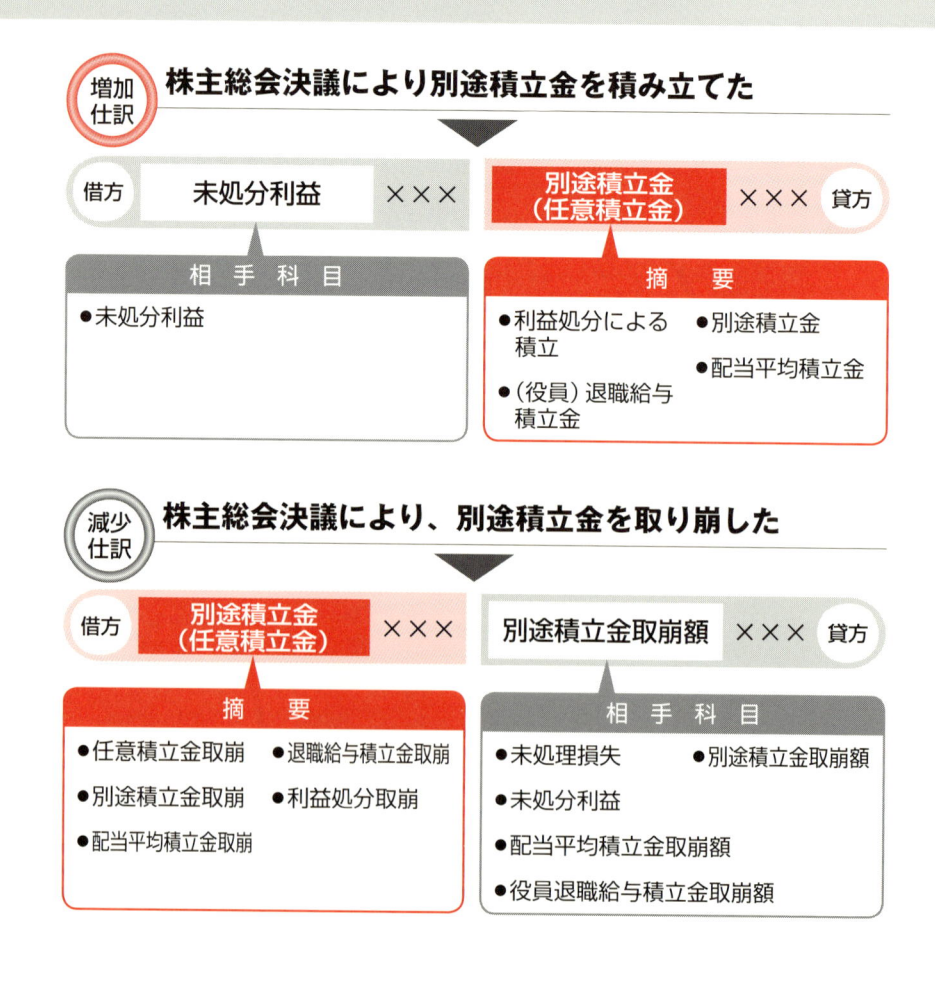

| 個人 | **法人** | 消費税区分 ▶ | **対象外** | 課税 | 非課税 |

5 任意積立金(にんいつみたてきん)

増加仕訳 株主総会決議により別途積立金を積み立てた

▼

| 借方 | 未処分利益 | ××× | 別途積立金
(任意積立金) | ××× | 貸方 |

相手科目
- 未処分利益

摘要
- 利益処分による積立
- (役員)退職給与積立金
- 別途積立金
- 配当平均積立金

減少仕訳 株主総会決議により、別途積立金を取り崩した

▼

| 借方 | 別途積立金
(任意積立金) | ××× | 別途積立金取崩額 | ××× | 貸方 |

摘要
- 任意積立金取崩
- 別途積立金取崩
- 配当平均積立金取崩
- 退職給与積立金取崩
- 利益処分取崩

相手科目
- 未処理損失
- 未処分利益
- 配当平均積立金取崩額
- 役員退職給与積立金取崩額
- 別途積立金取崩額

法律によってその積立が義務付けられているものではなく、会社の意思により株主総会の利益処分を経て社内留保された剰余金です。

▼注意事項

　任意積立金は、積立の目的や金額など、すべて任意に設定できる点で利益準備金とは異なります。剰余金といっても利益剰余金の一部に該当し、会社が設立してから今日までに留保されてきた利益がその源泉となっています。

　この任意積立金には特定の目的をもつ(とくに目的積立金といいます)配当平均積立金、役員退職給与積立金、特別償却準備金などと、特定の目的をもたない別途積立金があります。任意積立金とはこれらの総称であるため、勘定科目としてはこれらの詳細科目を用います。

　また、このような目的積立金を目的外で処分する場合や目的のない別途積立金を取り崩す場合、配当平均積立金を取り崩す場合は、株主総会で決定されます。これは重要な決議事項とされているために、直接株主の意思を問うことが必要とされているからです。そのためこの処分内容は利益処分案の中で表示されることになります。

　一方、目的積立金をその目的のために取り崩す場合などはもともとの目的に沿った使用がなされることから取締役会の決議で行われ、損益計算書の中にある前期繰越利益の次に表示されます。

▼代表的な仕訳例

- 株主総会において、未処分利益のうち 20,000,000 円を次のとおり処分した

借方			貸方		
未処分利益	20,000,000		配当平均積立金	10,000,000	
			別途積立金	10,000,000	

- 役員の退職に伴い、取締役会決議により役員退職給与積立金 20,000,000 円を取り崩した

借方		貸方	
役員退職給与積立金	20,000,000	役員退職給与積立金取崩額 (P/L 前期繰越損益の下)	20,000,000

- 株主総会で配当平均積立金 15,000,000 円と別途積立金 5,000,000 円の取崩を決議した

借方		貸方	
配当平均積立金	15,000,000	未処分利益	20,000,000
別途積立金	5,000,000		

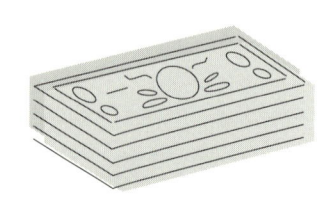

⑤任意積立金

利益処分の例

第5期利益処分案
平成××年10月31日
○○株式会社

← この内容は決算株主総会で承認が求められる

Ⅰ 当期未処分利益		2,000

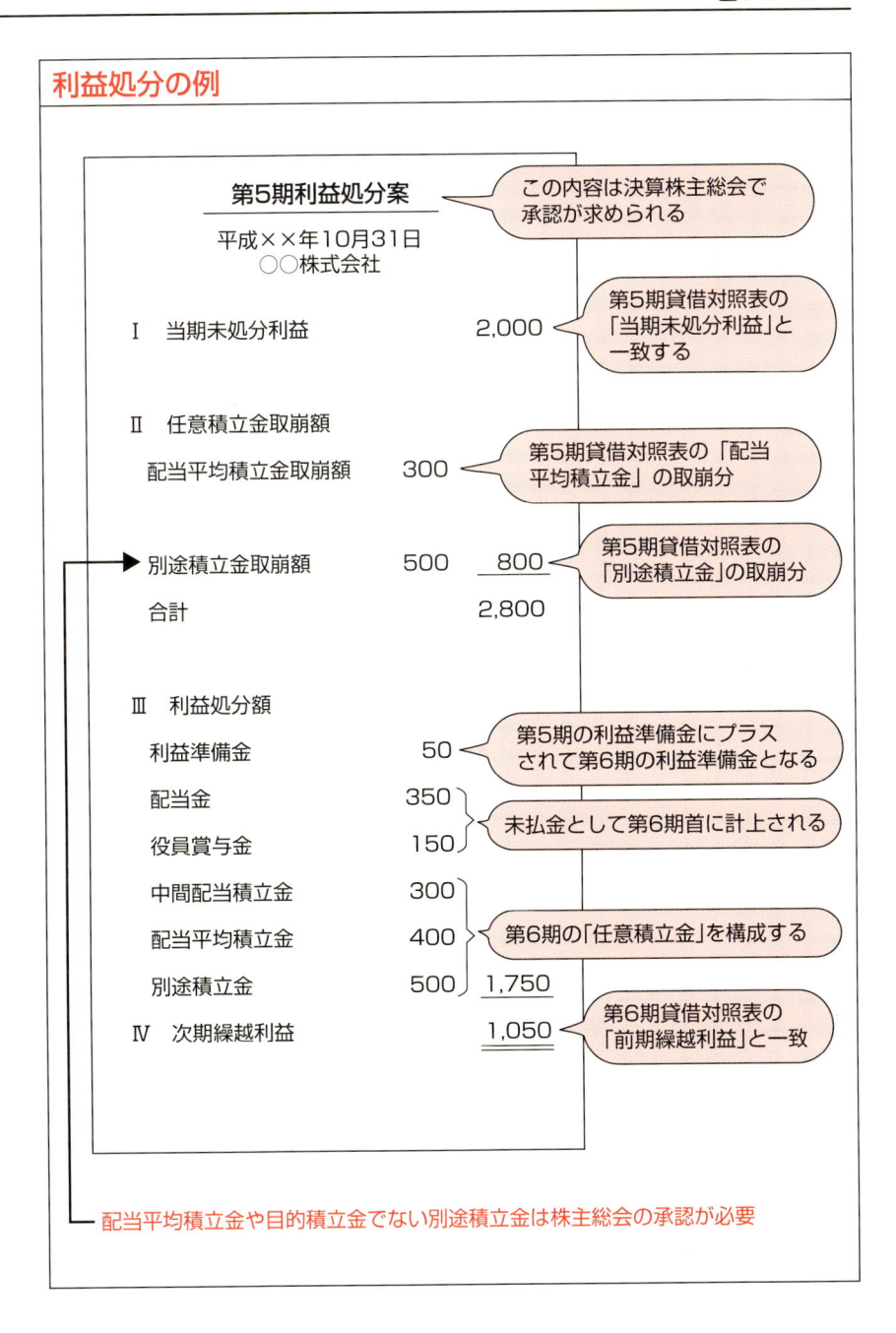

← 第5期貸借対照表の「当期未処分利益」と一致する

Ⅱ 任意積立金取崩額
　配当平均積立金取崩額　　300　← 第5期貸借対照表の「配当平均積立金」の取崩分

　別途積立金取崩額　　500　800　← 第5期貸借対照表の「別途積立金」の取崩分
　合計　　　　　　　　　　2,800

Ⅲ 利益処分額
　利益準備金　　　　　　　50　← 第5期の利益準備金にプラスされて第6期の利益準備金となる
　配当金　　　　　　　　 350 ┐
　役員賞与金　　　　　　 150 ┘ ← 未払金として第6期首に計上される
　中間配当積立金　　　　 300 ┐
　配当平均積立金　　　　 400 ├ 第6期の「任意積立金」を構成する
　別途積立金　　　　　　 500 ┘ 1,750
Ⅳ 次期繰越利益　　　　　　　 1,050 ← 第6期貸借対照表の「前期繰越利益」と一致

配当平均積立金や目的積立金でない別途積立金は株主総会の承認が必要

6 当期未処分利益(とうきみしょぶんりえき)

法人 / 消費税区分 ▶ **対象外**

増加仕訳：前期繰越利益を当期未処分利益に振り替えた

借方　前期繰越利益　×××　　当期未処分利益　×××　貸方

相手科目
- 前期繰越利益
- 当期利益

摘要
- 前期繰越利益の振替
- 当期利益の振替

減少仕訳：株主総会決議により当期未処分利益を処分した

借方　当期未処分利益　×××

貸方
- 利益準備金　×××
- 未払配当金　×××
- 別途積立金　×××

摘要
- 利益処分

相手科目
- 利益準備金
- 未払配当金
- 未払役員賞与
- 配当平均積立金
- 退職慰労積立金
- 特別償却準備金
- 欠損補てん積立金
- 別途積立金

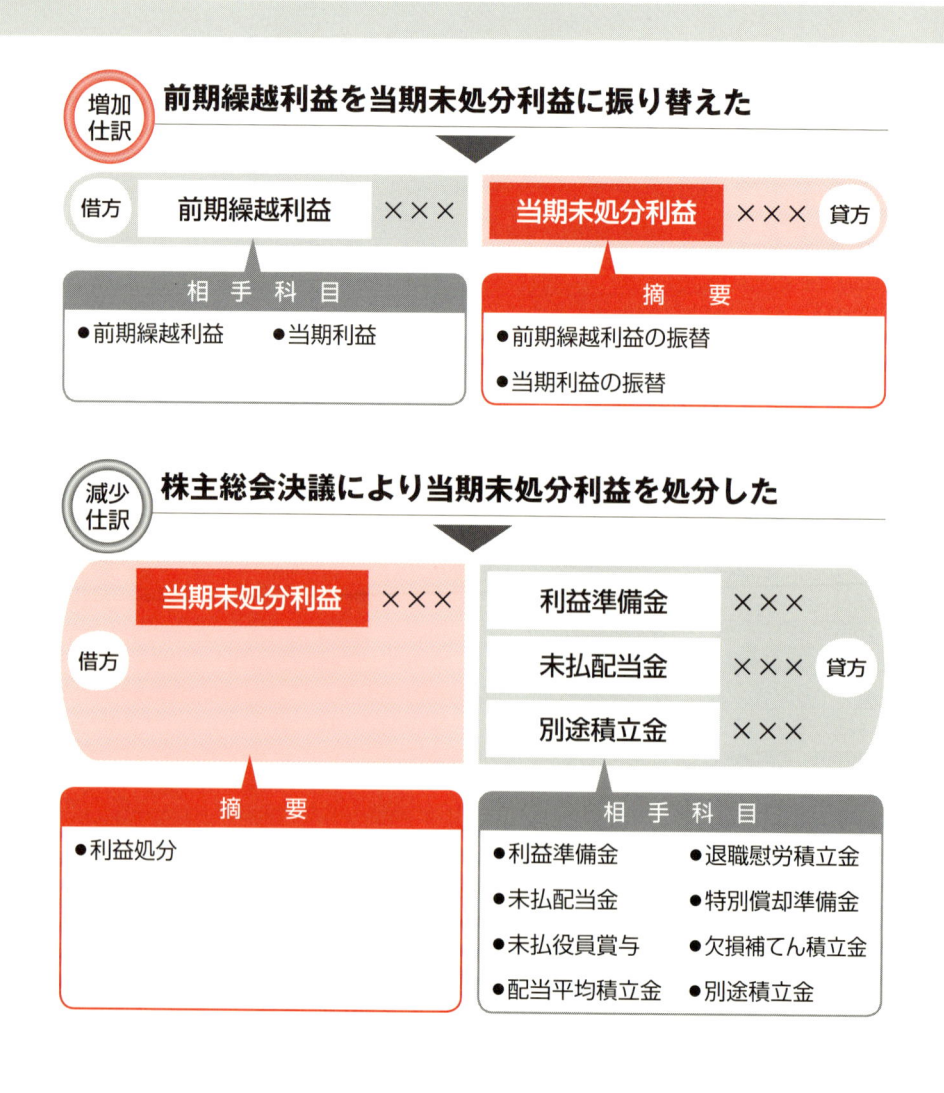

過去からの利益の累積である利益剰余金のうち、株主総会で処分されていない、もしくはこれから処分が予定される部分をいいます。

▼注意事項

当期未処分利益の額は、次の式で求められます。

当期未処分利益＝前期繰越利益＋当期利益

そしてこの値がマイナスの場合には、当期未処理損失といいます。この場合は、

当期未処理損失＝前期繰越利益（損失）＋当期利益（損失）

で表すことができます。また、中間配当などを期中で行ったときには取締役会で決議されますが、

当期未処分利益＝前期繰越利益＋目的積立金取崩額－中間配当額
**　　　　　　　－中間配当に伴う利益準備金積立額＋当期利益**

で表せます。

当期未処分利益を処分した場合には株主総会で決議されます。これは重要な決議事項とされているために直接株主の意思を問うためです。

**　当期未処分利益＋目的積立金の目的外取崩額**
**　＋配当平均積立金の取崩額＋別途積立金の取崩額**
**　－利益準備金－配当金－役員賞与金**
**　－役員退職給与積立金－配当平均積立金－別途積立金**
**　＝次期繰越利益**

として表せ、この次期繰越利益が次の期の前期繰越利益と一致してくることになります。

▼代表的な仕訳例

- 決算の結果、当期純利益 10,000,000 円を計上し、前期繰越利益 65,000,000 円を未処分利益に振替処理した

借方			貸方		
損　益	10,000,000		未処分利益	75,000,000	
前期繰越利益	65,000,000				

- 株主総会で未処分利益 50,000,000 を次のとおり処分した。
配当金 30,000,000 円、中間配当積立金 15,000,000 円、利益準備金 3,000,000 円、繰越利益 2,000,000 円

借方		貸方	
未処分利益	50,000,000	利益準備金	3,000,000
		未払配当金	30,000,000
		中間配当積立金	15,000,000
		繰越利益	2,000,000

- 上記未払配当金 30,000,000 円について源泉所得税 6,000,000 円を差し引き普通預金から支払った

借方		貸方	
未払配当金	30,000,000	普通預金	24,000,000
		預り金	6,000,000

※配当金から源泉所得税 20％（上場企業等の場合は 7％）を預り金として天引き処理します。

⑥当期未処分利益

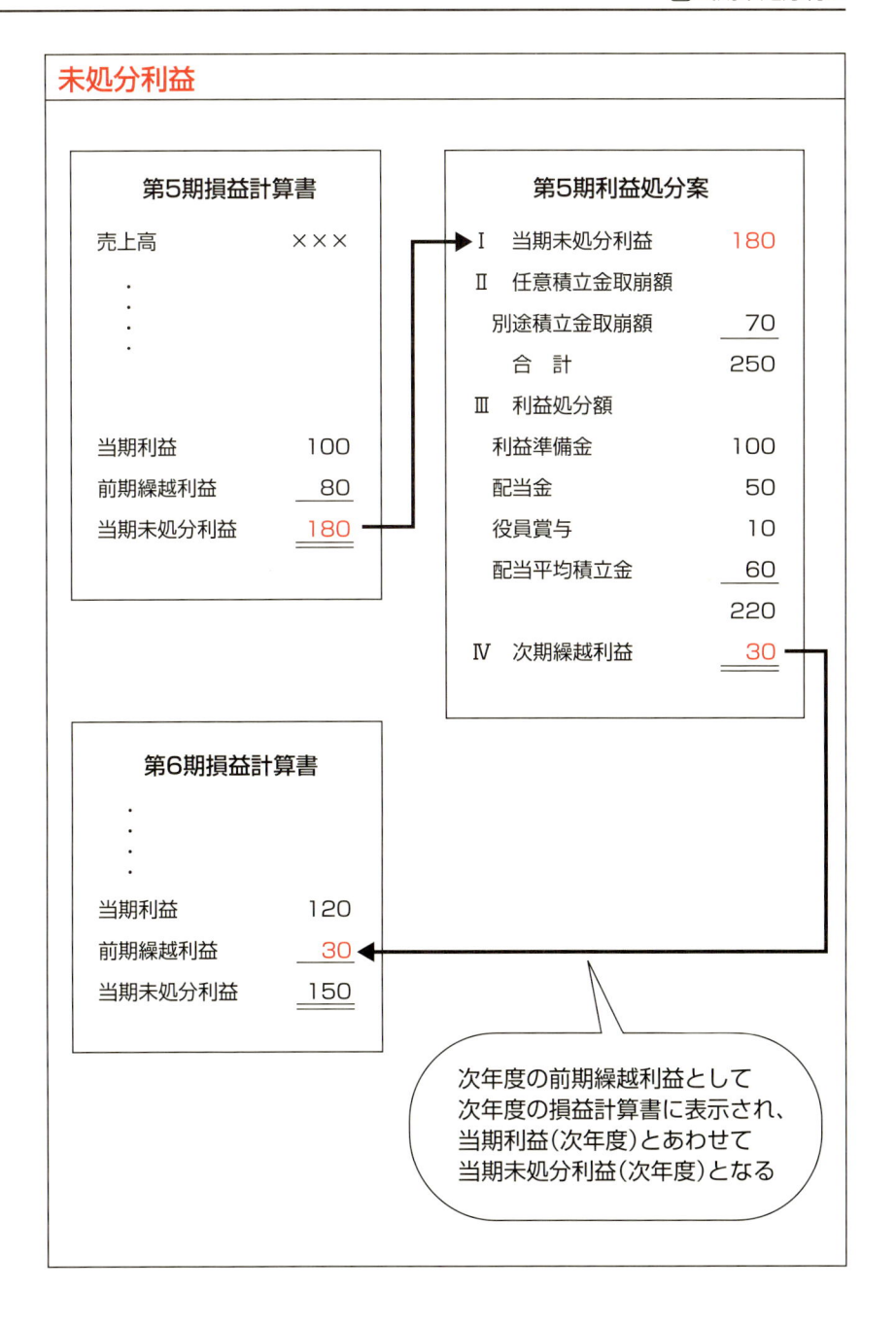

未処分利益

第5期損益計算書

売上高	×××
⋮	
当期利益	100
前期繰越利益	80
当期未処分利益	180

第5期利益処分案

Ⅰ	当期未処分利益	180
Ⅱ	任意積立金取崩額	
	別途積立金取崩額	70
	合　計	250
Ⅲ	利益処分額	
	利益準備金	100
	配当金	50
	役員賞与	10
	配当平均積立金	60
		220
Ⅳ	次期繰越利益	30

第6期損益計算書

⋮	
当期利益	120
前期繰越利益	30
当期未処分利益	150

> 次年度の前期繰越利益として次年度の損益計算書に表示され、当期利益（次年度）とあわせて当期未処分利益（次年度）となる

貸借対照表
資産の部
負債の部
資本の部

個人　法人　消費税区分▶ 対象外　課税　非課税

7 元入金（もといれきん）

増加仕訳　個人事業を始めるにあたって普通預金口座に入金した

| 借方 | 普通預金 | ××× | 元入金 | ××× | 貸方 |

相手科目
- 現金
- 事業主借
- 預金（各種）

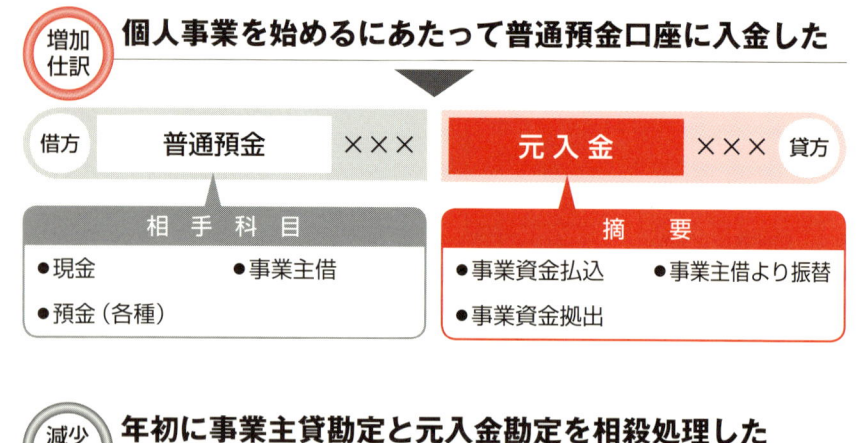

摘要
- 事業資金払込
- 事業主借より振替
- 事業資金拠出

減少仕訳　年初に事業主貸勘定と元入金勘定を相殺処理した

| 借方 | 元入金 | ××× | 事業主貸 | ××× | 貸方 |

▼注意事項

　資本金は増資や減資といった特別の手続きを行わないと増減しませんが、元入金は利益の変動によって増減します。

翌期首元入金＝前期末元入金＋青色申告特別控除前利益＋事業主借－事業主貸

で表されます。

　事業で得た儲けと事業主からの借入、事業主への貸付が、最初の元手である元入金に加減算されて翌年度の元入金になるため、毎年変動する

事業を行うための元手をいい、事業を行うための基礎となる拠出額のことです。会社でいえば資本金に該当します。

ことになります。よって元入金は会社でいえば資本金というよりも資本の部（資本金と準備金、剰余金）といった方が適切かもしれません。

結局、事業主が自分で事業に投入したお金（事業主借）は次の事業資金になっていきますし、また儲けが出れば同じように次の事業資金に投入され（青色特別控除前利益）、当然生活費としても引き出される（事業主貸）でしょう。元入金勘定はこの関係を集約した勘定科目なのです。

会計ソフトを使って処理を行う際には、青色控除利益を元入金に振り替える処理は自動的に行ってくれるのでとくに行う必要はありません。

▼代表的な仕訳例

- 個人事業を始めるにあたって普通預金口座に現金を 6,000,000 円入金した

| 借方 | 普通預金 | 6,000,000 | 元入金 | 6,000,000 | 貸方 |

- 年初に事業主貸 8,000,000 円と事業主借 2,500,000 円を相殺して元入金に振り替えた

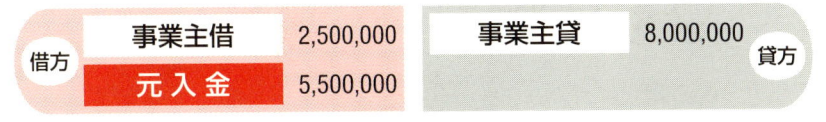

| 借方 | 事業主借 | 2,500,000 | 事業主貸 | 8,000,000 | 貸方 |
| | 元入金 | 5,500,000 | | | |

貸借対照表 / 資産の部 / 負債の部 / 資本の部

損益計算書 ❶

営業損益

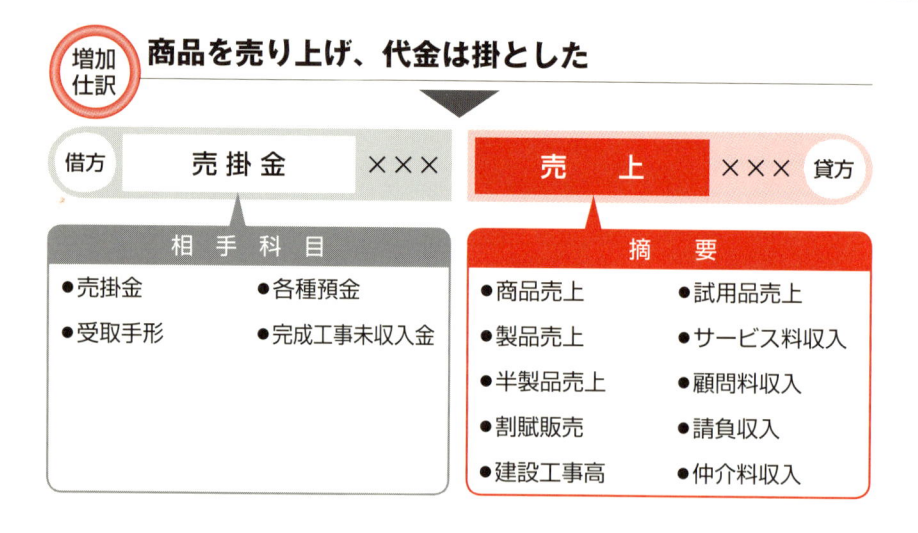

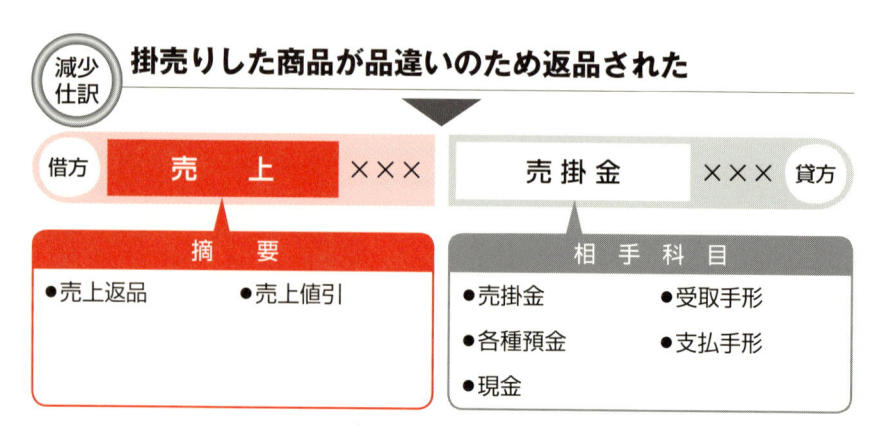

| 個人 | 法人 | 消費税区分 ▶ | 対象外 | 課税 | 非課税 |

① 売上

増加仕訳：商品を売り上げ、代金は掛とした

借方 売掛金 ××× ／ 売上 ××× **貸方**

相手科目
- 売掛金
- 受取手形
- 各種預金
- 完成工事未収入金

摘要
- 商品売上
- 製品売上
- 半製品売上
- 割賦販売
- 建設工事高
- 試用品売上
- サービス料収入
- 顧問料収入
- 請負収入
- 仲介料収入

減少仕訳：掛売りした商品が品違いのため返品された

借方 売上 ××× ／ 売掛金 ××× **貸方**

摘要
- 売上返品
- 売上値引

相手科目
- 売掛金
- 各種預金
- 現金
- 受取手形
- 支払手形

売上とは、主たる営業活動である商品や製品の販売やサービスの提供によって獲得した対価をいいます。

▼注意事項

一般的には売上で処理しますが、業種によっては完成工事売上高や手数料収入のように、それぞれの実態に合った勘定科目で計上することも差し支えありません。損益計算書に表示する際には「売上高」とします。

売上返品

販売した商品・製品が破損や品違いによって戻された場合をいいます。

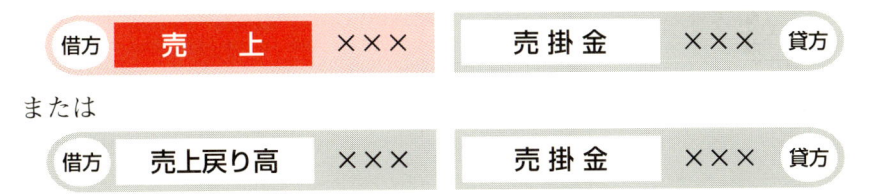

| 借方 | 売　　上 | ××× | 売掛金 | ××× | 貸方 |

または

| 借方 | 売上戻り高 | ××× | 売掛金 | ××× | 貸方 |

売上値引

販売した商品・製品が破損や品違いなどの理由によって販売代金から控除される金額をいいます。

| 借方 | 売　　上 | ××× | 売掛金 | ××× | 貸方 |

または

| 借方 | 売上値引 | ××× | 売掛金 | ××× | 貸方 |

売上割引

　売上代金の回収期間を短くしてもらうことによる利息相当分としてかかる費用をいいます。そのため、売上高から控除されるのではなく営業外費用で計上します。

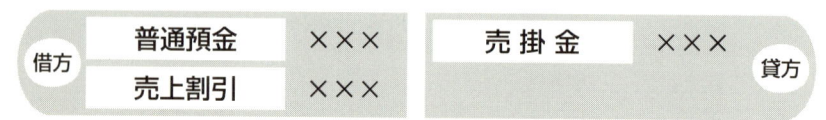

借方	普通預金	×××	売掛金	×××	貸方
	売上割引	×××			

売上割戻

　一定期間内に多額または多量の取引をした場合にそれに報いるために報奨金や販売協力金、販売助成金などの名目で販売代金から一部を返戻することをいいます。一般的には売上リベートといいます。

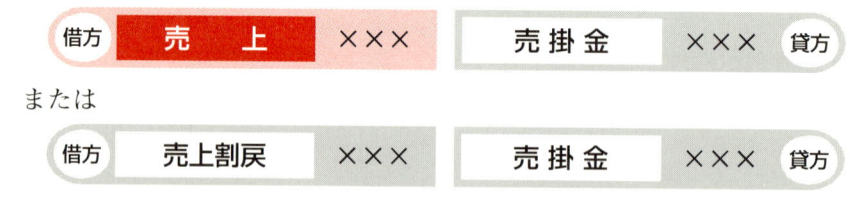

| 借方 | 売上 | ××× | 売掛金 | ××× | 貸方 |

または

| 借方 | 売上割戻 | ××× | 売掛金 | ××× | 貸方 |

売上の計上時期

　商品・製品の販売による収益計上時期は販売基準により商品等の引き渡し、またはサービス提供の完了時点で行います。この販売基準には出荷をもって販売とみる出荷基準と得意先の検収をもって販売とみる検収基準などがあります。いずれの基準によるかは販売形態などにより選択する必要がありますが、一度採用した基準を継続して適用することが必要です。

① 売上

▼代表的な仕訳例

- A社に商品1,500,000円を売り上げ、代金は手形で受け取った

| 借方 | 受取手形 | 1,500,000 | 売　　上 | 1,500,000 | 貸方 |

- 工事が完成して引き渡しを行った。なお工事代金8,000,000円は2カ月後に支払われる予定である

| 借方 | 完成工事未収入金 | 8,000,000 | 完成工事高 | 8,000,000 | 貸方 |

- 掛で売り上げた製品1,000,000円が品違いのため返品された

| 借方 | 売　　上 | 1,000,000 | 売 掛 金 | 1,000,000 | 貸方 |

または

| 借方 | 売上戻り高 | 1,000,000 | 売 掛 金 | 1,000,000 | 貸方 |

- 掛で売り上げた製品300,000円に傷があったため15,000円値引をした

| 借方 | 売　　上 | 15,000 | 売 掛 金 | 15,000 | 貸方 |

または

| 借方 | 売上値引 | 15,000 | 売 掛 金 | 15,000 | 貸方 |

- 商品6,000,000円を売り上げ3カ月後決済の約束だったが1カ月後の今日入金があったので20,000円の割引を行った

| 借方 | 普通預金 | 5,980,000 | 売 掛 金 | 6,000,000 | 貸方 |
| | 売上割引 | 20,000 | | | |

- 商品を販売代理店に対して売り上げ3カ月間で売上目標の50,000,000円に達したので3%の1,500,000円を割り戻し、売掛金と相殺した

| 借方 | 売上割戻 | 1,500,000 | 売 掛 金 | 1,500,000 | 貸方 |

損益計算書
営業損益
営業外損益
特別損益・税金等

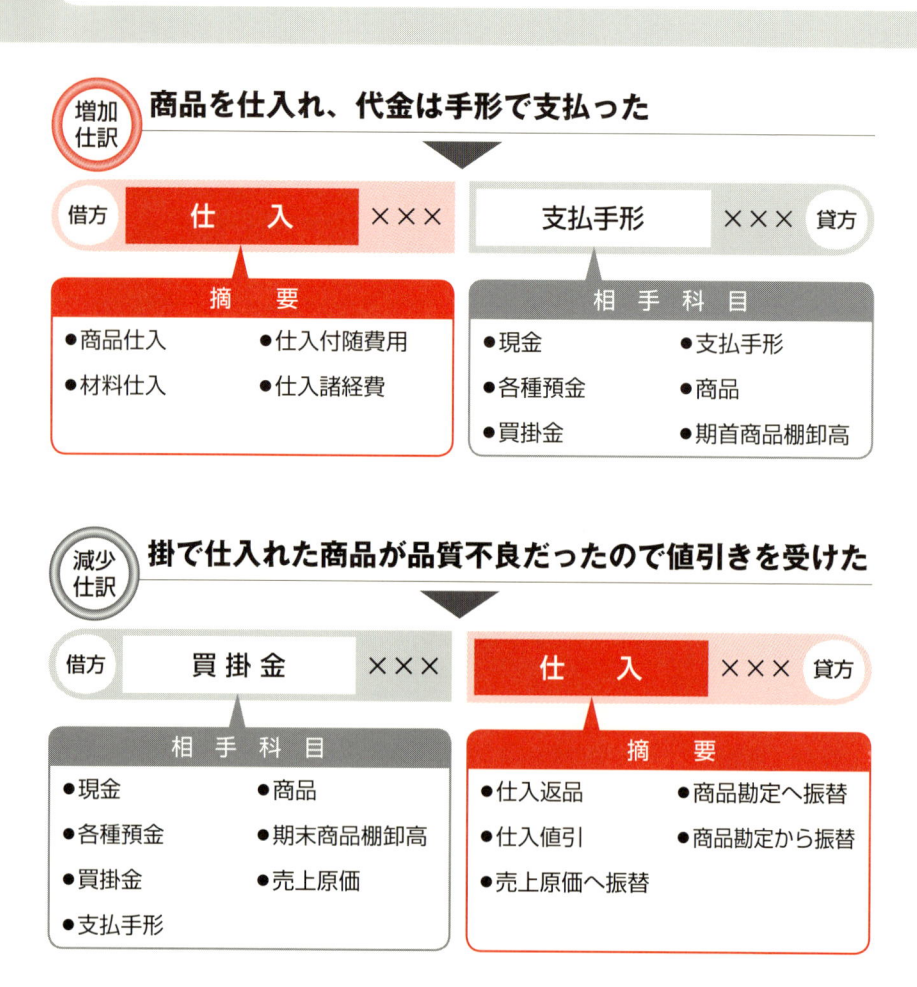

| 個人 | 法人 | 消費税区分 ▶ | 対象外 | 課税 | 非課税 |

2 仕入(しいれ)

増加仕訳：商品を仕入れ、代金は手形で支払った

| 借方 | 仕 入 | ××× | 支払手形 | ××× | 貸方 |

摘要
- 商品仕入
- 材料仕入
- 仕入付随費用
- 仕入諸経費

相手科目
- 現金
- 各種預金
- 買掛金
- 支払手形
- 商品
- 期首商品棚卸高

減少仕訳：掛で仕入れた商品が品質不良だったので値引きを受けた

| 借方 | 買 掛 金 | ××× | 仕 入 | ××× | 貸方 |

相手科目
- 現金
- 各種預金
- 買掛金
- 支払手形
- 商品
- 期末商品棚卸高
- 売上原価

摘要
- 仕入返品
- 仕入値引
- 売上原価へ振替
- 商品勘定へ振替
- 商品勘定から振替

仕入とは販売するための商品を購入することをいい、仕入勘定は、卸売業や小売業のように物品を購入してそれを販売するような業種において用いる勘定科目です。

▼注意事項

商品そのものの代金だけでなく、商品を購入するための付随費用、たとえば輸送に伴う運賃や保険料も仕入に含めます。

なお、製造業やサービス業などにおいては、仕入そのものが存在しないということから、あまりこの勘定科目を用いることはありません。

仕入返品・仕入戻し高

品違いや品質不良などの理由で仕入先に商品を返すことをいいます。

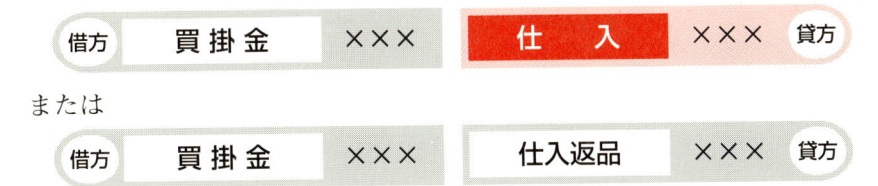

| 借方 | 買掛金 | ××× | 仕入 | ××× | 貸方 |

または

| 借方 | 買掛金 | ××× | 仕入返品 | ××× | 貸方 |

仕入値引

品不足や品質不良、破損等で仕入代金を減額することをいいます。

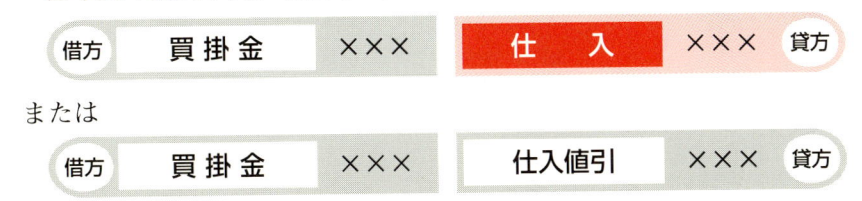

| 借方 | 買掛金 | ××× | 仕入 | ××× | 貸方 |

または

| 借方 | 買掛金 | ××× | 仕入値引 | ××× | 貸方 |

仕入割引

　仕入代金の支払を早めることによって支払われるものをいいます。支払の期間が短くなることでその期間に対する金利分の受取といった性格のものです。そのため財務的な要素が強く営業外収益で計上します。

| 借方 | 買掛金 | ××× | 仕入割引 | ××× | 貸方 |

仕入割戻

　仕入価額や数量が仕入先の販売目標に貢献したことでその度合いに応じて支払われるものをいいます。一般的には仕入リベートといわれます。

| 借方 | 買掛金 | ××× | 仕入割戻 | ××× | 貸方 |

仕入割戻の計上時期

①算定基準が購入価額か数量によっており、かつ契約書で割戻しの算定基準が明示されている場合……購入した日で計上します。
②算定基準が明示されていない場合……通知を受けた日で計上します。

消費税区分の例外

　不動産業のように土地が仕入になる場合非課税仕入となりますので消費税はかかりません。その他国際運賃や関税、運送保険料など課税仕入とならないものもありますので注意が必要です。

▼代表的な仕訳例

- 商品 2,000,000 円を掛で仕入れ、引き取りの運賃 30,000 円は現金で支払った

借方			貸方		
仕 入	2,030,000		買 掛 金	2,000,000	
			現 金	30,000	

- 掛で仕入れた商品が品質不良であったことから 50,000 円の値引を受けた

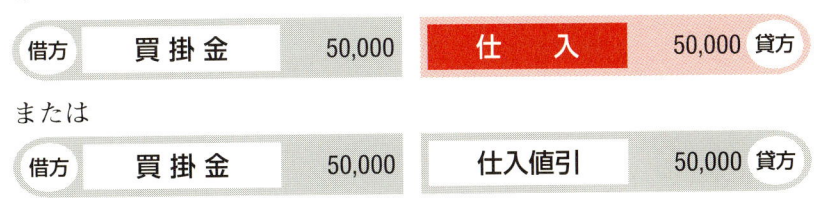

借方		貸方	
買 掛 金	50,000	仕 入	50,000

または

借方		貸方	
買 掛 金	50,000	仕入値引	50,000

- 掛で仕入れた商品 500,000 円が品違いであったことから返品した。なお現金で支払った送料 15,000 円は買掛金と相殺した

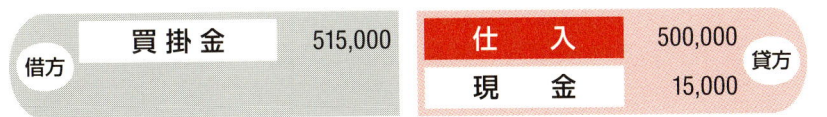

借方		貸方		
買 掛 金	515,000	仕 入	500,000	
		現 金	15,000	

- 掛で仕入れた商品 8,000,000 円が目標を達成したので仕入先から仕入代金の一部 400,000 円を買掛金と相殺して返金してもらうことになった

借方		貸方	
買 掛 金	400,000	仕入割戻	400,000

- 掛で仕入れた商品 10,000,000 円の支払期日が 2 カ月後であったが、早期の支払を行ったことから 200,000 円の割引を受け買掛金と相殺した

借方		貸方	
買 掛 金	200,000	仕入割引	200,000

▼売上原価

売上高に直接対応する原価すなわち売上を上げるために直接要した商品や製品の仕入、サービスなどのコストを売上原価といいます。

まだ売れていない在庫やサービスの提供が終わっていないものに直接かかったコストについては、売上原価ではありません。よってそのような支出については棚卸資産や前払費用として資産に計上し、次年度以降に費用に計上します。

売上原価勘定は一般的な処理科目としてはほとんど使用することはありません。仕入高勘定などで処理をして決算書の表示科目として売上原価勘定を使用するということが一般的だからです。

小売・卸売業の場合

売上原価＝期首商品棚卸高＋当期商品仕入高－期末商品棚卸高

製造業の場合

売上原価＝期首製品棚卸高＋当期製品製造原価－期末製品棚卸高

土木・建設業の場合

完成工事原価＝期首未成工事原価＋当期工事原価－期末未成工事原価

土木・建設業の場合、完成＝引き渡し（売上）なので完成した工事についての棚卸高はありません。未完成の段階での棚卸高（未成工事支出金）があるのみです。そのため完成したものの工事原価がすべて売上原価となります。よって

完成工事原価＝売上原価

となります。

サービス業の場合の売上原価

サービスの提供に応じて売上を計上しますので費用のほうも対応するように合わせて計上します。そのためサービスの提供を行って売上が計上されていればそれに対応する経費を売上原価として費用に計上します。サービスの提供が完了していない場合で売上が計上されていなければこれに対応する支出分は前払費用として資産に計上し、売上が計上された時点で費用に計上することになります。

▼売上原価勘定を用いる場合の仕訳例

- 棚卸資産として計上していた商品200,000円を販売したので売上原価に振り替えた

借方	売上原価	200,000	商　　品	200,000	貸方

- 期首商品が150,000円あって当期に1,500,000円掛で仕入を行った。期末商品として130,000円が残った

借方	仕　　入	1,500,000	買　掛　金	1,500,000	貸方
	仕　　入	150,000	商　　品	150,000	
	商　　品	130,000	仕　　入	130,000	

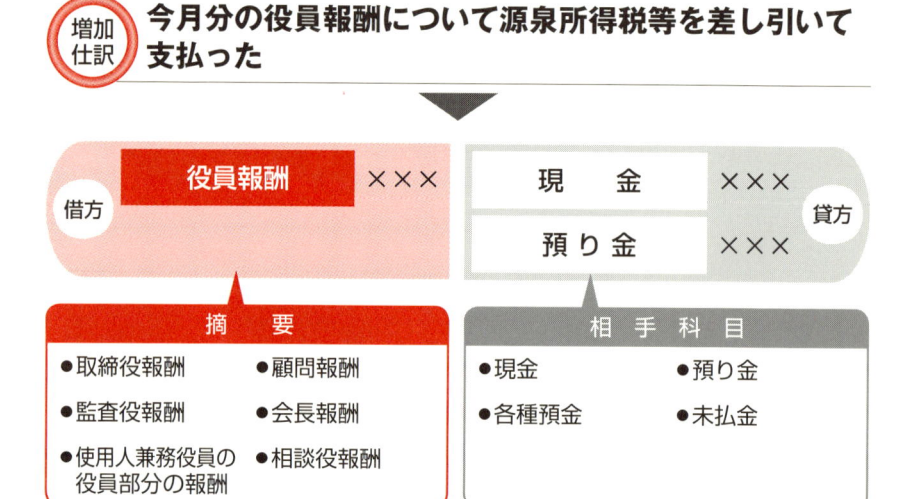

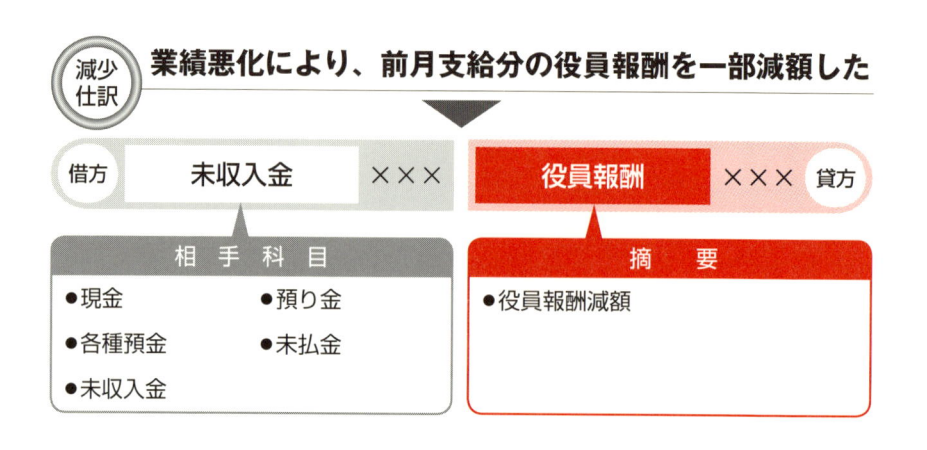

個人 / **法人** 　消費税区分▶ **対象外** 　課税 　非課税

3 役員報酬

増加仕訳 今月分の役員報酬について源泉所得税等を差し引いて支払った

借方： 役員報酬 ×××
貸方： 現　金 ×××
　　　 預り金 ×××

摘要
- 取締役報酬
- 顧問報酬
- 監査役報酬
- 会長報酬
- 使用人兼務役員の役員部分の報酬
- 相談役報酬

相手科目
- 現金
- 預り金
- 各種預金
- 未払金

減少仕訳 業績悪化により、前月支給分の役員報酬を一部減額した

借方： 未収入金 ×××
貸方： 役員報酬 ×××

相手科目
- 現金
- 預り金
- 各種預金
- 未払金
- 未収入金

摘要
- 役員報酬減額

会社の役員に対する給与のうち、賞与や退職金以外のもので、あらかじめ定められた支給基準にもとづいて定期的に支払われるものを処理する勘定科目です。

▼注意事項

　役員とは取締役、監査役、理事、監事などをいいますが、税法上の役員はこれよりも広く、相談役や顧問、といったその地位や職務内容から見て会社の経営に従事していると認められるものも含まれます。

　商法ではこの役員報酬は株主総会の承認を得た限度内で支給しなければなりません。有限会社の役員もこれに準じます。

　税法では商法上の範囲内でかつ職務に対して相当な額でなければ損金に計上できません。過大報酬については以下の2つの基準があり、この基準に該当する部分については損金に算入されないことになります。

①形式基準
　定款や株主総会で役員報酬の限度額が定められている場合にその限度額を超えて支給された役員報酬のうちその限度額を超える部分の金額

②実質基準
　職務の内容、会社の収益、従業員の給与の状況、類似会社の役員報酬の支給状況と照らし合わせて不相当と認められる部分の金額

▼代表的な仕訳例

- 取締役兼営業部長に対して所得税他預り金70,000円を差し引いて630,000円を普通預金から支払った。営業部長としての給料は500,000円である

借方			貸方	
役員報酬	200,000	普通預金	630,000
給　与	500,000	預り金	70,000

損益計算書／営業損益／営業外損益／特別損益・税金等

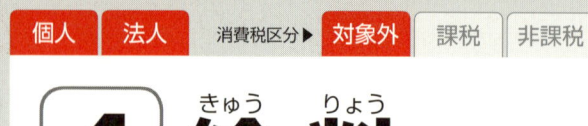

個人 法人 消費税区分 ▶ 対象外 課税 非課税

4 給料

増加仕訳 今月分の給与手当について源泉所得税等を差し引いて支払った

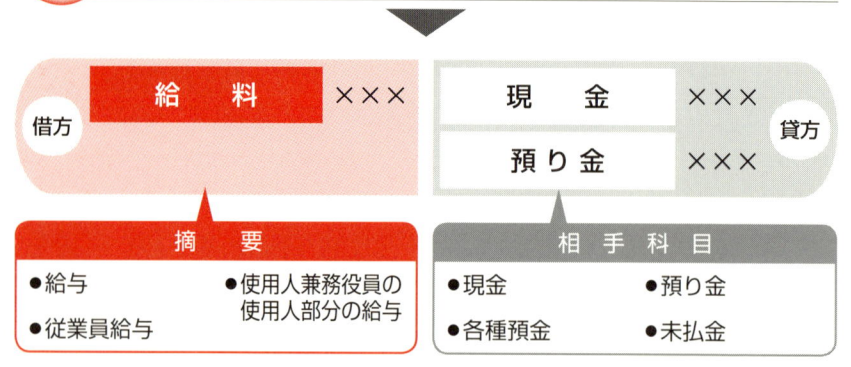

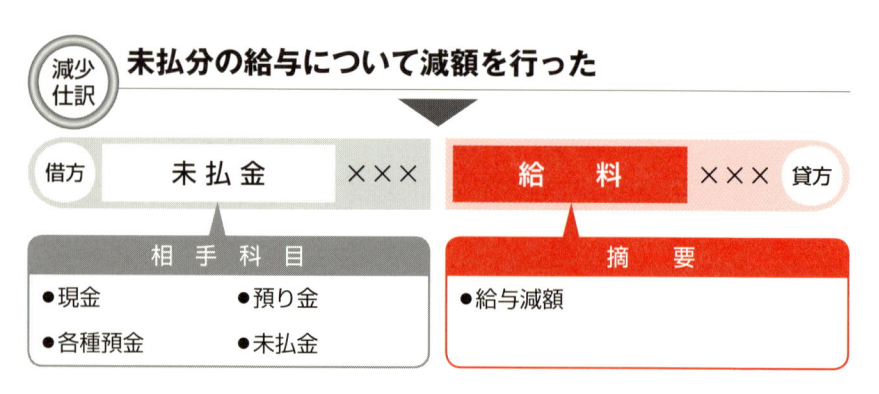

借方　給　料　×××
貸方　現　金　×××
　　　預り金　×××

摘要
- 給与
- 従業員給与
- 使用人兼務役員の使用人部分の給与

相手科目
- 現金
- 各種預金
- 預り金
- 未払金

減少仕訳 未払分の給与について減額を行った

借方　未払金　×××
貸方　給　料　×××

相手科目
- 現金
- 預り金
- 各種預金
- 未払金

摘要
- 給与減額

従業員に支払われる給与や賃金、諸手当てを処理する勘定科目です。

▼注意事項

残業手当や家族手当、住宅手当などはこの給与に該当するため、源泉所得税の対象になります。通勤手当や出張手当は所得税の対象にはなりません。そのため旅費交通費で処理することもできます。

▼代表的な仕訳例

- 従業員に今月分の給与を普通預金から支払った。なおその内訳は給与総額 7,350,000 円、所得税 683,000 円、住民税 472,000 円、健康保険料・厚生年金保険料 353,000 円である

借方	金額	貸方	金額
給　料	7,350,000	普通預金	5,842,000
		預り金	1,508,000

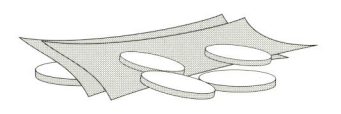

個人 法人　消費税区分▶ 対象外　課税　非課税

5 雑給(ざっきゅう)

増加仕訳 今月分の給与手当について源泉所得税等を差し引いて支払った

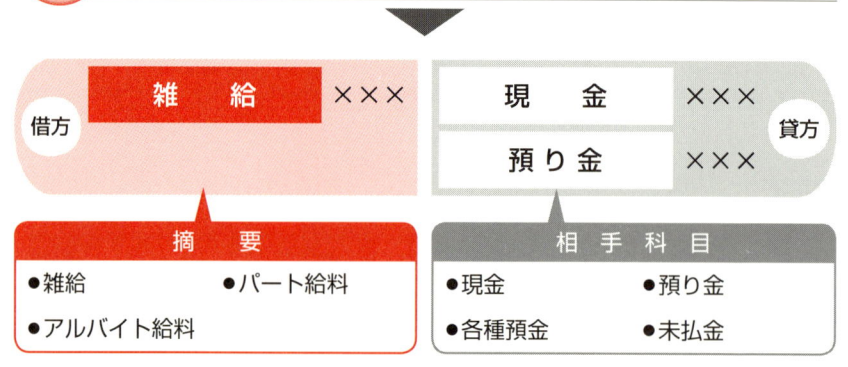

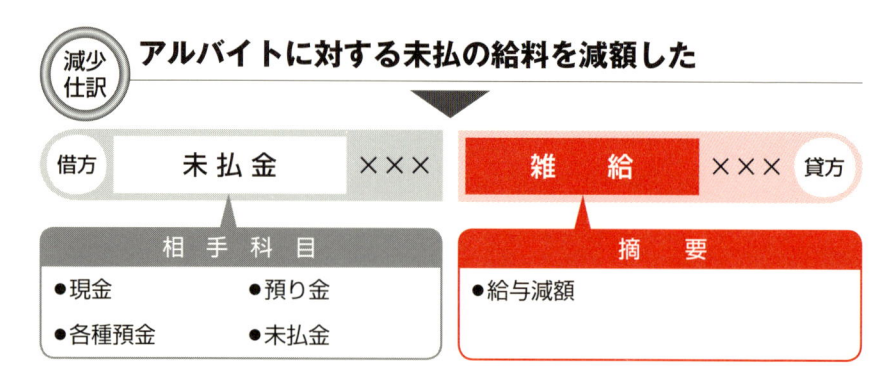

借方　雑給　×××
貸方　現金　×××
　　　預り金　×××

摘要
- 雑給
- パート給料
- アルバイト給料

相手科目
- 現金
- 預り金
- 各種預金
- 未払金

減少仕訳 アルバイトに対する未払の給料を減額した

借方　未払金　×××
貸方　雑給　×××

相手科目
- 現金
- 預り金
- 各種預金
- 未払金

摘要
- 給与減額

臨時雇用者に対して支払われる給料を処理する勘定科目です。臨時雇用者とはパートタイマーやアルバイトの人たちをさします。

▼注意事項

臨時雇用者の給与を、いわゆる正社員と区別して処理する場合に用います。社会保険料や源泉所得税の扱いの違いから給料勘定と区別する場合が多いのですが、給料勘定で処理してもかまいません。

▼代表的な仕訳例

- パート・アルバイトに今月分の給与を普通預金から支払った。なおその内訳は給与総額 2,500,000 円、所得税 83,000 円である

借方		貸方	
雑給	2,500,000	普通預金	2,417,000
		預り金	83,000

6 賞与

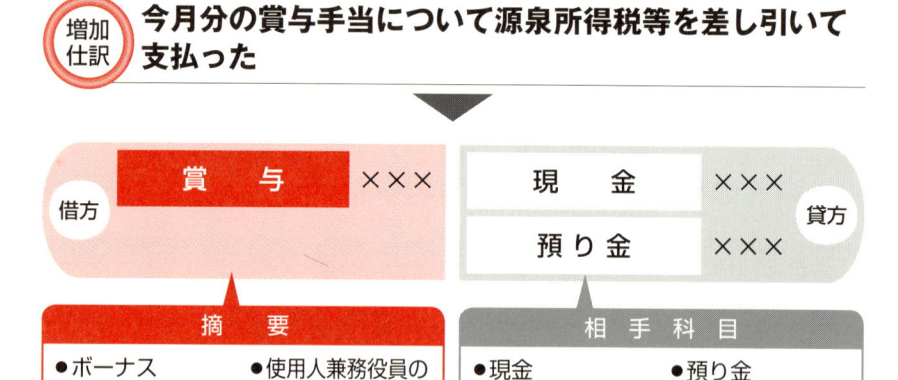

個人 **法人** 消費税区分 ▶ **対象外** 課税 非課税

増加仕訳　今月分の賞与手当について源泉所得税等を差し引いて支払った

借方　| 賞　与 | ××× |
貸方　| 現　金 | ××× |
　　　| 預り金 | ××× |

摘要
- ボーナス
- 従業員賞与
- 使用人兼務役員の従業員部分の賞与

相手科目
- 現金
- 各種預金
- 預り金
- 未払金

▼注意事項

　賞与は従業員に対するものは費用（損金）で処理できますが、役員に対するものは損金で処理できません。たとえ会計上の処理で販売費及び一般管理費の項目に役員賞与として勘定科目を設けて計上しても、税法においては損金には認められないのです。役員賞与は株主総会で利益処分されて支払われ、損益計算書には反映されないと考えられるからです。

給与手当以外の定期的、臨時的に支払われる一時金を処理する勘定科目です。給料勘定で処理する場合もあります。

▼代表的な仕訳例

- 従業員に夏の賞与を普通預金から支払った。なおその内訳は賞与総額5,600,000円、所得税448,000円、健康保険料・厚生年金保険料353,000円である

借方	賞与	5,600,000	普通預金	4,799,000	貸方
			預り金	801,000	

- 3月決算にあたり、7月支給予定のボーナス総額6,000,000円（支給対象期間1月から6月まで）のうち、今期にかかる3カ月分を引当計上した

借方	賞与引当金繰入	3,000,000	賞与引当金	3,000,000	貸方

- 翌期になって上記ボーナス6,300,000円を現金で支給し、賞与勘定で計上した

借方	賞与	6,300,000	現金	6,300,000	貸方

- 前期末に賞与引当金で計上していた分を賞与勘定と相殺した

借方	賞与引当金	5,800,000	賞与	5,800,000	貸方

| 個人 | **法人** | 消費税区分 ▶ | **対象外** | 課税 | 非課税 |

7 退職金

増加仕訳 今月分の賞与手当について源泉所得税等を差し引いて支払った

借方: 退職金 ×××
貸方: 現金 ×××／預り金 ×××

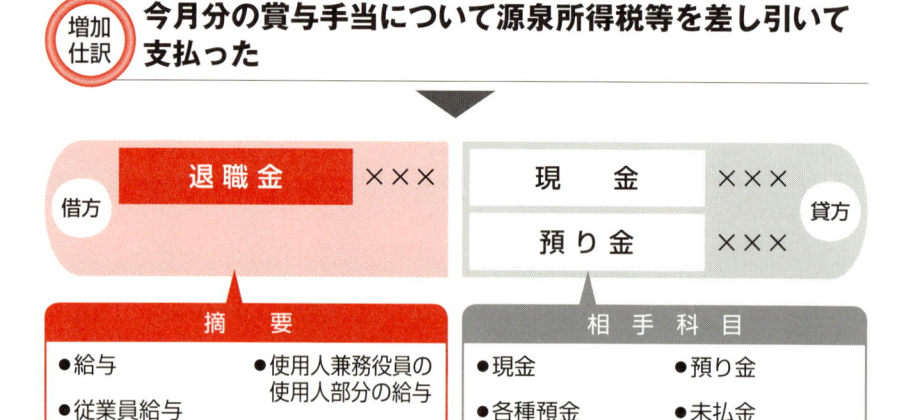

摘要
- 給与
- 従業員給与
- 使用人兼務役員の使用人部分の給与

相手科目
- 現金
- 各種預金
- 預り金
- 未払金

▼注意事項

　従業員に対する退職金は、その従業員が実際に退職した年度の費用（損金）となります。役員の退職金の場合は、その役員が実際に退職し株主総会で退職金の額が決定した年度の費用（損金）となります。そのため、取締役会で決定して役員退職金の未払計上を行ったとしても、その時点では税務上は費用（損金）とはなりません。

　また、その役員の業務への従事した期間や退職の事情（自発的か、死亡によるものか）、類似会社における支給状況などと照らし合わせて過大と考えられる部分は費用（損金）として認められないので注意が必要です。

役員または従業員の退職に伴って会社から支払われる慰労金や年金をいいます。

▼代表的な仕訳例

- 入社以来勤めていた従業員の退社に伴って退職金 5,600,000 円を普通預金から支給した。なお、源泉所得税は控除の範囲内であるため生じなかった

| 借方 | 退職金 | 5,600,000 | 普通預金 | 5,600,000 | 貸方 |

- 上記従業員に対して退職給付引当金 5,300,000 円を積立ていたので取り崩した

| 借方 | 退職給付引当金 | 5,300,000 | 退職給付引当金戻入 | 5,300,000 | 貸方 |

- 上記退職金勘定と退職給付引当金勘定を相殺表示した

| 借方 | 退職給付引当金戻入 | 5,300,000 | 退職金 | 5,300,000 | 貸方 |

※引当金の処理で引当金の戻入処理を行う場合は、上記のように費用勘定を計上したあと引当金の戻入処理を別立てで行うと販売費及び一般管理費として費用が計上される一方、引当金戻入として特別利益が計上され、ひとつの事実に基づいた処理であるにもかかわらず経常利益と税引前利益の両方に影響してしまいます。そのため、この両者を相殺して表示した方が理論的であるといえます。

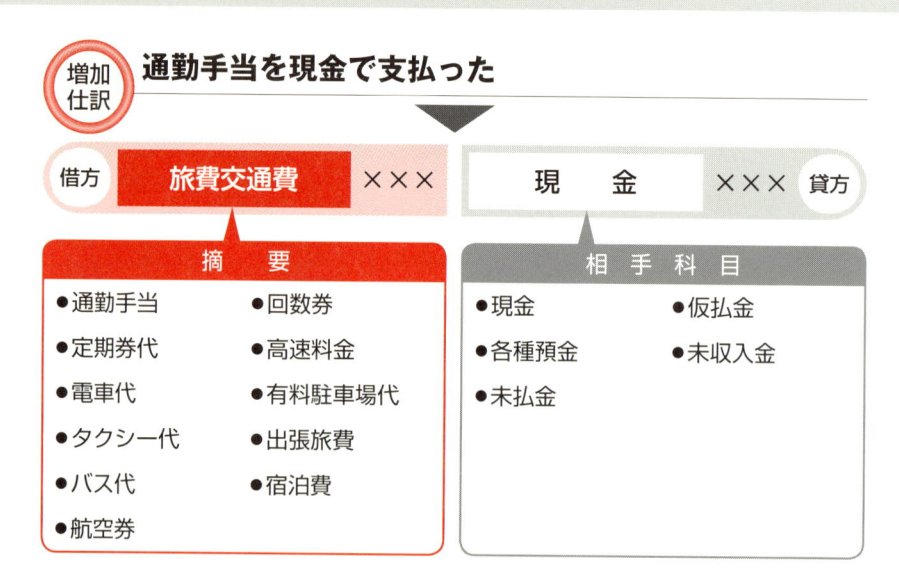

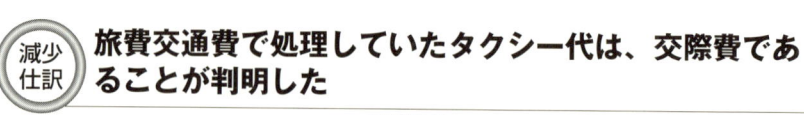

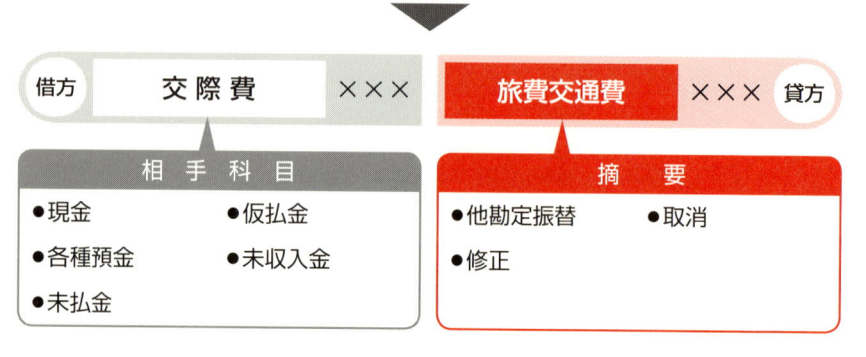

個人 法人　消費税区分 ▶ 対象外　課税　非課税

8 旅費交通費（りょひこうつうひ）

増加仕訳：通勤手当を現金で支払った

借方 旅費交通費 ×××　　現　金 ××× **貸方**

摘要（旅費交通費）
- 通勤手当
- 定期券代
- 電車代
- タクシー代
- バス代
- 航空券
- 回数券
- 高速料金
- 有料駐車場代
- 出張旅費
- 宿泊費

相手科目（現金）
- 現金
- 各種預金
- 未払金
- 仮払金
- 未収入金

減少仕訳：旅費交通費で処理していたタクシー代は、交際費であることが判明した

借方 交際費 ×××　　旅費交通費 ××× **貸方**

相手科目（交際費）
- 現金
- 各種預金
- 未払金
- 仮払金
- 未収入金

摘要（旅費交通費）
- 他勘定振替
- 修正
- 取消

通勤や業務上の移動に伴う交通機関の利用料や出張に伴う諸経費を処理する勘定科目です。

▼注意事項

　通勤にかかる交通費については給与勘定で処理する場合や通勤手当勘定を設けて処理する場合もあります。旅費の主なものは業務上出張をした場合にかかる費用で通常旅費規程にもとづいて支給されるものや実費で精算されたものをいいます。交通費は業務上の移動にかかるタクシー代やバス、電車代などをいいます。

　旅費規程を作っておけばかならずしも実費でなくてもよく役職や距離、交通機関により、支給金額を合理的に決めておけば、それに従って支給される限りその分が旅費として経費で計上できることになります。そのため実費より結果的に高い場合であれ、とくに一般的な金額より高すぎる場合でなければ経費で認められ、役員報酬や給与でもないことから所得税もかかりませんので節税にも利用できることになります。

交際費との違い

　取引先との慰安旅行や接待にかかる旅費や交通費については旅費交通費ではなく、交際費として処理することになります。

出張の場合の処理

　社員や役員の長期出張においては、旅費がかかるため会社で出張費を概算支給することがあります。その場合はいったん仮払金で処理しておき、出張から戻ってきたときに仮払精算書によって精算を行い、旅費交通費に振替処理することになります。

損益計算書 | 営業損益 | 営業外損益 | 特別損益・税金等

海外渡航費

　役員や社員が海外へ出張に出かけることがありますがこの場合特に業務上の費用かプライベートの費用かを区別する必要があります。業務の合間に観光に出かけたりする場合もよくあることです。その場合には業務上の費用とそうでないものを合理的に区分して業務上のものは旅費交通費で処理し、そうでない部分は役員賞与もしくは給与として処理することになります。

消費税区分の例外

　海外でかかった移動費や宿泊費、日本から海外への航空運賃などは対象外となります。

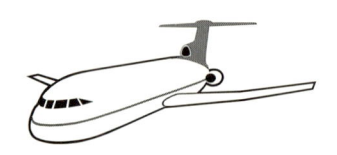

⑧旅費交通費

▼代表的な仕訳例

- 社員の出張費を精算し、仮払金で支給していた200,000円を振替処理した。内訳は交通費120,000円と宿泊費60,000円で差額は現金により返金を受けた

借方	旅費交通費	180,000	仮払金	200,000	貸方
	現　　金	20,000			

- 取引先への出張費120,000円を旅費交通費で処理したが、契約によると取引先で負担することとなっていたことが判明したので、取引先へ請求した

借方	未収入金	120,000	旅費交通費	120,000	貸方

- 役員の海外出張費を精算し、仮払金で支給していた1,000,000円を振替処理した。内訳は往復にかかった旅費300,000円（業務上のものとして処理する）と現地での宿泊やその他諸費用600,000円（5日間のうち4日間を業務に要した）で差額は現金により返金を受けた

借方	旅費交通費	780,000	仮払金	1,000,000	貸方
	役員賞与	120,000			
	現　　金	100,000			

個人 法人 消費税区分 ▶ 対象外 **課税** 非課税

9 広告宣伝費

増加仕訳：広告宣伝費を現金で支払った

借方 **広告宣伝費** ××× ／ 現 金 ××× 貸方

摘要
- 求人広告代
- 新聞広告代
- ダイレクトメール
- テレビコマーシャル代
- 折り込みチラシ代
- ホームページ製作料
- パンフレット代
- 看板代

相手科目
- 現金
- 各種預金
- 固定資産
- 未払金
- 前払金
- 前払費用
- 交際費

減少仕訳：翌期掲載分の広告宣伝費を前払金に振り替えた

借方 前 払 金 ××× ／ **広告宣伝費** ××× 貸方

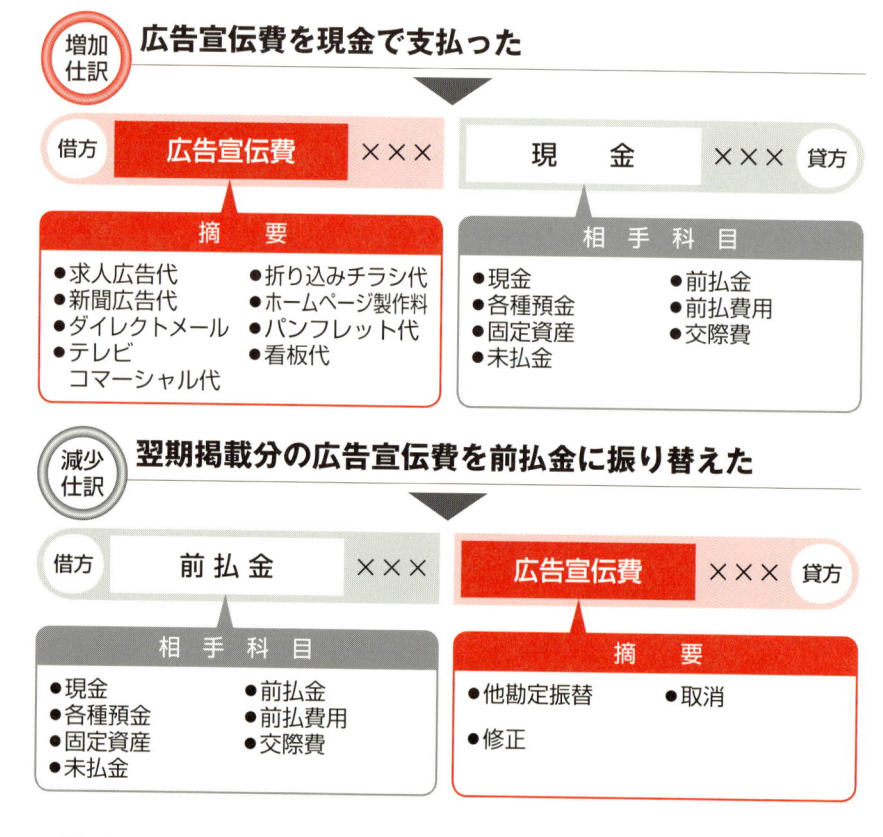

相手科目
- 現金
- 各種預金
- 固定資産
- 未払金
- 前払金
- 前払費用
- 交際費

摘要
- 他勘定振替
- 修正
- 取消

▼注意事項

交際費との違い

　交際費は特定の人を対象にするものであるのに対して、広告宣伝費は広く一般の人たちを対象にする点が異なります。そのため特定の取引先

> 広く一般の人たちを対象に、商品や製品あるいは会社のイメージを売り込むため、または求人目的のためにかける費用を処理する勘定科目です。

に対して行う招待旅行は交際費になりますが、一般消費者を相手にするプレゼントや抽選会は広告宣伝費となります。

固定資産との関係
　広告目的であっても耐用年数1年以上で取得価額が10万円以上のものについては原則固定資産として処理する必要があります（ただし10万円以上30万円未満のものについては例外あり▶固定資産参照）。

前払費用との関係
　広告看板の使用料やテレビコマーシャルなどで契約時に全額支払う場合の広告宣伝費は利用期間に応じて決算時に前払費用に振り替える必要があります。

　しかし税法上は支払日から1年以内分の前払費用については継続適用を条件に支払時に一括して損金の額に算入することもできます。

▼代表的な仕訳例

- 新商品のキャンペーンにより試供品10,000個（1個あたり150円）を購入し、普通預金から支払ったが、決算において2,500個が残った

借方		貸方	
広告宣伝費	1,125,000	普通預金	1,500,000
貯蔵品	375,000		

- 年末にあたり社名入りのカレンダーを作成して代金1,200,000円を普通預金から振り込んだ

借方		貸方	
広告宣伝費	1,200,000	普通預金	1,200,000

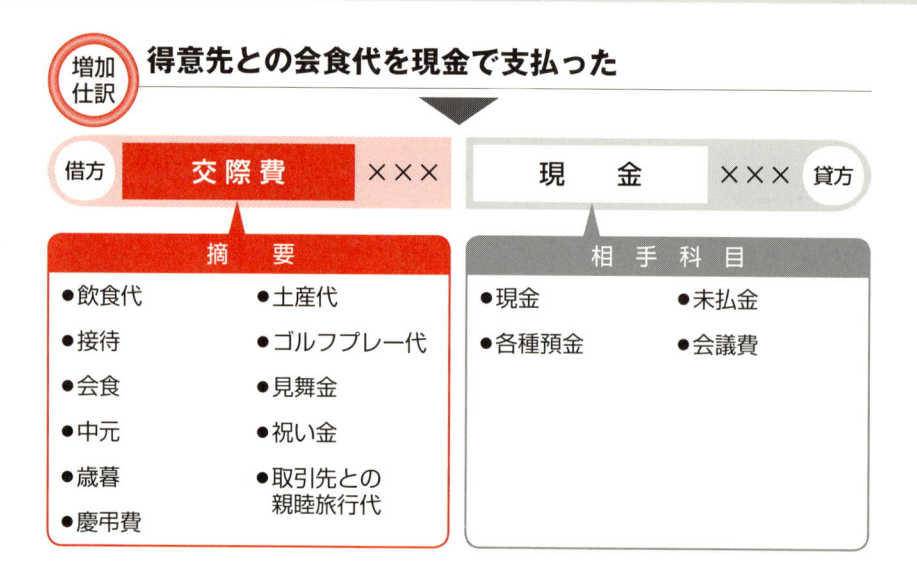

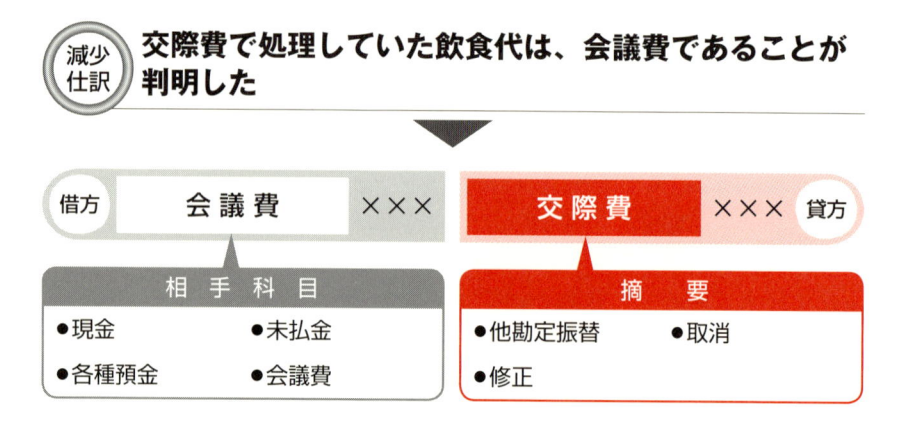

[個人] [法人] 消費税区分 ▶ [対象外] [課税] [非課税]

10 交際費

増加仕訳: 得意先との会食代を現金で支払った

| 借方 | 交際費 | ××× | | 現金 | ××× | 貸方 |

摘要
- 飲食代
- 接待
- 会食
- 中元
- 歳暮
- 慶弔費
- 土産代
- ゴルフプレー代
- 見舞金
- 祝い金
- 取引先との親睦旅行代

相手科目
- 現金
- 各種預金
- 未払金
- 会議費

減少仕訳: 交際費で処理していた飲食代は、会議費であることが判明した

| 借方 | 会議費 | ××× | | 交際費 | ××× | 貸方 |

相手科目
- 現金
- 各種預金
- 未払金
- 会議費

摘要
- 他勘定振替
- 修正
- 取消

事業活動を円滑に行うために得意先や仕入先などに対して行う接待や供応、贈答にかかる費用を処理する勘定科目す。

▼注意事項

　税法上は費用（損金）として認めない部分があります。交際費は営業活動を円滑に行うために必要なものですが、乱費につながるような支出は事業活動上支障をきたす、というのが建前上その趣旨のようです。

　そこで税法は、資本金1億円を基準に、1億円以下なら400万円までの支出であれば90％は費用（損金）として認めています。1億円超であれば、全額が費用（損金）として認められません。

　税法ではこのように資本金の金額を基準にしているものが多いので、資本金の金額をいくらにするのかは慎重に検討する必要があります。

▼代表的な仕訳例

- 取引先を営業会議兼親睦旅行に招待した。全体でかかった1,200,000円を普通預金から支払い、そのうち親睦会にかかった費用は合理的に計算したところ500,000円であった

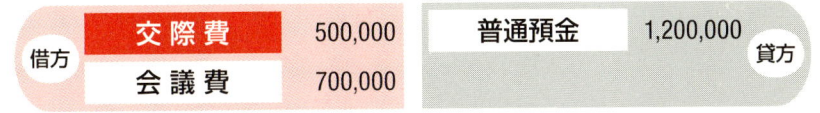

借方		貸方	
交際費	500,000	普通預金	1,200,000
会議費	700,000		

- 取引先にお歳暮を贈るために、10,000円の商品券を現金で購入した

借方		貸方	
交際費	10,000	現金	10,000

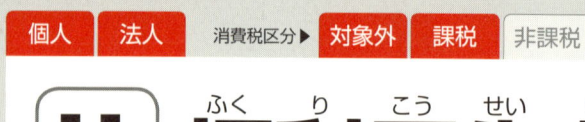

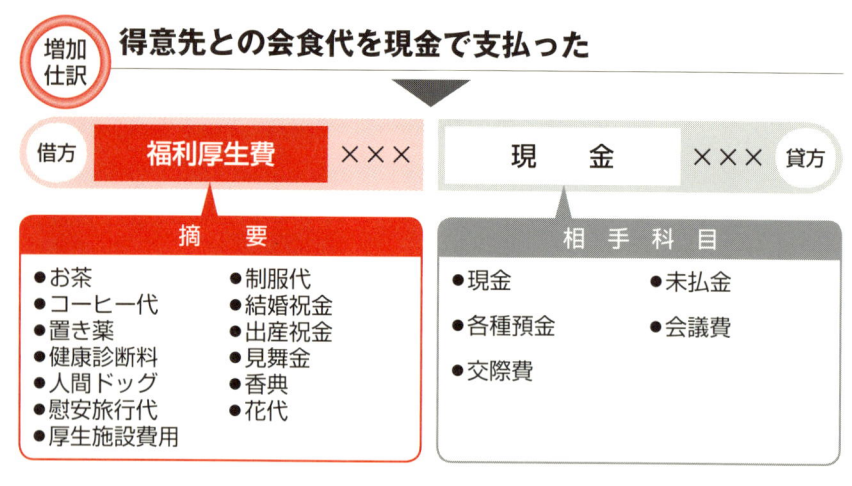

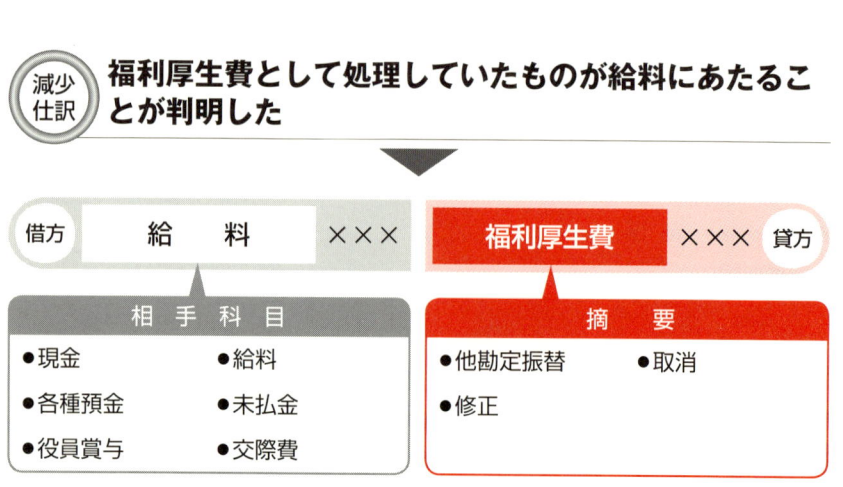

個人　法人　消費税区分 ▶ 対象外　課税　非課税

⑪ 福利厚生費

増加仕訳：得意先との会食代を現金で支払った

借方　**福利厚生費**　×××　｜　現　金　×××　貸方

摘要
- お茶
- コーヒー代
- 置き薬
- 健康診断料
- 人間ドッグ
- 慰安旅行代
- 厚生施設費用
- 制服代
- 結婚祝金
- 出産祝金
- 見舞金
- 香典
- 花代

相手科目
- 現金
- 各種預金
- 交際費
- 未払金
- 会議費

減少仕訳：福利厚生費として処理していたものが給料にあたることが判明した

借方　給　料　×××　｜　**福利厚生費**　×××　貸方

相手科目
- 現金
- 各種預金
- 役員賞与
- 給料
- 未払金
- 交際費

摘要
- 他勘定振替
- 修正
- 取消

256

役員や従業員の健康、慰安、厚生などに要した費用を処理する勘定科目です。

▼注意事項

　特定の個人のみを対象に支給したものは、税務上その個人への給与として認定される場合があります。その場合には給与として所得税がかかることになりますので注意が必要です。

　また、同じ慰安旅行や祝金などでも、取引先に対する場合は交際費となりますので区別には注意が必要です。

▼代表的な仕訳例

- 社員の慰安旅行を行い、これに要した費用1,200,000円を普通預金から支払った

借方	福利厚生費	1,200,000	普通預金	1,200,000	貸方

- 社員の健康診断料2,500,000円を普通預金から、社内置き薬、茶菓子代合わせて50,000円を現金でそれぞれ支払った

借方	福利厚生費	2,550,000	普通預金	2,500,000	貸方
			現　金	50,000	

| 個人 | 法人 | 消費税区分 ▶ | 対象外 | 課税 | 非課税 |

12 法定福利費（ほうていふくりひ）

増加仕訳：社会保険料を従業員負担分と合わせて現金で納付した

借方　法定福利費　×××
　　　預り金　　　×××
貸方　現　金　　　×××

摘要
- 社会保険料
- 雇用保険料
- 健康保険料
- 介護保険料
- 厚生年金保険料

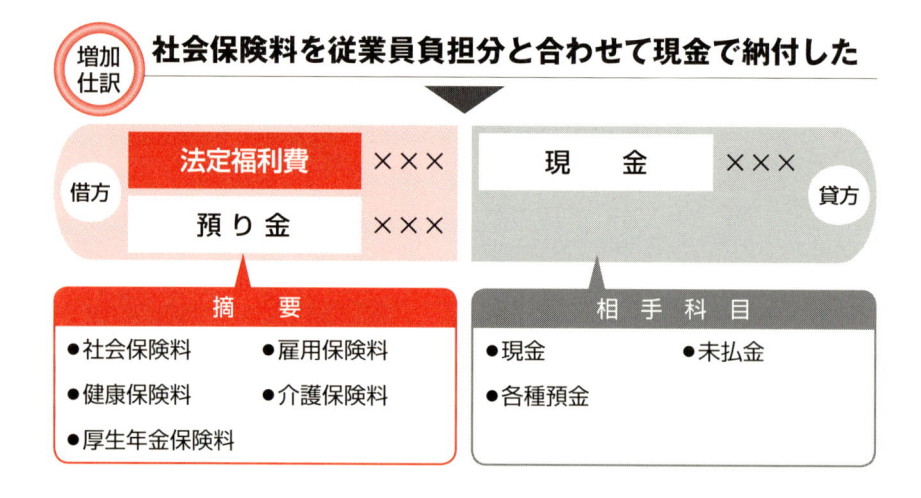

相手科目
- 現金
- 未払金
- 各種預金

減少仕訳：従業員負担分の社会保険料を納付の際に法定福利費で処理したため、預り金と相殺した

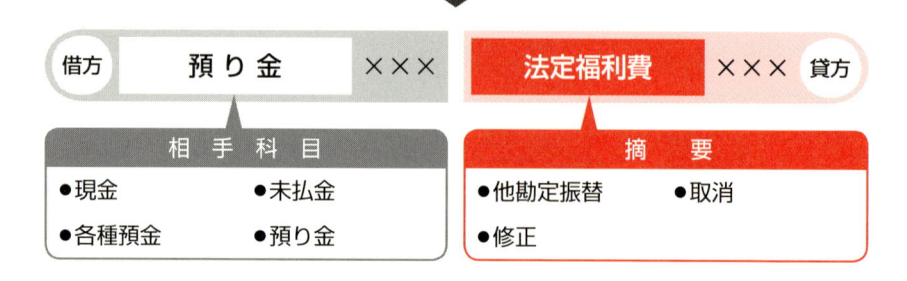

借方　預り金　×××
貸方　法定福利費　×××

相手科目
- 現金
- 未払金
- 各種預金
- 預り金

摘要
- 他勘定振替
- 取消
- 修正

社会保険料（健康保険料、厚生年金保険料、労働保険料）のうち、会社が負担する部分の保険料を処理する勘定科目です。会社と従業員の負担割合が法律によって定められています。

▼注意事項

　社会保険料は、従業員に給料を支払う際に所得税や住民税と同様に天引きして預り金として処理します。そしてこの預り金と会社負担分の社会保険料をあわせて納付しますが、納付の際に法定福利費で処理するか従業員から天引きする際に会社負担分を未払金として法定福利費で処理することになります。

▼代表的な仕訳例

- 健康保険料（会社負担分350,000円、従業員負担分350,000円）と厚生年金保険料（会社負担分210,000円、従業員負担分210,000円）が普通預金口座から引き落とされた

借方		金額	貸方	金額
法定福利費		560,000	普通預金	1,120,000
預り金		560,000		

- 社会保険料を納付した際に従業員負担分580,000円と会社負担分を合わせて法定福利費勘定で処理していたため従業員負担分の預り金580,000円と相殺処理した

借方	金額	貸方	金額
預り金	580,000	法定福利費	580,000

| 個人 | 法人 | 消費税区分 ▶ | 対象外 | 課税 | 非課税 |

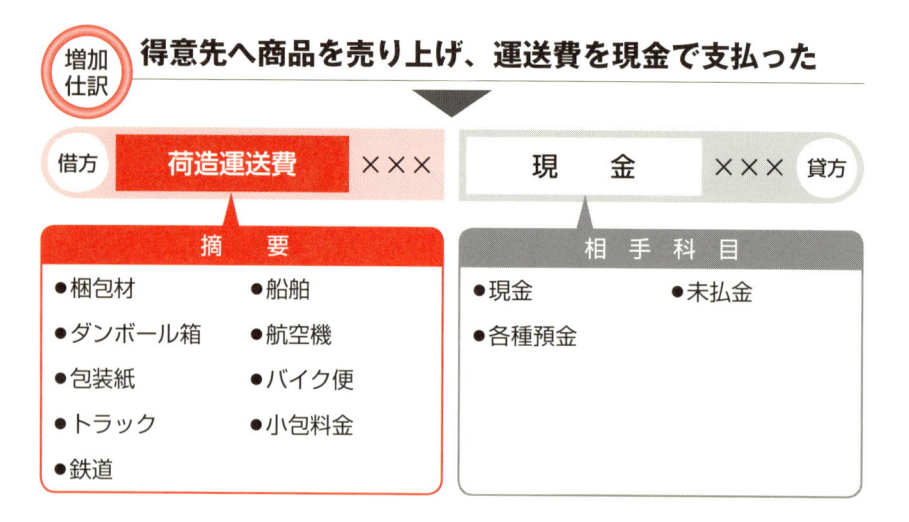

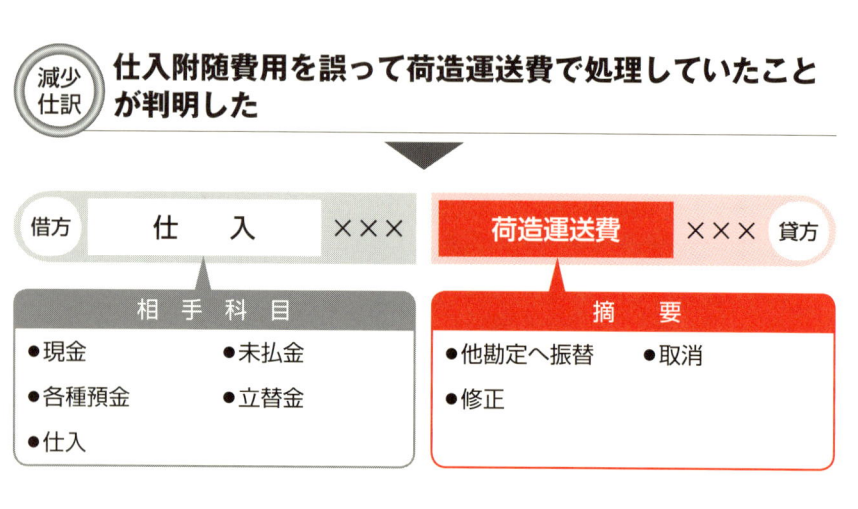

13 荷造運送費(にづくりうんそうひ)

増加仕訳　得意先へ商品を売り上げ、運送費を現金で支払った

| 借方 | 荷造運送費 | ××× | 現　金 | ××× | 貸方 |

摘要
- 梱包材
- ダンボール箱
- 包装紙
- トラック
- 鉄道
- 船舶
- 航空機
- バイク便
- 小包料金

相手科目
- 現金
- 各種預金
- 未払金

減少仕訳　仕入附随費用を誤って荷造運送費で処理していたことが判明した

| 借方 | 仕　入 | ××× | 荷造運送費 | ××× | 貸方 |

相手科目
- 現金
- 各種預金
- 仕入
- 未払金
- 立替金

摘要
- 他勘定へ振替
- 修正
- 取消

製品や商品の出荷にかかる運搬や配送費用を処理する勘定科目です。商品や製品を仕入れる側においては仕入付随費用として仕入勘定を用います。

▼注意事項

仕入れる側において仕入付随費用とするのは、荷造運送費があくまで販売する側の立場から処理する勘定科目だからです。また、固定資産を購入する際の配送費も、同様に固定資産勘定に含めて処理することになります。

▼代表的な仕訳例

- 得意先Aに対して商品2,000,000円を掛で売り上げ、運送代15,000円は現金で支払った

借方			貸方		
売掛金	2,000,000		売掛金	2,000,000	
荷造運送費	15,000		現金	15,000	

- 得意先Bに対して商品を売り上げた際の運送代20,000円を現金で支払い、荷造運賃勘定で処理したが、話し合いの結果、得意先で負担することになった

借方			貸方		
立替金	20,000		荷造運賃	20,000	

| 個人 | 法人 | 消費税区分 ▶ | 対象外 | 課税 | 非課税 |

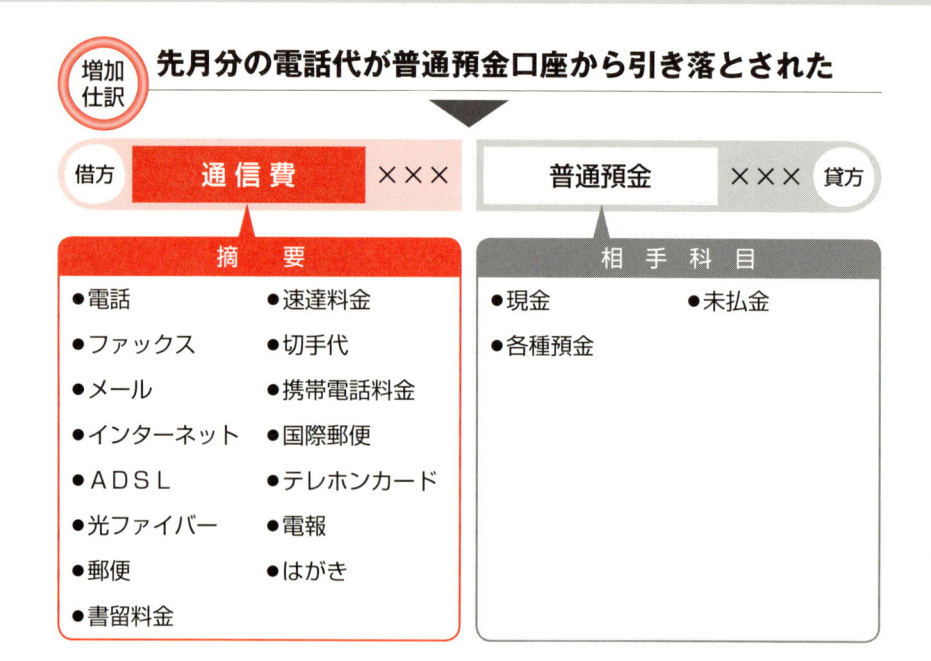

14 通信費

増加仕訳 先月分の電話代が普通預金口座から引き落とされた

借方 　通　信　費　　×××　　　普通預金　　×××　貸方

摘　要
- 電話
- ファックス
- メール
- インターネット
- ＡＤＳＬ
- 光ファイバー
- 郵便
- 書留料金
- 速達料金
- 切手代
- 携帯電話料金
- 国際郵便
- テレホンカード
- 電報
- はがき

相　手　科　目
- 現金
- 各種預金
- 未払金

電話や郵便などの、通信に要した費用を処理する勘定科目です。

▼注意事項

切手などの未使用分は期末で貯蔵品勘定に振り替える方法もありますが、金額が少なく1年以内に消費されるものであれば、通信費のままで問題ありません。

消費税の取り扱いにおいて国際電話や国際郵便は不課税取引に該当しますので、対象外として処理します。

▼代表的な仕訳例

- ＡＤＳＬ回線使用料として先月分23,000円を現金で振り込んだ

| 借方 | 通信費 | 23,000 | 現　　金 | 23,000 | 貸方 |

- 従業員に対して支給した旅費仮払金のうち22,500円は公衆電話とファックス、インターネット使用料であることから通信費に振り替えた

| 借方 | 通信費 | 22,500 | 仮払金 | 22,500 | 貸方 |

15 会議費

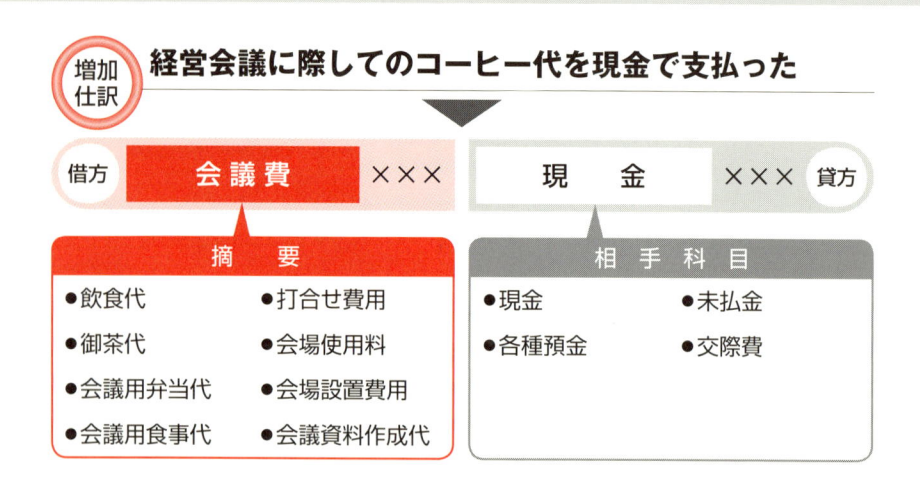

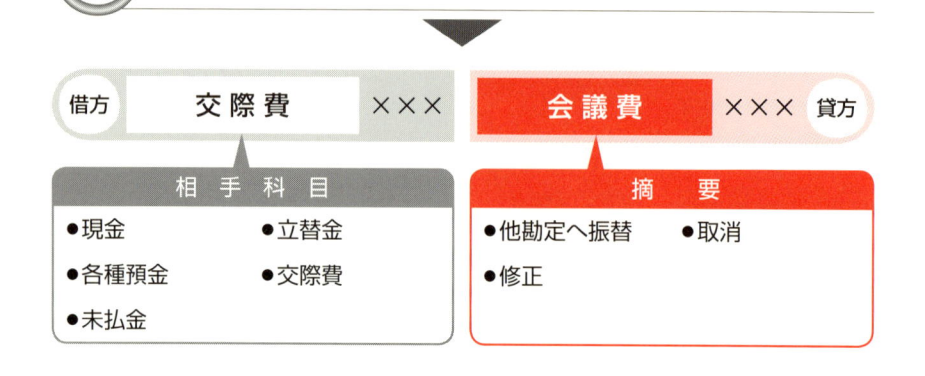

個人 **法人** 消費税区分▶ 対象外 **課税** 非課税

増加仕訳 経営会議に際してのコーヒー代を現金で支払った

| 借方 | 会議費 | ××× | | 現金 | ××× | 貸方 |

会議費 摘要:
- 飲食代
- 御茶代
- 会議用弁当代
- 会議用食事代
- 打合せ費用
- 会場使用料
- 会場設置費用
- 会議資料作成代

現金 相手科目:
- 現金
- 各種預金
- 未払金
- 交際費

減少仕訳 会議費で処理していた取引先との会食代は交際費に該当するものであったため、振替処理を行った

| 借方 | 交際費 | ××× | | 会議費 | ××× | 貸方 |

交際費 相手科目:
- 現金
- 各種預金
- 未払金
- 立替金
- 交際費

会議費 摘要:
- 他勘定へ振替
- 修正
- 取消

会社の業務に関しての打合せにかかる費用をいい、会場代や食事代、打合せに必要な資料作成費などを指します。

▼注意事項

　税務上よく問題になるのがこの会議費と交際費の違いです。

　実態を伴う会議であれば問題はないのですが、会議といって実は懇親会であったり接待であったりする場合もあります。このような場合は交際費に該当します。

　しかし実態が伴っていれば、弁当やお菓子、お酒などが含まれたとしても常識的な金額の範囲であり、会議や打合せに適した場所で行われたものであれば会議費として処理できます。「常識的な金額」の目安は、1人3,000円程度だと思われますが、実態で判断すべきです。

▼代表的な仕訳例

- 会議で弁当を支給し10,000円を現金で支払った

借方	会議費	10,000	現金	10,000	貸方

- 得意先と会議を行った後にホテルのバーで接待を行ったが、費用80,000円を当初会議費で処理していたため、交際費へ振り替えた

借方	交際費	80,000	会議費	80,000	貸方

個人 法人 消費税区分 ▶ 対象外 **課税** 非課税

16 水道光熱費（すいどうこうねつひ）

増加仕訳　本社の電気代とガス代が普通預金口座から引き落とされた

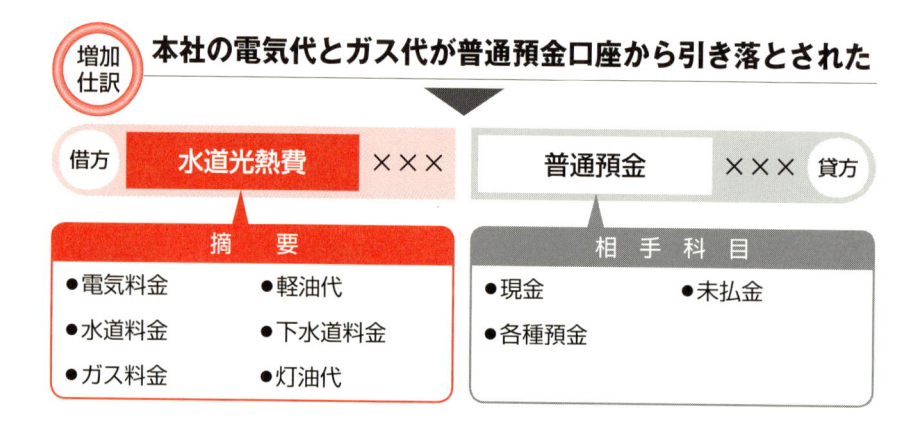

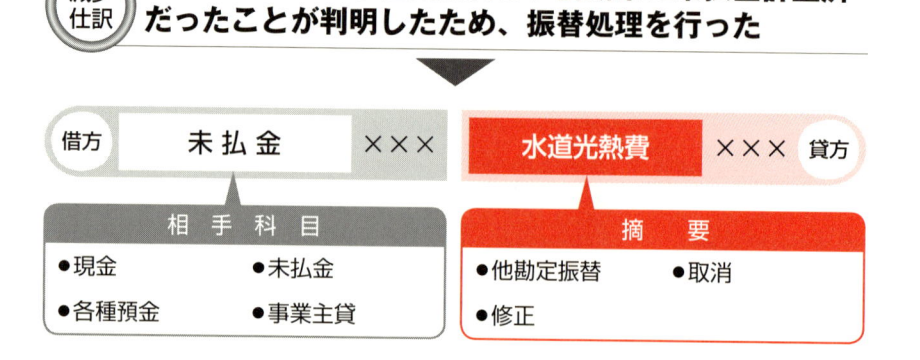

借方　**水道光熱費**　×××　　　普通預金　×××　貸方

摘要
- 電気料金
- 軽油代
- 水道料金
- 下水道料金
- ガス料金
- 灯油代

相手科目
- 現金
- 未払金
- 各種預金

減少仕訳　期首に計上した水道光熱費は、前期末に未払金計上済だったことが判明したため、振替処理を行った

借方　未払金　×××　　　**水道光熱費**　×××　貸方

相手科目
- 現金
- 未払金
- 各種預金
- 事業主貸

摘要
- 他勘定振替
- 取消
- 修正

電気・水道・ガス料金などです。請求書に記載のある月分はその月に計上するのが原則ですが、毎期継続して行うなら口座からの振替日に費用計上することも認められています。

▼注意事項

　自宅を会社もしくは事業所として使用している場合には、自家消費として個人の自宅分と事業所分を按分する必要があります。この場合には使用頻度などをもとに合理的な基準で按分する必要がありますので、税務署や税理士に確認しましょう。

▼代表的な仕訳例

- 普通預金口座から自宅兼事務所の水道光熱費代 54,000 円が引き落とされたが、このうち 40％分は自宅用である

個人事業主の場合

借方			貸方	
水道光熱費	32,400	普通預金	54,000
事業主貸	21,600		

法人の場合

借方			貸方	
水道光熱費	32,400	普通預金	54,000
立替金	21,600		

| 個人 | 法人 | 消費税区分 ▶ | 対象外 | **課税** | 非課税 |

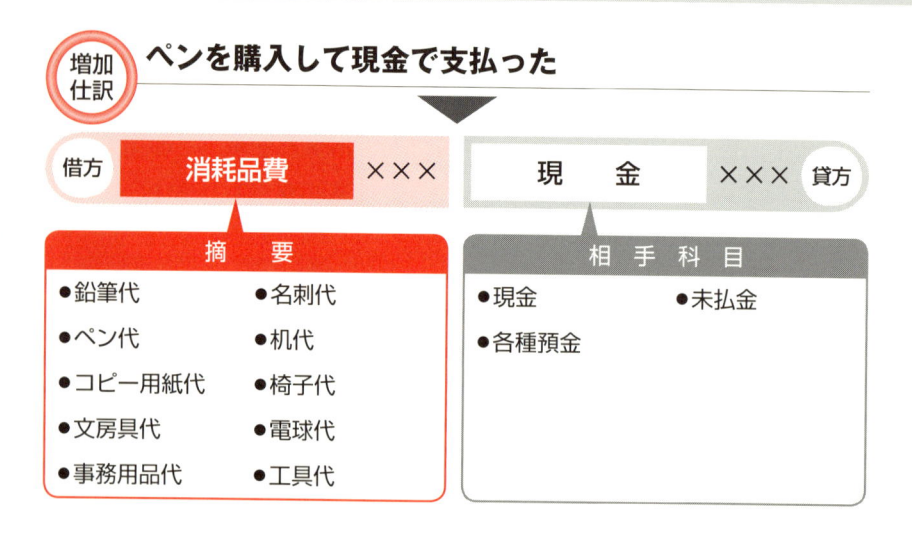

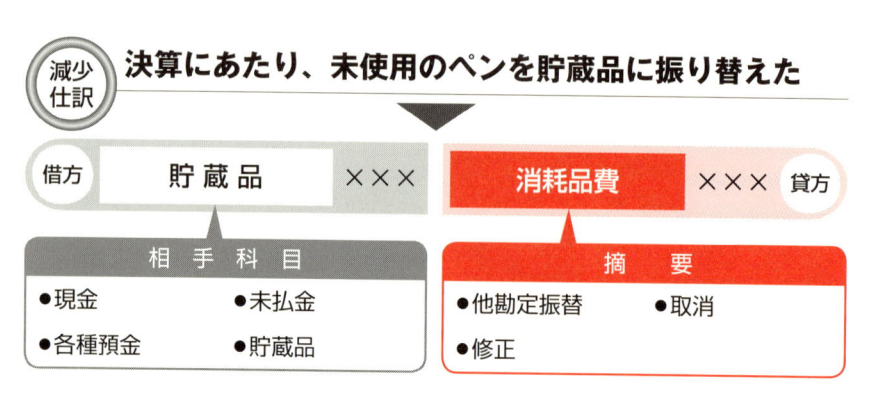

17 消耗品費(しょうもうひんひ)

増加仕訳: ペンを購入して現金で支払った

借方 | **消耗品費** ××× | 現　金 ××× | 貸方

摘　要
- 鉛筆代
- ペン代
- コピー用紙代
- 文房具代
- 事務用品代
- 名刺代
- 机代
- 椅子代
- 電球代
- 工具代

相 手 科 目
- 現金
- 各種預金
- 未払金

減少仕訳: 決算にあたり、未使用のペンを貯蔵品に振り替えた

借方 | 貯 蔵 品 ××× | **消耗品費** ××× | 貸方

相 手 科 目
- 現金
- 各種預金
- 未払金
- 貯蔵品

摘　要
- 他勘定振替
- 修正
- 取消

事務用品や少額の器具備品類をいいます。勘定科目を事務用品と消耗品に分けてもかまいません。

▼注意事項

使用可能期間が1年以上かまたは取得価額が10万円以上のものは、消耗品ではなく固定資産の工具器具備品に該当しますので、減価償却を行うことになります。ただし中小企業において10万円以上30万円未満のものについては例外があります（固定資産税参照）。

消耗品は購入したときに消耗品費勘定で処理しますが、期末になって未使用のものがあればその分は貯蔵品勘定に振り替えます。この振替によって費用ではなくなり資産として認識されることになります。

▼代表的な仕訳例

- 事務机と椅子をセットで購入し85,000円を現金で支払った

| 借方 | 消耗品費 | 85,000 | 現　　金 | 85,000 | 貸方 |

- 期末に未使用の事務用品が280,000円分あったので貯蔵品に振り替えた

| 借方 | 貯蔵品 | 280,000 | 消耗品費 | 280,000 | 貸方 |

個人 / 法人　消費税区分 ▶ 対象外 / **課税** / 非課税

18 新聞図書費（しんぶんとしょひ）

増加仕訳

経済紙を購入して現金で支払った

借方　**新聞図書費**　×××　　　　現　金　×××　貸方

摘要
- 新聞購読料
- 書籍代
- 雑誌代
- 定期刊行物購読料
- 図書代

相手科目
- 現金
- 未払金
- 各種預金

減少仕訳

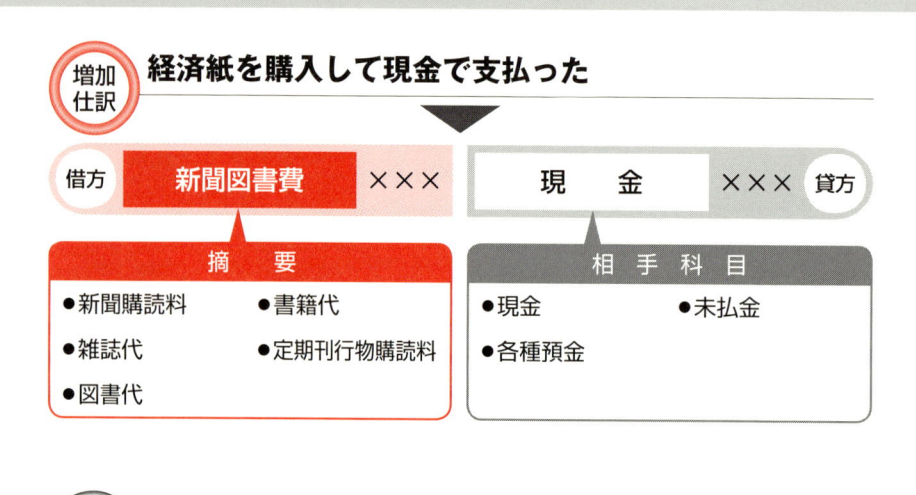

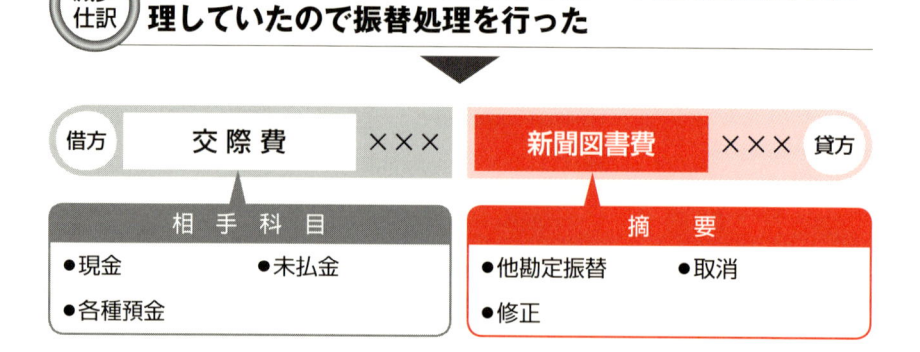

贈答用として購入した図書券を誤って新聞図書費で処理していたので振替処理を行った

借方　交際費　×××　　　　**新聞図書費**　×××　貸方

相手科目
- 現金
- 未払金
- 各種預金

摘要
- 他勘定振替
- 取消
- 修正

新聞、書籍、雑誌等の購入費用を処理する勘定科目です。

▼注意事項

雑誌などの定期購読料は1年分を前払いする場合が多く前払費用で処理することもできますが、実務上は支払ったときの費用として処理するのが一般的です。

▼代表的な仕訳例

- 10月決算の当社は月刊誌の購読料として8月分より1年分として36,000円を現金で前払いした

借方	新聞図書費	9,000	現　　金	36,000	貸方
	前払費用	27,000			

- 教育研修用に購入したテキスト代300,000円分が新聞図書費で処理されていたので研修費に振り替えた

借方	研 修 費	300,000	新聞図書費	300,000	貸方

| 個人 | 法人 | 消費税区分 ▶ | **対象外** | 課税 | 非課税 |

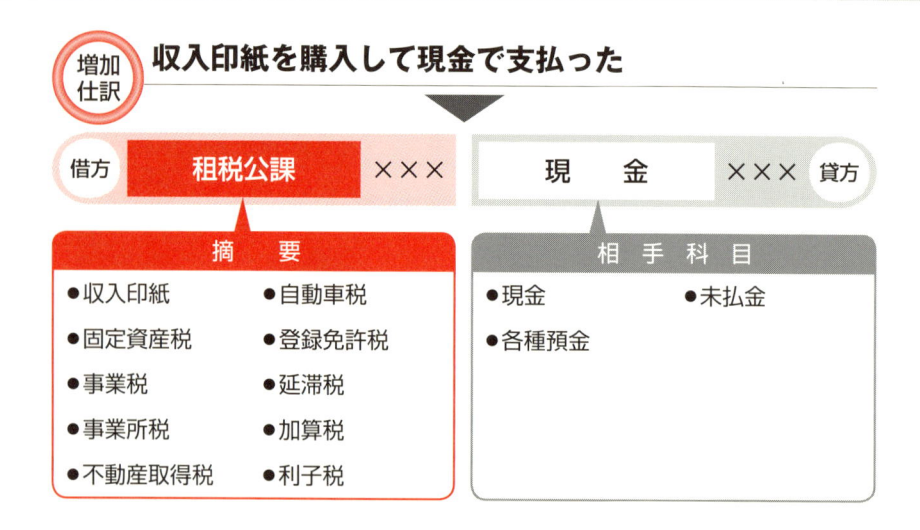

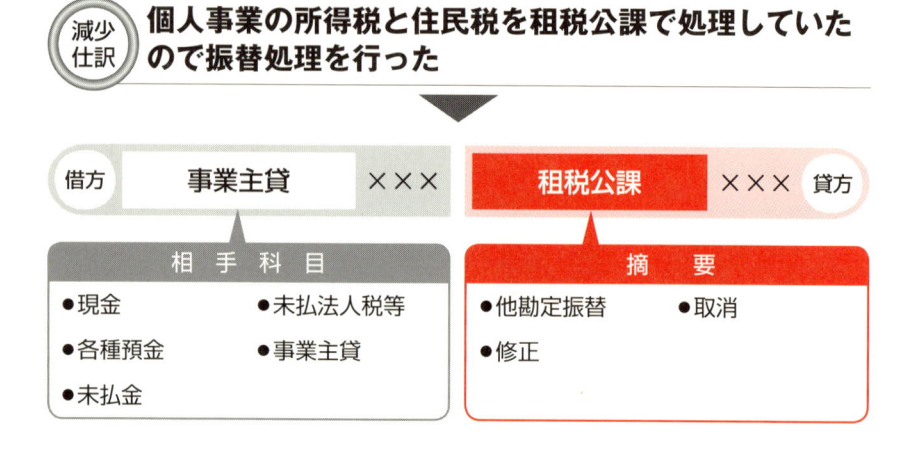

19 租税公課(そぜいこうか)

増加仕訳 収入印紙を購入して現金で支払った

借方 **租税公課** ××× 　現 金 ××× 貸方

摘要:
- 収入印紙
- 固定資産税
- 事業税
- 事業所税
- 不動産取得税
- 自動車税
- 登録免許税
- 延滞税
- 加算税
- 利子税

相手科目:
- 現金
- 各種預金
- 未払金

減少仕訳 個人事業の所得税と住民税を租税公課で処理していたので振替処理を行った

借方 事業主貸 ××× 　**租税公課** ××× 貸方

相手科目:
- 現金
- 各種預金
- 未払金
- 未払法人税等
- 事業主貸

摘要:
- 他勘定振替
- 修正
- 取消

公租公課ともいい、税金等の支払を処理する勘定科目です。

▼注意事項

　法人税（国税）や法人地方税は「法人税、住民税及び事業税」勘定に計上します。

　個人事業者の場合の事業税は租税公課で処理しますが、所得税や住民税は事業主貸勘定で処理します。個人事業主の場合は所得税や住民税が費用（損金）で計上できない、要は事業そのものの支出ではなく個人に帰属する支出と考えられるためです。

▼代表的な仕訳例

- 第1期の固定資産税 350,000 円を現金で支払った

  | 借方 | 租税公課 | 350,000 | 現　　金 | 350,000 | 貸方 |

- 中間申告で法人税 550,000 円、住民税 175,000 円、事業所税 60,000 円を現金で支払った

  | 借方 | 法人税、住民税及び事業税 | 725,000 | 現　　金 | 785,000 | 貸方 |
  | | 租税公課 | 60,000 | | | |

- 決算で確定した法人税 840,000 円を現金で支払って租税公課に計上していたが、前期末に未払法人税等を計上していたので振替処理を行った

  | 借方 | 未払法人税等 | 840,000 | 租税公課 | 840,000 | 貸方 |

| 個人 | 法人 | 消費税区分 ▶ | 対象外 | 課税 | 非課税 |

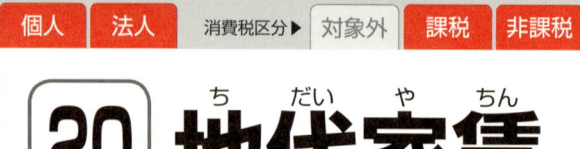

20 地代家賃

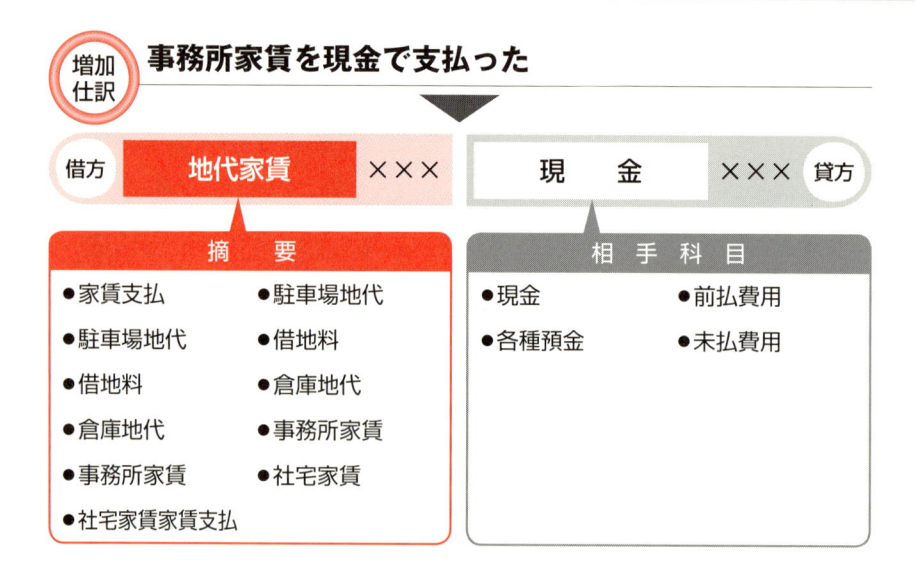

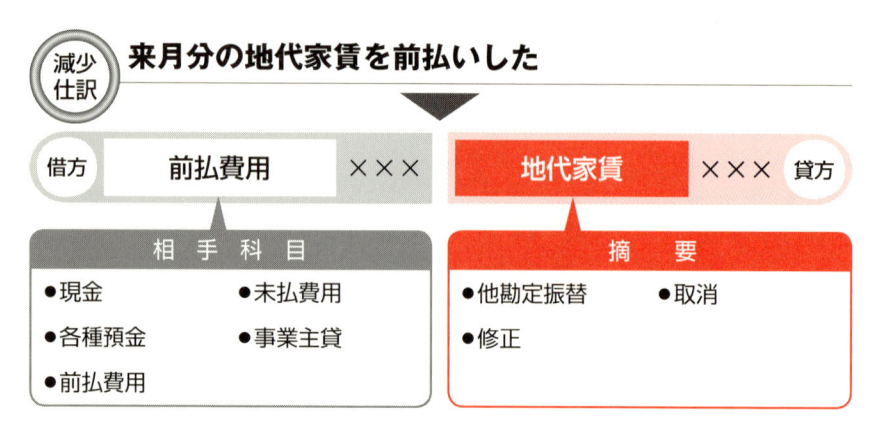

増加仕訳：事務所家賃を現金で支払った

| 借方 | 地代家賃 | ××× | | 現　金 | ××× | 貸方 |

摘要
- 家賃支払
- 駐車場地代
- 借地料
- 倉庫地代
- 事務所家賃
- 社宅家賃家賃支払
- 駐車場地代
- 借地料
- 倉庫地代
- 事務所家賃
- 社宅家賃

相手科目
- 現金
- 各種預金
- 前払費用
- 未払費用

減少仕訳：来月分の地代家賃を前払いした

| 借方 | 前払費用 | ××× | | 地代家賃 | ××× | 貸方 |

相手科目
- 現金
- 各種預金
- 前払費用
- 未払費用
- 事業主貸

摘要
- 他勘定振替
- 修正
- 取消

土地、建物の賃借料を処理する勘定科目です。

▼注意事項

　一般的には地代家賃はひと月前に支払うことが多いと思われますが、その場合にはいったん前払費用で処理し、翌月に地代家賃へ振替処理することになります。

　消費税の扱いについていえば、①土地の使用に対する場合は非課税、②駐車場の使用に対する場合は課税、③住宅の使用に対する場合は非課税、④住宅以外の建物に対する使用は課税となります。

▼代表的な仕訳例

- 来月分の事務所家賃 300,000 円を現金で相手口座へ振り込んだ

| 借方 | 前払費用 | 300,000 | 現　　金 | 300,000 | 貸方 |

- 先月支払い済みの事務所家賃 300,000 円を前払費用より振り替えた

| 借方 | 地代家賃 | 300,000 | 前払費用 | 300,000 | 貸方 |

- 月末になったが今月分の倉庫地代 550,000 円はまだ支払っていないため未払費用で処理した

| 借方 | 地代家賃 | 550,000 | 未払費用 | 550,000 | 貸方 |

| 個人 | 法人 | 消費税区分 ▶ | 対象外 | 課税 | 非課税 |

21 支払手数料

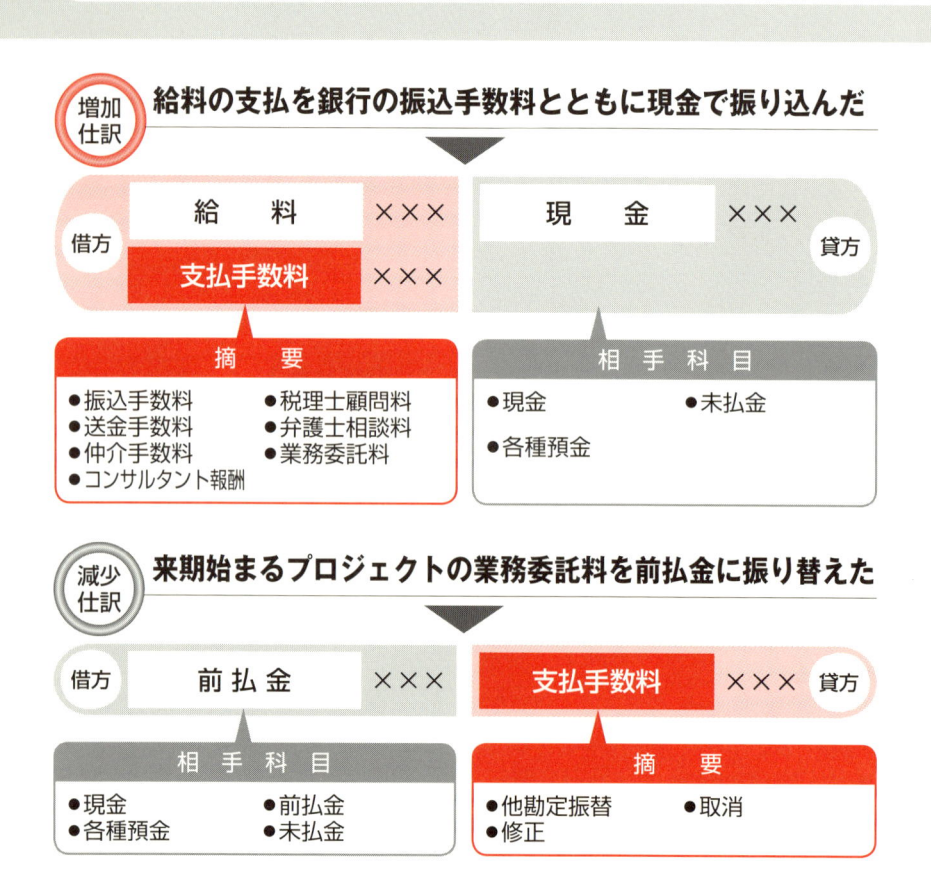

増加仕訳：給料の支払を銀行の振込手数料とともに現金で振り込んだ

借方
- 給　料　×××
- **支払手数料**　×××

貸方
- 現　金　×××

摘要
- 振込手数料
- 送金手数料
- 仲介手数料
- コンサルタント報酬
- 税理士顧問料
- 弁護士相談料
- 業務委託料

相手科目
- 現金
- 各種預金
- 未払金

減少仕訳：来期始まるプロジェクトの業務委託料を前払金に振り替えた

借方
- 前払金　×××

貸方
- **支払手数料**　×××

相手科目
- 現金
- 各種預金
- 前払金
- 未払金

摘要
- 他勘定振替
- 修正
- 取消

▼注意事項

　弁護士や公認会計士など個人の専門家に対して支払う報酬は、所得税を源泉徴収する必要があります。源泉徴収所得税は預り金として処理し、原則として翌月10日に納税する必要があります。

銀行振込手数料のほか弁護士や公認会計士などに対して支払われる業務報酬などを処理する勘定科目です。

源泉徴収を必要とするもの
　弁護士、司法書士、土地家屋調査士、公認会計士、税理士、社会保険労務士、弁理士、建築士、不動産鑑定士、などに対する報酬または料金

源泉徴収税額の計算
①司法書士、土地家屋調査士に対するもの
　（1回の支払金額－10,000円）×10％
②その他のもの
　ア　1回の支払金額が100万円以下の場合
　　　1回の支払金額×10％
　イ　1回の支払金額が100万円超の場合
　　　（1回の支払金額－100万円）×20％＋10万円

▼代表的な仕訳例
- 弁護士への業務報酬として1,500,000円を源泉所得税を差し引いて現金で支払った

借方		貸方	
支払手数料	1,500,000	現　　金	1,300,000
		預り金	200,000

- 市場調査のコンサルタント会社に報酬として1,000,000円を普通預金から支払った

借方		貸方	
支払手数料	1,000,000	普通預金	1,000,000

損益計算書｜営業損益｜営業外損益｜特別損益・税金等

22 寄付金（きふきん）

個人　法人　消費税区分 ▶ **対象外**　課税　非課税

増加仕訳　日本赤十字社に対して義援金を小切手で寄付した

借方　**寄付金**　×××　／　当座預金　×××　貸方

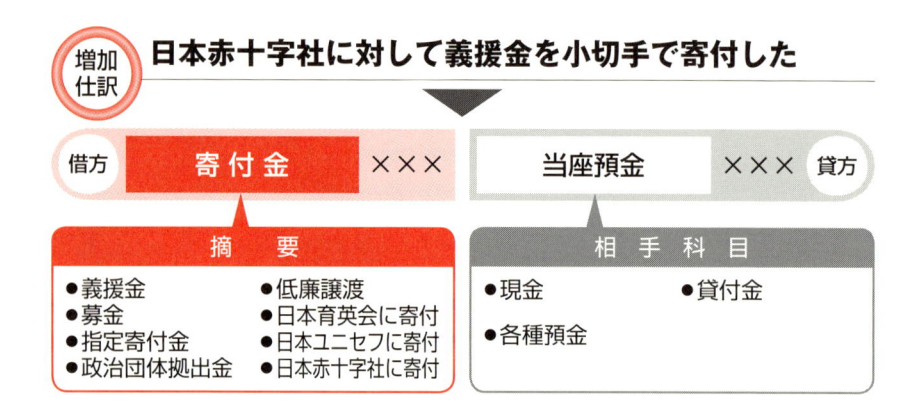

摘要（寄付金）
- 義援金
- 募金
- 指定寄付金
- 政治団体拠出金
- 低廉譲渡
- 日本育英会に寄付
- 日本ユニセフに寄付
- 日本赤十字社に寄付

相手科目（当座預金）
- 現金
- 各種預金
- 貸付金

減少仕訳　寄付金の未払計上は認められないと税理士から指摘を受けて、取消処理をした

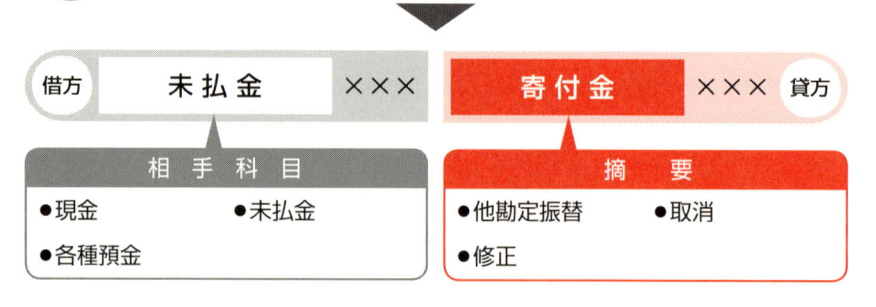

借方　未払金　×××　／　**寄付金**　×××　貸方

相手科目（未払金）
- 現金
- 各種預金
- 未払金

摘要（寄付金）
- 他勘定振替
- 修正
- 取消

▼ **注意事項**

　寄付金は営業上の必要性があまり認められないことから営業外費用で表示することもできますが、一般的には販売費及び一般管理費で表示し

見返りを期待しない金銭や物品などの贈与をいい、営業上必要性があまり認められないものであるため税法上は損金として認められる範囲に限度額があります。

ます。また、寄付金は実際に支払いをともなって初めて寄付行為となりますので、未払計上は認められていません。

　寄付金は税法上4つの区分に分けられています。この区分によって損金として認められる限度額が違っています。
①国や地方公共団体に対する寄付金
②指定寄付金
③特定公益増進法人等に対する寄付金
④それ以外の寄付金

▼代表的な仕訳例

- 市営博物館の建設にあたり1,500,000円の寄付を小切手で支払った

| 借方 | 寄付金 | 1,500,000 | 当座預金 | 1,500,000 | 貸方 |

- 経営不振ではあるが今後再建可能な子会社に対して行った貸付金のうち3,000,000円を債務免除した

| 借方 | 寄付金 | 3,000,000 | 貸付金 | 3,000,000 | 貸方 |

- 社長の出身校に50万円の寄付を行い寄付金で処理したが税理士に確認したところこれは役員賞与に該当するということで源泉所得税20,000円を含めて役員賞与へ振替処理を行った

| 借方 | 役員賞与 | 520,000 | 寄付金 | 500,000 | 貸方 |
| | | | 預り金 | 20,000 | |

23 修繕費

個人 法人　消費税区分▶ 対象外 **課税** 非課税

増加仕訳
建物の壁の補修費用を普通預金口座から振り替えて支払った

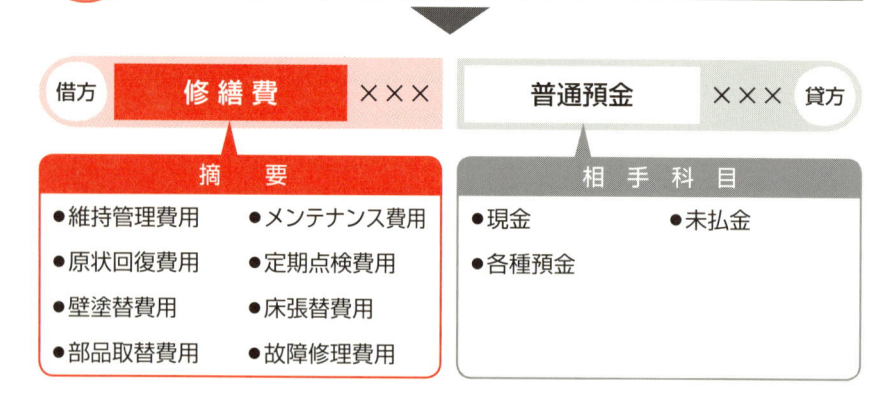

| 借方 | 修繕費 | ××× | 普通預金 | ××× | 貸方 |

摘要
- 維持管理費用
- 原状回復費用
- 壁塗替費用
- 部品取替費用
- メンテナンス費用
- 定期点検費用
- 床張替費用
- 故障修理費用

相手科目
- 現金
- 各種預金
- 未払金

減少仕訳
修繕費で処理した建物改修工事は資本的支出にあたることが判明したので、振替処理をした

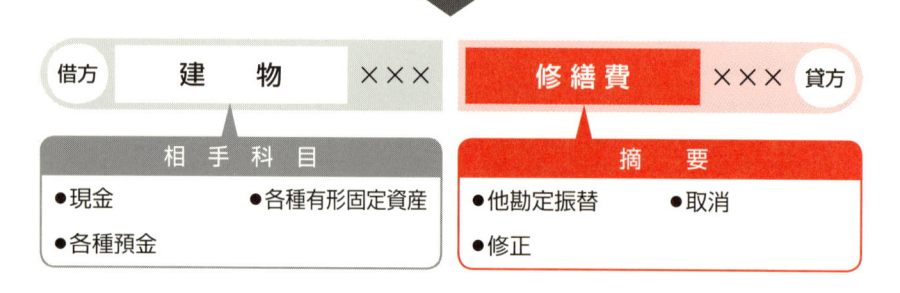

| 借方 | 建物 | ××× | 修繕費 | ××× | 貸方 |

相手科目
- 現金
- 各種預金
- 各種有形固定資産

摘要
- 他勘定振替
- 修正
- 取消

建物や機械、工具器具備品などの有形固定資産を維持管理するために支出する費用を処理する勘定科目です。

▼注意事項

　有形固定資産の価値を高めたり使用可能な期間を延長させたりするための費用は修繕費にはなりません。このような支出は資本的支出といいますが、有形固定資産として取得価額に加算することになります。

　修繕費と資本的支出の区分は非常に難しい場合が多いのですが、①200,000円未満の支出であるか、②3年以内の期間を周期として行われる支出の場合や600,000円未満か前期末取得価額の10％以下の支出であれば修繕費で処理できます。また、600,000円以上で前期末取得価額の10％を超える支出であり、かつ、災害などによる支出でない場合には、(A)支出額×30％、(B)前期末簿価×10％　のいずれか少ないほうを修繕費で処理し、残りを資本的支出で処理します。

▼代表的な仕訳例

- 建物の外壁工事費用として20,000,000円（前期末取得価額180,000,000円）を普通預金口座から振り込んだ。なお資本的支出か修繕費かの区別はできなかった

借方	修繕費	6,000,000	普通預金	20,000,000	貸方
	建物	14,000,000			

＊180,000,000円 × 10％ ＞ 20,000,000円 × 30％

- 工場のシャッターが故障したため取替工事を行い現金で650,000円を支払った。なお今までと機能的な違いはない

借方	修繕費	650,000	現金	650,000	貸方

- 地震に備え建物の耐震補強工事を行い普通預金口座から3,500,000円を支払った

借方	建物	3,500,000	現金	3,500,000	貸方

- 機械の修繕代として2,500,000円を修繕費で処理していたが、これは耐用年数の延長につながる支出だったことが判明し、機械装置勘定へ振替処理を行った

借方	機械装置	2,500,000	修繕費	2,500,000	貸方

修繕費と資本的支出の判定

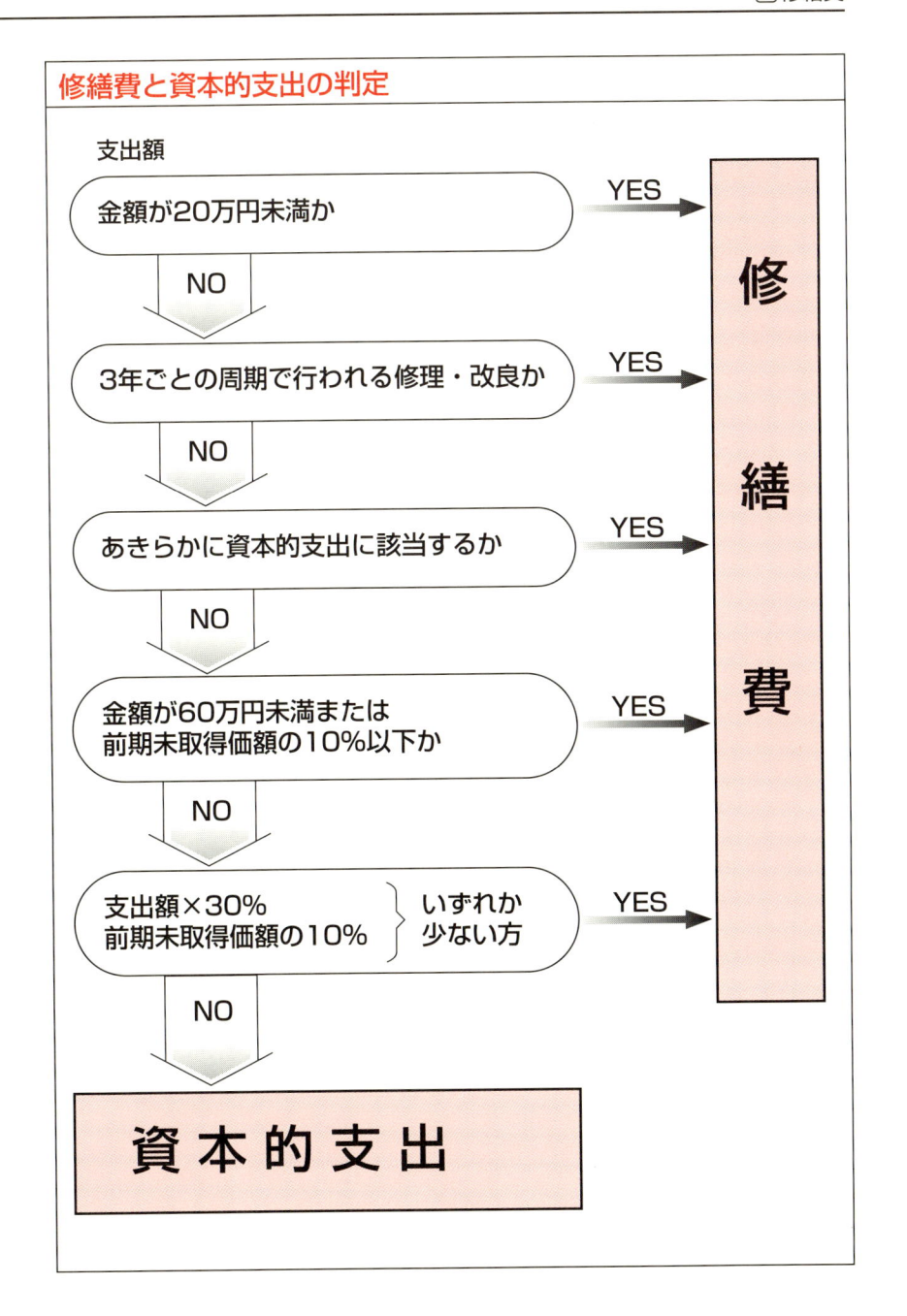

支出額

- 金額が20万円未満か → YES → 修繕費
- NO ↓
- 3年ごとの周期で行われる修理・改良か → YES → 修繕費
- NO ↓
- あきらかに資本的支出に該当するか → YES → 修繕費
- NO ↓
- 金額が60万円未満または前期未取得価額の10％以下か → YES → 修繕費
- NO ↓
- 支出額×30％、前期未取得価額の10％ いずれか少ない方 → YES → 修繕費
- NO ↓

資本的支出

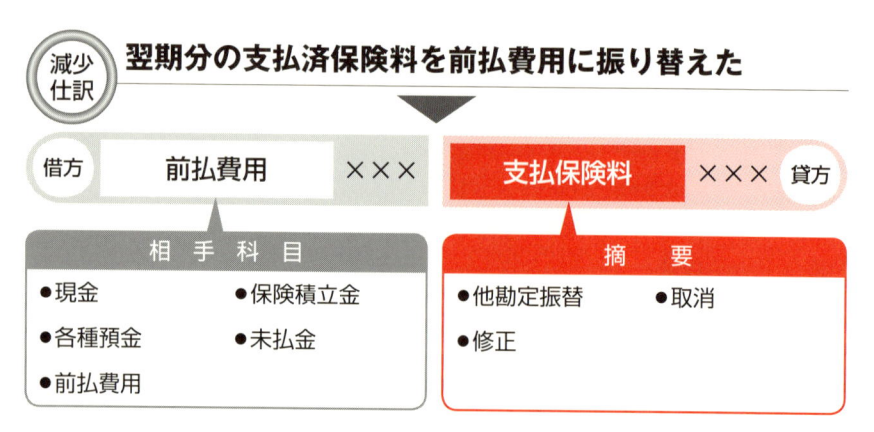

個人 法人 消費税区分 ▶ 対象外 課税 **非課税**

24 支払保険料
（しはらいほけんりょう）

増加仕訳：工場の火災保険料1年分200,000円を小切手で支払った

借方 **支払保険料** ××× | **当座預金** ××× 貸方

摘要
- 生命保険料
- 損害賠償責任保険料
- 火災保険料
- 盗難保険料
- 自動車保険料
- 運送保険料
- 役員保険料

相手科目
- 現金
- 未払金
- 各種預金

減少仕訳：翌期分の支払済保険料を前払費用に振り替えた

借方 **前払費用** ××× | **支払保険料** ××× 貸方

相手科目
- 現金
- 保険積立金
- 各種預金
- 未払金
- 前払費用

摘要
- 他勘定振替
- 取消
- 修正

生命保険や損害保険の保険料すなわち保険掛け金部分を処理する勘定科目です。そのため保険金とは区別されます。

▼注意事項

　保険料が保険会社に支払う保険の掛け金であるのに対して、保険金は事故の発生や満期に伴って保険会社から支払われる金銭をいいます。
　保険には生命保険と損害保険があります。生命保険は人の生命を対象にした保険であるのに対して、損害保険は事故やケガなどによる損害を対象にした保険をいい、次の2種類に分かれます。

短期損害保険料：保険期間が1年以内で掛け捨てのものをいいます。期の途中で保険料を支払っても会社が継続してその支払をした日の属する事業年度の費用としているときにはその処理が認められます。

長期損害保険料：保険期間が3年以上でかつ、保険期間満了後に満期返戻金の支払いがあるものをいいます。保険料の内訳として掛け捨て部分と積立部分があります。掛け捨て部分は全額支払保険料として処理しますが、積立部分は保険積立金として資産計上します。なぜなら積立部分は解約や満期に伴って積立部分が返ってくるため預金同様に保険会社に預けているという性格のものだからです。

保険金の受取処理

保険金を受け取った際の処理は、以下のとおりです。

①事故保険が起きた場合

借方 | 預　　金 ×××
　　 | （支払保険料） ×××
貸方 | 受取保険金 ×××
　　 | （保険積立金） ×××

※（　）内は保険積立金がある場合

　保険会社から支払われた保険金を営業外収益に計上し、資産に積み立てていた保険料がある場合には費用に振り替えます。

②満期もしくは中途解約をした場合

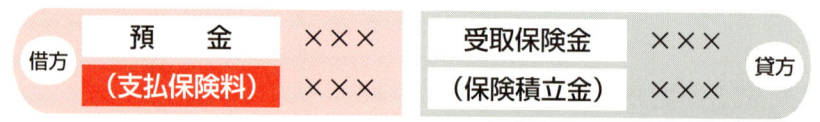

借方 | 預　　金 ×××
　　 | （支払保険料） ×××
貸方 | 受取保険金 ×××
　　 | （保険積立金） ×××

※（　）内は保険積立金がある場合

　満期もしくは中途解約保険金を営業外収益に計上し、資産に積み立てていた保険料がある場合には費用に振り替えます。

▼代表的な仕訳例

- 従業員を対象とした定期保険の保険料250,000円を普通預金から支払った。なお死亡保険金の受取人は会社である

| 借方 | 支払保険料 | 250,000 | 普通預金 | 250,000 | 貸方 |

- 役員を対象にした逓増定期保険に加入し年間保険料3,000,000円を普通預金から支払った。なお保険金の受取人は会社である

| 借方 | 支払保険料 | 3,000,000 | 普通預金 | 3,000,000 | 貸方 |

- 役員を対象にした逓増定期保険に加入し年間保険料3,000,000円を普通預金から支払った。なお保険金の受取人は役員の遺族である

| 借方 | 役員報酬 | 3,000,000 | 普通預金 | 3,000,000 | 貸方 |

- 従業員全員を対象にした養老保険に加入し保険料500,000円を普通預金から支払ったが全額を支払保険料で処理していた。なお死亡保険金の受取人は従業員の遺族であり、生存保険金の受取人は会社である

| 借方 | 保険積立金 | 250,000 | 支払保険料 | 250,000 | 貸方 |

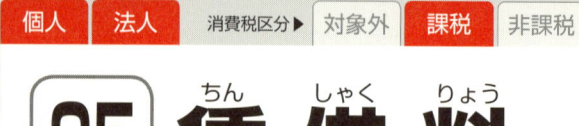

25 賃借料

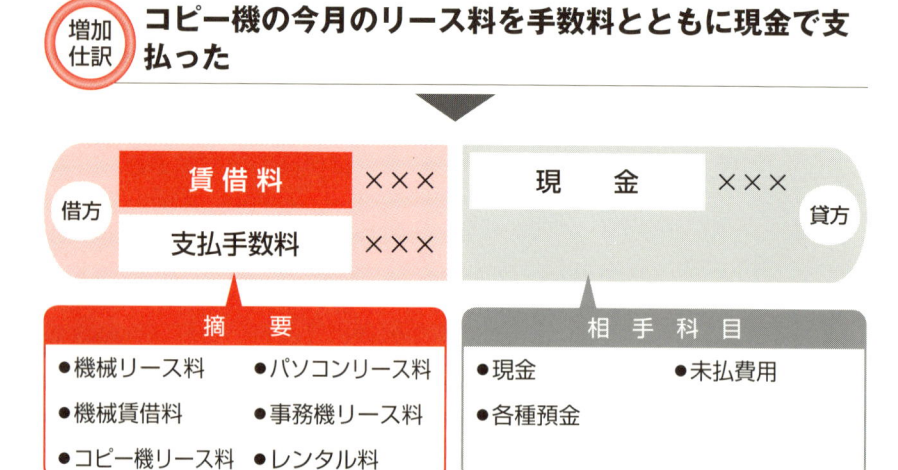

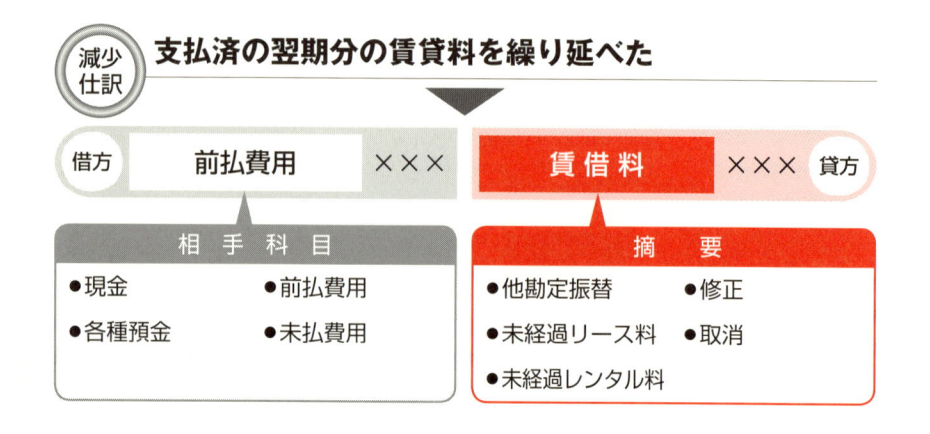

個人 法人　消費税区分▶ 対象外 課税 非課税

増加仕訳：コピー機の今月のリース料を手数料とともに現金で支払った

借方
| 賃借料 | ××× |
| 支払手数料 | ××× |

貸方
| 現金 | ××× |

摘要（賃借料）
- 機械リース料
- 機械賃借料
- コピー機リース料
- パソコンリース料
- 事務機リース料
- レンタル料

相手科目
- 現金
- 各種預金
- 未払費用

減少仕訳：支払済の翌期分の賃貸料を繰り延べた

借方
| 前払費用 | ××× |

貸方
| 賃借料 | ××× |

相手科目
- 現金
- 各種預金
- 前払費用
- 未払費用

摘要
- 他勘定振替
- 未経過リース料
- 未経過レンタル料
- 修正
- 取消

土地や建物以外の機械や車両、事務機器などの動産の使用料を処理する勘定科目です。

▼注意事項

　賃貸借契約は長期にわたるものが多く、時間の経過と共にサービスを受けているため、代金を先に払っている場合は前払費用で処理し、後払いの時は未払費用で処理するのが原則です。ただし1年以内の費用を前払いした場合で毎期継続して行っていれば、未経過分を按分計算して前払費用と賃借料に分けて処理する必要はなく、全額支払ったときに費用（損金）として処理できます。

▼代表的な仕訳例

- パソコン10台に対して3年間のリース契約を結び1カ月分のリース料58,000円が普通預金から引き落とされた

| 借方 | 賃借料 | 58,000 | 普通預金 | 58,000 | 貸方 |

- 機械のリース料として1年分1,200,000円を前払いしていたが決算にあたり5カ月分を未経過リース料として前払費用に振り替えた

| 借方 | 前払費用 | 500,000 | 賃借料 | 500,000 | 貸方 |

26 減価償却費

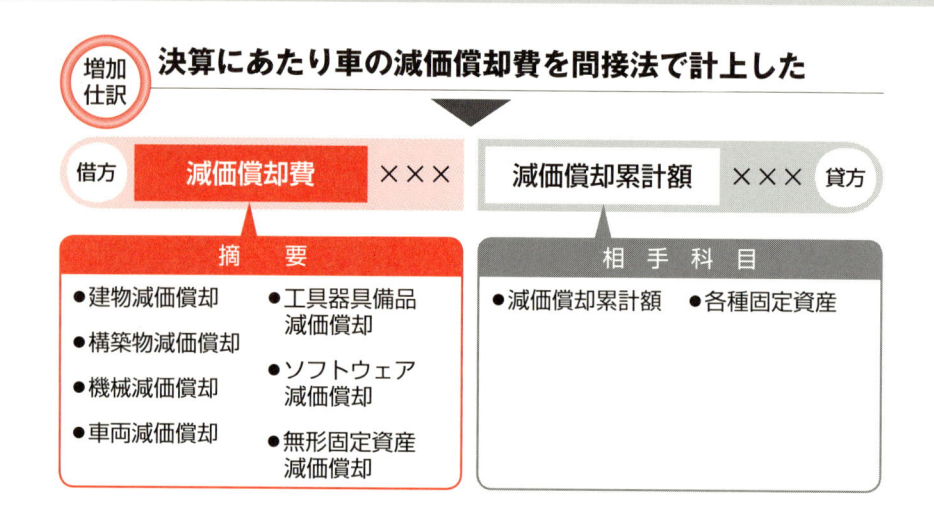

個人　法人　消費税区分▶ 対象外　課税　非課税

増加仕訳　決算にあたり車の減価償却費を間接法で計上した

借方　**減価償却費**　×××　　**減価償却累計額**　×××　貸方

摘要
- 建物減価償却
- 構築物減価償却
- 機械減価償却
- 車両減価償却
- 工具器具備品減価償却
- ソフトウェア減価償却
- 無形固定資産減価償却

相手科目
- 減価償却累計額
- 各種固定資産

▼注意事項

　固定資産は使用または時の経過とともに年々価値が減少していきます。古くなって傷んだり、陳腐化することで価値が下がると考えるからです。

　また、違った見方をすれば、固定資産というのは長期にわたって使用していくことから、購入したときにすべて費用で処理するよりも使用できるであろう期間にわたって少しずつ費用として処理していくことが合理的であるといった考え方もできます。そのようなことから、この減少額を減価償却費として費用に計上します。

　また、有形固定資産の場合は、直接減額法と間接減額法の2種類のやり方があります。直接減額法とはこの価値の減少分を固定資産からマ

建物や備品などの固定資産の毎期の価値の減少額を費用として処理する手続きをいいます。

イナス（控除）する方法です。間接減額法とはこの価値の減少分を固定資産からマイナスするのではなく、減価償却累計額勘定を使う方法です。無形固定資産の場合は直接減額法で行います。

▼代表的な仕訳例

- 工場の建物の減価償却費 1,200,000 円を計上した

直接減額法

| 借方 | 減価償却費 | 1,200,000 | 建　　物 | 1,200,000 | 貸方 |

間接減額法

| 借方 | 減価償却費 | 1,200,000 | 減価償却累計額 | 1,200,000 | 貸方 |

- ソフトウェアの減価償却費 100,000 円を計上した

| 借方 | 減価償却費 | 100,000 | ソフトウェア | 100,000 | 貸方 |

| 個人 | 法人 | 消費税区分 ▶ | 対象外 | 課税 | 非課税 |

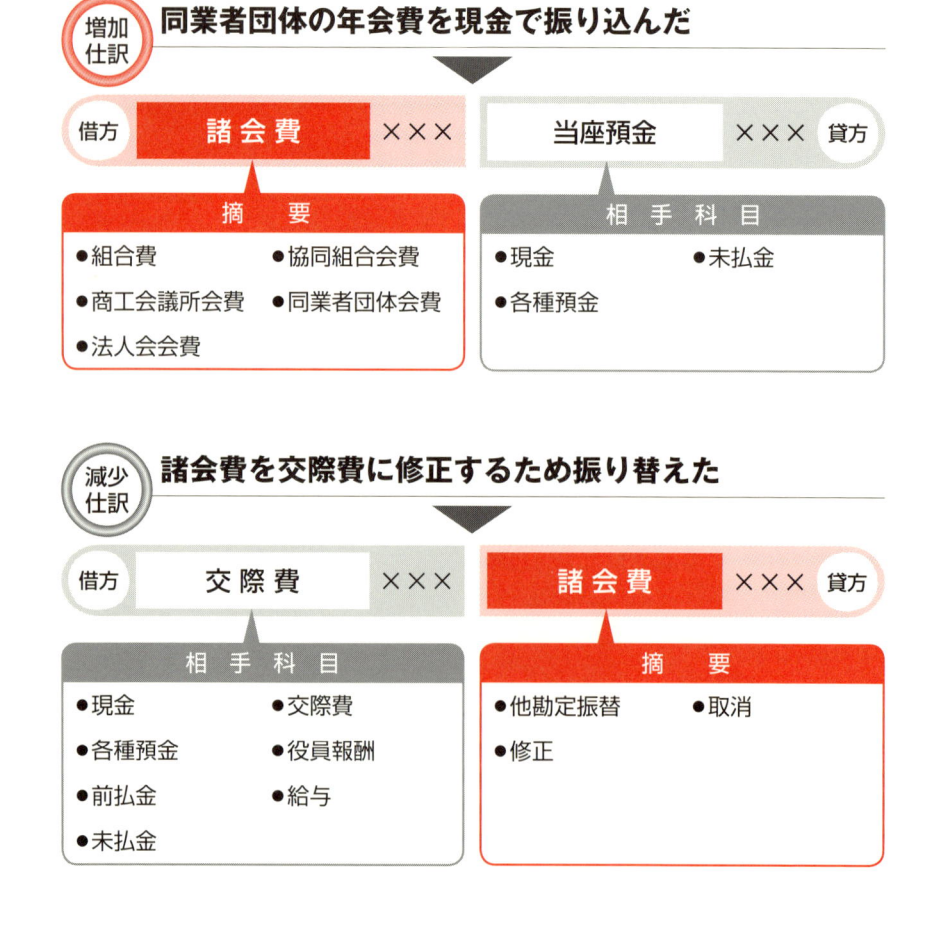

27 諸会費(しょかいひ)

増加仕訳: 同業者団体の年会費を現金で振り込んだ

| 借方 | 諸会費 | ××× | 当座預金 | ××× | 貸方 |

摘要（諸会費）
- 組合費
- 協同組合会費
- 商工会議所会費
- 同業者団体会費
- 法人会会費

相手科目（当座預金）
- 現金
- 未払金
- 各種預金

減少仕訳: 諸会費を交際費に修正するため振り替えた

| 借方 | 交際費 | ××× | 諸会費 | ××× | 貸方 |

相手科目（交際費）
- 現金
- 交際費
- 各種預金
- 役員報酬
- 前払金
- 給与
- 未払金

摘要（諸会費）
- 他勘定振替
- 取消
- 修正

会社の業務に関連する同業者団体や法人会、組合、協会、商工会議所などの会費を処理する勘定科目です。

▼注意事項

　会社の業務に関連しない会費については、税務上の扱いに注意が必要です。会員の個人的な親睦を目的としたものであれば交際費として扱われ、特定の役員または従業員の個人的な親睦を目的としたものであれば役員報酬または給与として扱われますので、所得税の源泉徴収の対象となります。

▼関連仕訳例

- 社長が経営者団体（個人的な親睦が主な目的）に加入し、法人会員として入会金200,000円と年会費360,000円を普通預金から支払った

借方	交際費	560,000	普通預金	560,000	貸方

28 雑費(ざっぴ)

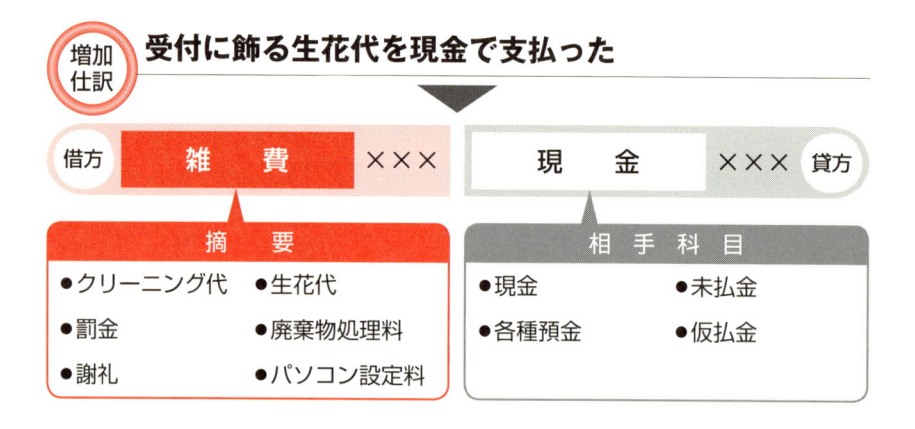

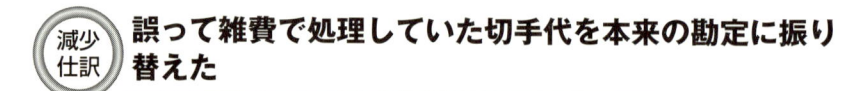

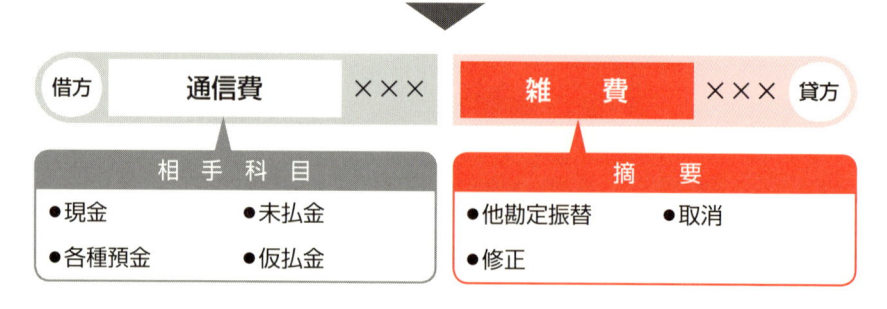

個人 **法人** 消費税区分 ▶ **対象外** **課税** 非課税

増加仕訳：受付に飾る生花代を現金で支払った

| 借方 | 雑費 | ××× | 現金 | ××× | 貸方 |

摘要
- クリーニング代
- 生花代
- 罰金
- 廃棄物処理料
- 謝礼
- パソコン設定料

相手科目
- 現金
- 未払金
- 各種預金
- 仮払金

減少仕訳：誤って雑費で処理していた切手代を本来の勘定に振り替えた

| 借方 | 通信費 | ××× | 雑費 | ××× | 貸方 |

相手科目
- 現金
- 未払金
- 各種預金
- 仮払金

摘要
- 他勘定振替
- 取消
- 修正

販売費及び一般管理費のうち、少額であり、とくに新しい科目を設定するほど頻繁に出てくるものではない場合、そのようないくつかの項目をまとめて処理するための勘定科目をいいます。

▼注意事項

　業種によって勘定科目も異なりますので、雑費の範囲は広いのですが、できるだけ雑費勘定は使用しないほうが望ましいといえます。一つひとつは少額であっても頻繁に使用するとかなり大きな金額になってしまうことがあります。税務署のみならず、金融機関などへの印象はよくありませんし、会社の分析データとしても利用価値が下がってしまいます。このような場合には新たな勘定科目を設けるかもしくは既存の勘定科目で処理できないか検討してみてください。

▼代表的な仕訳例

- 現場視察で汚れた作業服をクリーニングに出して3,200円を現金で支払った

| 借方 | 雑　　費 | 3,200 | 現　　金 | 3,200 | 貸方 |

- インターネット接続のために業者に支払った35,000円を雑費で処理していたが顧問税理士からの指摘で支払い手数料へ振替処理を行った

| 借方 | 支払手数料 | 35,000 | 雑　　費 | 35,000 | 貸方 |

損益計算書 ❷

営業外損益

個人 | **法人** | 消費税区分▶ | **対象外** | 課税 | 非課税

① 受取利息

増加仕訳 普通預金に源泉所得税を差し引かれて利息が入金された

借方
- 普通預金　×××
- 租税公課　×××

貸方
- 受取利息　×××

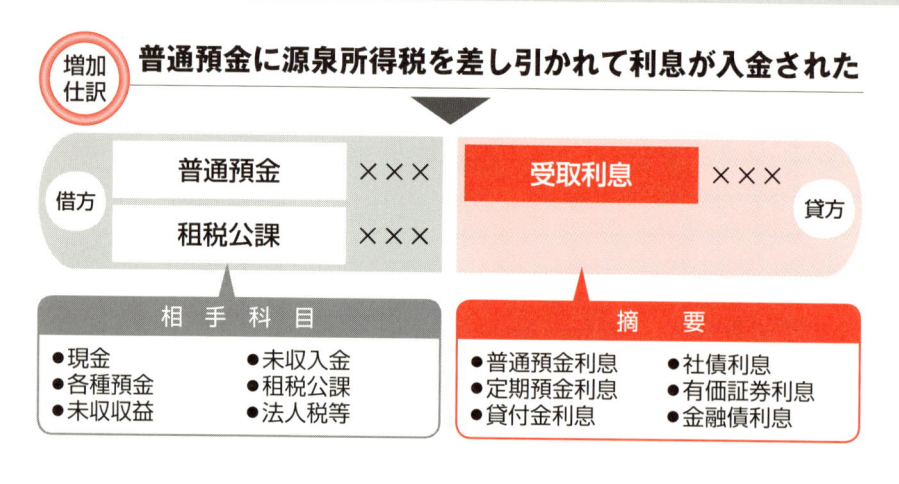

相手科目
- 現金
- 各種預金
- 未収収益
- 未収入金
- 租税公課
- 法人税等

摘要
- 普通預金利息
- 定期預金利息
- 貸付金利息
- 社債利息
- 有価証券利息
- 金融債利息

▼注意事項

　預貯金や有価証券などの利息については税金が差し引かれて入金になります。この税金は源泉所得税といって利息という収入に対してかかる税金で、給与と同様に、支払われる際に支払元（金融機関など）のほうで税金を預かって代わりに国や地方へ収めてくれるシステムになっています。

　この利息は所得税（国税）として15％、住民税（地方税）として5％の合わせて20％からなります。そのため入金がたとえば8,000円であれば10,000円の利息に対して2,000円の税金が差し引かれて入金されたということになります。会計処理する際は所得税と住民税を合わせて租税公課で処理します。

　中小企業におきましてはこのように租税公課で処理することが多いの

> 預貯金（銀行預金、郵便貯金、投資信託など）や貸付金、有価証券（国債、地方債、社債など）などの受け取った利息を処理する勘定科目です。

ですが、租税公課の代わりに法人税、住民税及び事業税（法人税等）勘定で処理することもあります。
その他の利息については、税金が差し引かれることはありません。
　個人事業主の場合は、預金の利息は利子所得になり、事業所得ではないため、事業主借勘定で処理することになります。

▼代表的な仕訳例

- 定期預金 3,000,000 円が満期となり、利息 36,000 円（源泉所得税 6,750 円、住民税 2,250 円控除後）とともに普通預金に入金された

借方			貸方		
普通預金	3,036,000		定期預金	3,000,000	
租税公課	9,000		受取利息	45,000	

(もしくは法人税、住民税及び事業税)

- 会社の役員に対する貸付の利息 30,000 円を現金で受け取った

借方		貸方	
現　　金	30,000	受取利息	30,000

- 受取利息で処理されていた 74,400 円（税金控除後）は調査の結果、配当金（非上場会社）であったことが判明したため、振替処理を行った

借方		貸方	
受取利息	74,400	受取配当金	74,400

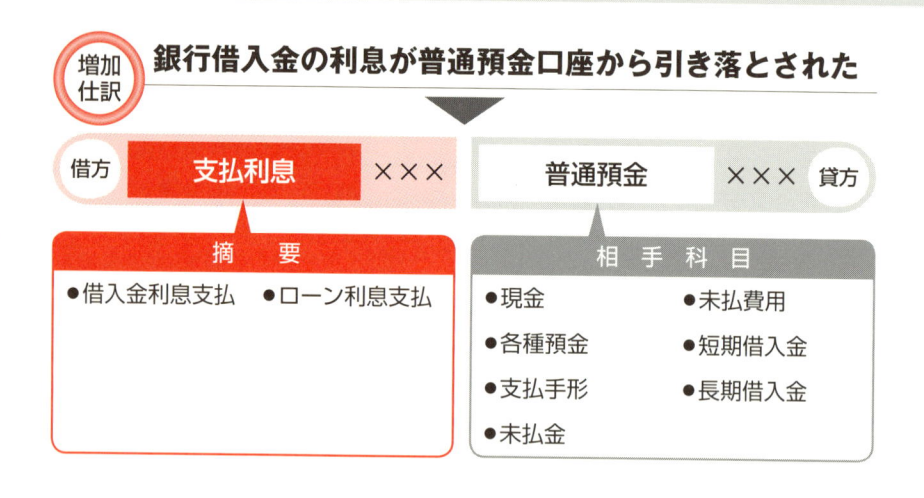

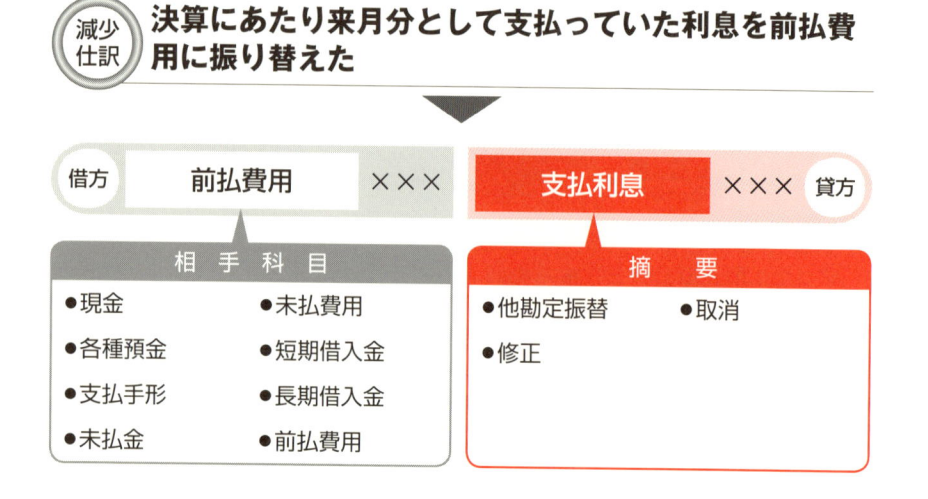

個人　法人　消費税区分 ▶ 対象外　課税　非課税

2 支払利息

増加仕訳　銀行借入金の利息が普通預金口座から引き落とされた

借方　**支払利息**　×××　　　**普通預金**　×××　貸方

摘要
- 借入金利息支払
- ローン利息支払

相手科目
- 現金
- 各種預金
- 支払手形
- 未払金
- 未払費用
- 短期借入金
- 長期借入金

減少仕訳　決算にあたり来月分として支払っていた利息を前払費用に振り替えた

借方　**前払費用**　×××　　　**支払利息**　×××　貸方

相手科目
- 現金
- 各種預金
- 支払手形
- 未払金
- 未払費用
- 短期借入金
- 長期借入金
- 前払費用

摘要
- 他勘定振替
- 修正
- 取消

銀行などからの借入金に対する利子の支払を処理する勘定科目です。

▼注意事項

支払利息は支払があったつど費用として計上しますが、決算時には未経過分の前払いがあれば前払費用として振替処理をし、経過分の未払いがあれば未払費用の計上処理を行います。

▼代表的な仕訳例

- 取引先から 5,000,000 円の融資を受けて 3 カ月分の利息 75,000 円が差し引かれて普通預金口座へ入金された。なお今月末が決算日であるため 1 カ月分を前払費用に振り替えた。この融資は 1 年以内に全額返済する契約となっている

借方			貸方	
	車両	4,925,000	短期借入金	5,000,000
	支払利息	50,000		
	前払費用	25,000		

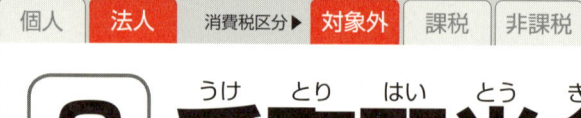

個人 | **法人** | 消費税区分 ▶ **対象外** | 課税 | 非課税

③ 受取配当金
(うけとりはいとうきん)

増加仕訳 普通預金に所得税を差し引かれて配当金が入金された

借方
- 普通預金 ×××
- 租税公課 ×××

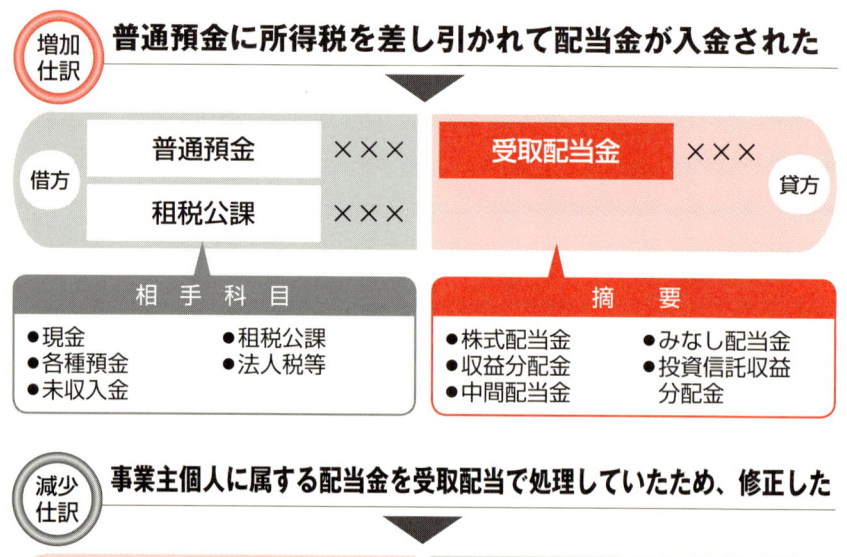

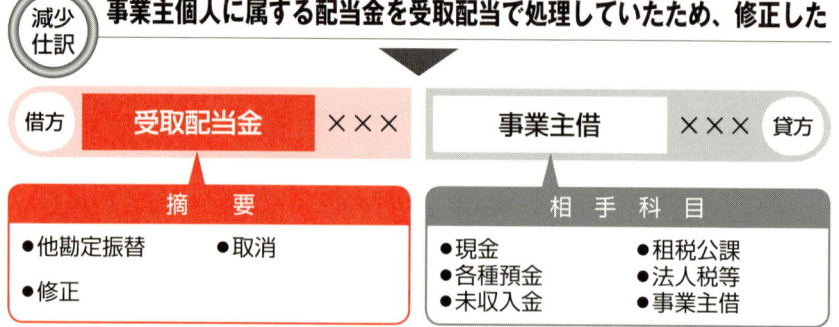

貸方
- 受取配当金 ×××

相手科目
- 現金
- 各種預金
- 未収入金
- 租税公課
- 法人税等

摘要
- 株式配当金
- 収益分配金
- 中間配当金
- みなし配当金
- 投資信託収益分配金

減少仕訳 事業主個人に属する配当金を受取配当で処理していたため、修正した

借方
- 受取配当金 ×××

貸方
- 事業主借 ×××

摘要
- 他勘定振替
- 修正
- 取消

相手科目
- 現金
- 各種預金
- 未収入金
- 租税公課
- 法人税等
- 事業主借

▼ **注意事項**

　受取配当金については税金が差し引かれて入金になります。受取利息や給与と同様に、支払われる際に支払元（金融機関など）のほうで税金を預かって代わりに国や地方へ収めてくれるシステムになっています。

株式や出資に対する配当金、または投資信託などの収益分配金を処理する勘定科目です。

なお上場株式等に対する配当金の源泉所得税の税率は平成16年1月1日から平成20年3月31日までは会社が株主で配当を受け取る場合は7％（ちなみに個人が株主でこの配当金を受け取る場合は所得税7％と住民税3％の合わせて10％）となります。そのため会社の場合、入金がたとえば9,300円であれば10,000円の配当金に対して700円の税金が差し引かれて入金されたということになりますし、個人の場合は入金が9,000円であれば10,000円の配当金に対して1,000円の税金が差し引かれて入金されたということになります。会計処理する際は所得税と住民税を合わせて租税公課や法人税等で処理します。

個人が株主として受け取った配当金は配当所得になり、事業所得ではないため、事業主借勘定で処理することになります。

▼代表的な仕訳例

- 当社が株主である会社から配当金279,000円（源泉所得税21,000円控除後）が普通預金口座に振り込まれた

借方			貸方	
普通預金	279,000	受取配当金	300,000	
租税公課	21,000			

- 個人株主として投資している上場企業から配当金90,000円（源泉所得税7,000円、住民税3,000円控除後）が普通預金口座に振り込まれた

借方		貸方	
普通預金	90,000	事業主借	90,000

※個人事業主の場合、受取配当金は配当所得になりますので事業所得には算入されません。

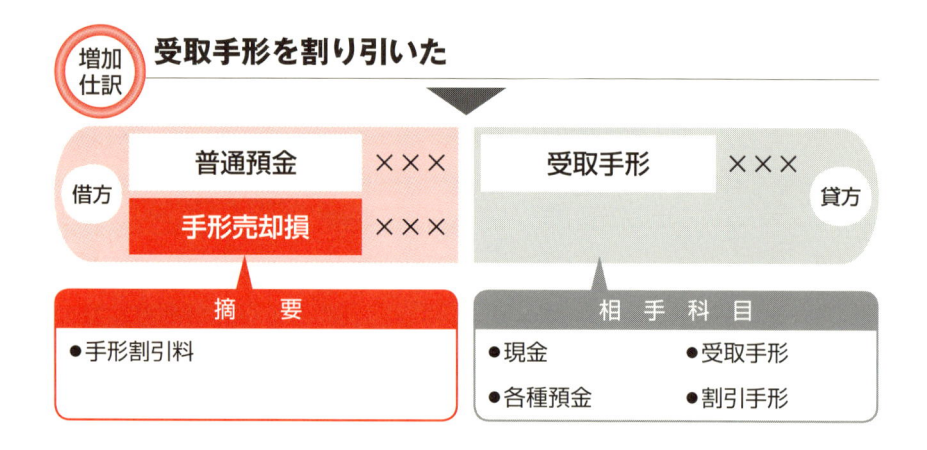

| 個人 | 法人 | 消費税区分 ▶ | 対象外 | **課税** | 非課税 |

4 手形売却損

増加仕訳

受取手形を割り引いた

借方
| 普通預金 | ××× |
| 手形売却損 | ××× |

貸方
| 受取手形 | ××× |

摘 要
- 手形割引料

相 手 科 目
- 現金
- 各種預金
- 受取手形
- 割引手形

手形を銀行などで割り引いてもらったときの割引料を処理する勘定科目です。

▼注意事項

　以前は利息割引料勘定で処理していましたが、現在では手形売却損勘定を用います。

　手形は受け取ってもその期日が来るまではお金として回収されません。そのため、期日前に現金が必要な場合は、銀行で一定の手数料（割引料）を差し引かれた上で現金に換えることができます。この割引料を手形売却損勘定で処理して、割引いた手形は受取手形勘定もしくは割引手形勘定で処理することになります。

▼代表的な仕訳例

- 売上代金として受け取った受取手形 8,300,000 円を銀行で割り引いた。割引料 103,750 円が差し引かれて普通預金口座へ入金された

借方		貸方	
普通預金	8,196,250	割引手形	8,300,000
手形売却損	103,750		

個人 **法人** 消費税区分▶ 対象外 課税 **非課税**

5 有価証券売却益

増加仕訳 手持ちの株式を売却し、売却代金から手数料が差し引かれて普通預金に入金された

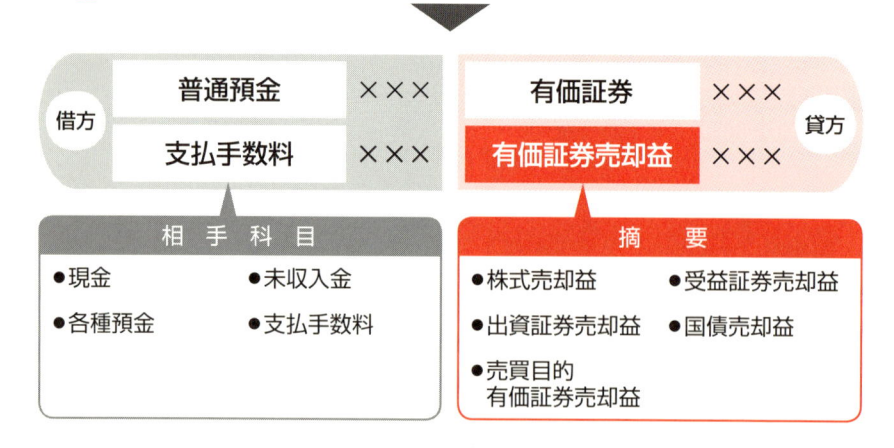

借方			貸方	
普通預金	×××	有価証券	×××
支払手数料	×××	有価証券売却益	×××

相手科目
- 現金
- 各種預金
- 未収入金
- 支払手数料

摘要
- 株式売却益
- 出資証券売却益
- 売買目的有価証券売却益
- 受益証券売却益
- 国債売却益

売買目的の有価証券を帳簿価額と売却手数料を合わせた金額より高い金額で売却した場合の差益をいいます。そのため売却手数料は有価証券売却益と相殺処理されることになります。

▼注意事項
この有価証券売却益は営業外収益で計上しますが、投資有価証券や子会社株式等を売却した場合の売却益は特別利益として表示します。

▼代表的な仕訳例
- A社株式（帳簿価額203,000円）を350,000円で売却し、手数料7,000円を差し引かれて口座へ入金された

借方			貸方		
普通預金	343,000		有価証券	203,000	
支払手数料	7,000		有価証券売却益	147,000	

- 投資有価証券として計上していたA社株式（簿価1,200,000円）を3,500,000円で売却し売買手数料15,000円が差し引かれて普通預金口座へ入金された

借方			貸方		
普通預金	3,485,000		投資有価証券	1,200,000	
支払手数料	15,000		投資有価証券売却益	2,300,000	

＊支払手数料と投資有価証券売却益を相殺して投資有価証券売却益2,285,000円として表示してもよい

個人 **法人** 消費税区分▶ **対象外** 課税 非課税

6 有価証券売却損

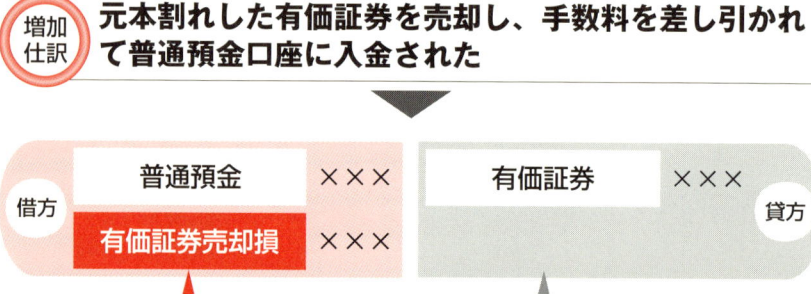

増加仕訳 元本割れした有価証券を売却し、手数料を差し引かれて普通預金口座に入金された

借方
| 普通預金 | ××× |
| 有価証券売却損 | ××× |

貸方
| 有価証券 | ××× |

摘要
- 株式売却損
- 国債売却損
- 社債売却損
- 受益証券売却損

相手科目
- 有価証券

売買目的の有価証券を売却した際に損失が生じた場合の処理勘定です。

▼注意事項

具体的にいいますと購入したときの取得価額（購入代金と買入手数料などを含む）より売却した際の売却価額が低額であった際の差損をいいます。

なお売却の際に発生する証券会社への売却手数料はこの売却損と合わせて処理します。

有価証券の会計処理については有価証券勘定を参考にしてください。

▼代表的な仕訳例

- 売買目的で購入したK社株式（帳簿価額5,800,000円）を5,300,000円で売却し、売却手数料132,500円を差し引かれて普通預金口座へ入金された

借方		貸方	
普通預金	5,167,500	有価証券	5,800,000
有価証券売却損	632,500		

| 個人 | 法人 | 消費税区分 ▶ | 対象外 | 課税 | 非課税 |

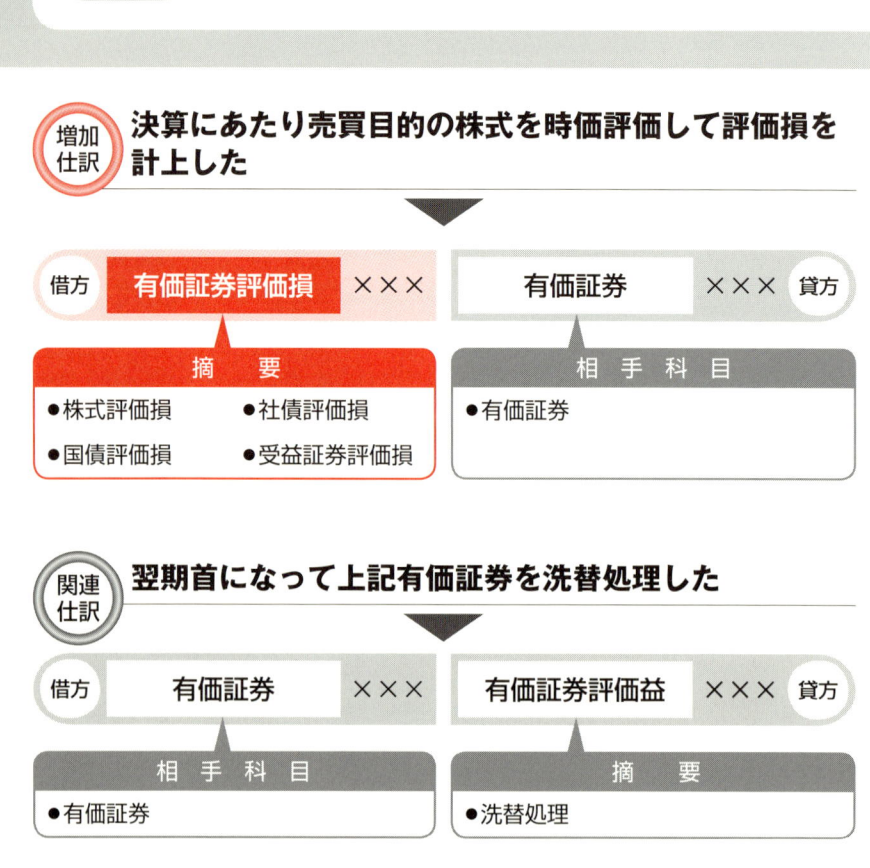

7 有価証券評価損（ゆうかしょうけんひょうかそん）

増加仕訳 決算にあたり売買目的の株式を時価評価して評価損を計上した

| 借方 | 有価証券評価損 | ××× | 有価証券 | ××× | 貸方 |

摘要
- 株式評価損
- 社債評価損
- 国債評価損
- 受益証券評価損

相手科目
- 有価証券

関連仕訳 翌期首になって上記有価証券を洗替処理した

| 借方 | 有価証券 | ××× | 有価証券評価益 | ××× | 貸方 |

相手科目
- 有価証券

摘要
- 洗替処理

売買目的の有価証券について期末における時価で評価したことによって生じた簿価との差額損失を処理する勘定科目です。

▼注意事項

　具体的にいいますと期末で帳簿に計上されている金額より期末時点の時価が低額であった場合に、帳簿価額をこの時価に置き換える際に生じる差損をいいます。

　この有価証券のうち、売買目的有価証券は、決算時に時価による評価損益を計上し、翌期になって戻し処理（洗替処理）を行います。税法上も、この売買目的有価証券の時価による評価損益の計上は強制されています。

　有価証券の会計処理については有価証券勘定を参考にしてください。

▼代表的な仕訳例

- 売買目的で購入したN社株式（帳簿価額8,500,000円）の期末時点の時価は7,950,000円であったため決算にあたり時価評価を行った

借方	有価証券評価損	550,000	有価証券	550,000	貸方

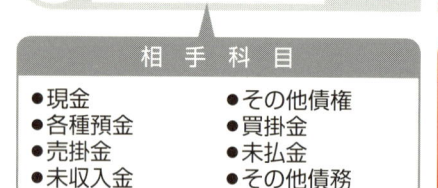

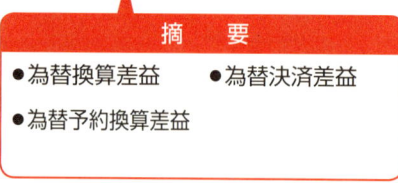

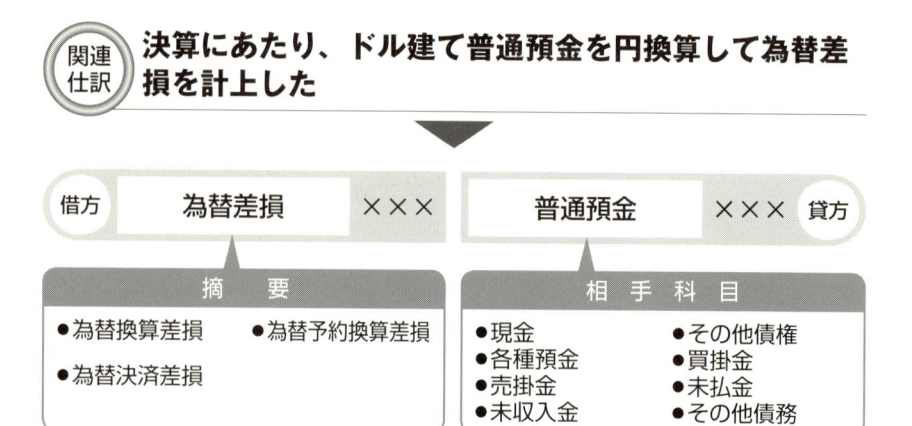

個人 法人　消費税区分 ▶ 対象外　課税　非課税

8 為替差益

増加仕訳　決算にあたりドル建て普通預金を円換算して為替差益を計上した

↓

| 借方 | 普通預金 | ××× | 為替差益 | ××× | 貸方 |

相手科目
- 現金
- 各種預金
- 売掛金
- 未収入金
- その他債権
- 買掛金
- 未払金
- その他債務

摘要
- 為替換算差益
- 為替決済差益
- 為替予約換算差益

関連仕訳　決算にあたり、ドル建て普通預金を円換算して為替差損を計上した

↓

| 借方 | 為替差損 | ××× | 普通預金 | ××× | 貸方 |

摘要
- 為替換算差損
- 為替予約換算差損
- 為替決済差損

相手科目
- 現金
- 各種預金
- 売掛金
- 未収入金
- その他債権
- 買掛金
- 未払金
- その他債務

外貨建て債権債務において、換算や決済を行う際に為替の変動によって生じた利益を処理する勘定科目です。

▼注意事項

外貨建ての債権や債務は会計処理上、すべて円で処理する必要があります。そのため決算時には決算時の為替レートで換算し、決算時には決算時の為替レートで換算します。そしてこの為替差損益は決算書に反映されることになります。

▼代表的な仕訳例

- 決算にあたり米ドル紙幣 2,500 ドルを円換算した。なお取得時の為替レートは1ドル 102円で、決算時の為替レートは1ドル 117円であった

| 借方 | 現　　金 | 37,500 | 為替差益 | 37,500 | 貸方 |

- 決算にあたりイギリスの企業に対する未払金 68,000 ユーロを円換算した。なお債務発生時の為替レートは1ユーロ 135円で、決算時の為替レートは1ユーロ 132円であった

| 借方 | 未払金 | 204,000 | 為替差益 | 204,000 | 貸方 |

個人　法人　消費税区分 ▶ **対象外**　課税　非課税

9 為替差損
かわせさそん

増加仕訳
決算にあたりユーロ建て普通預金を円換算して為替差損を計上した

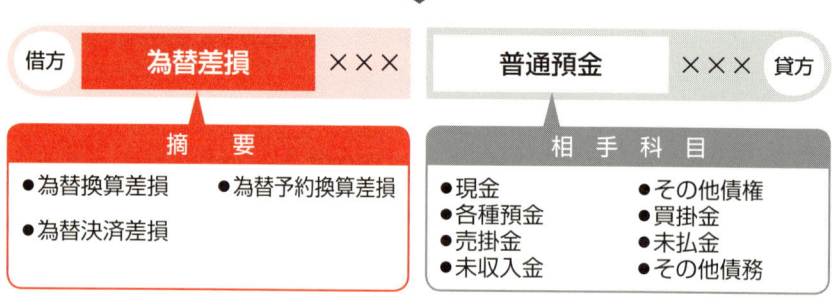

▼

| 借方 | **為替差損** | ××× | 普通預金 | ××× | 貸方 |

摘要
- 為替換算差損
- 為替予約換算差損
- 為替決済差損

相手科目
- 現金
- 各種預金
- 売掛金
- 未収入金
- その他債権
- 買掛金
- 未払金
- その他債務

関連仕訳
決算にあたりユーロ建て普通預金を円換算して為替差益を計上した

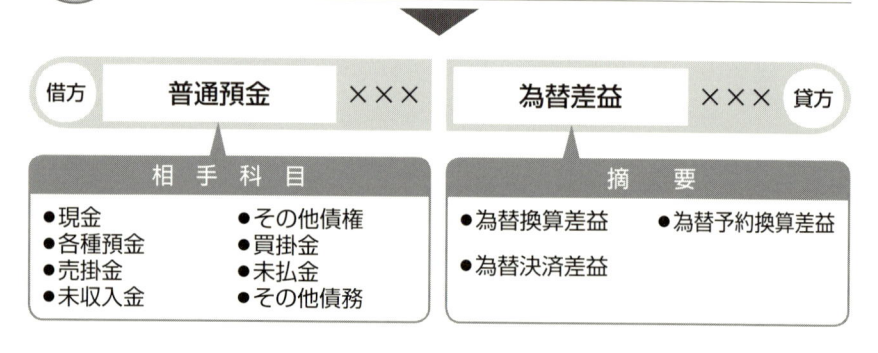

▼

| 借方 | 普通預金 | ××× | 為替差益 | ××× | 貸方 |

相手科目
- 現金
- 各種預金
- 売掛金
- 未収入金
- その他債権
- 買掛金
- 未払金
- その他債務

摘要
- 為替換算差益
- 為替予約換算差益
- 為替決済差益

外貨や外貨表示の債権債務を決済・換算した場合に生じる帳簿価額との差額損失を処理する勘定科目です。

▼注意事項

具体的には、期末で帳簿に計上されている金額より、決済時もしくは期末時点の為替レートで換算した金額が為替相場の変動によって低額であった場合、帳簿価額をこの換算価額に置き換える際に生じる差損をいいます。

▼代表的な仕訳例

- イギリスの会社に対する売掛金20,000ユーロ（帳簿価額2,700,000円）を決算にあたり期末日レートで円換算した。期末日の為替レートは1ユーロ＝132円であった

| 借方 | 為替差損 | 60,000 | 売掛金 | 60,000 | 貸方 |

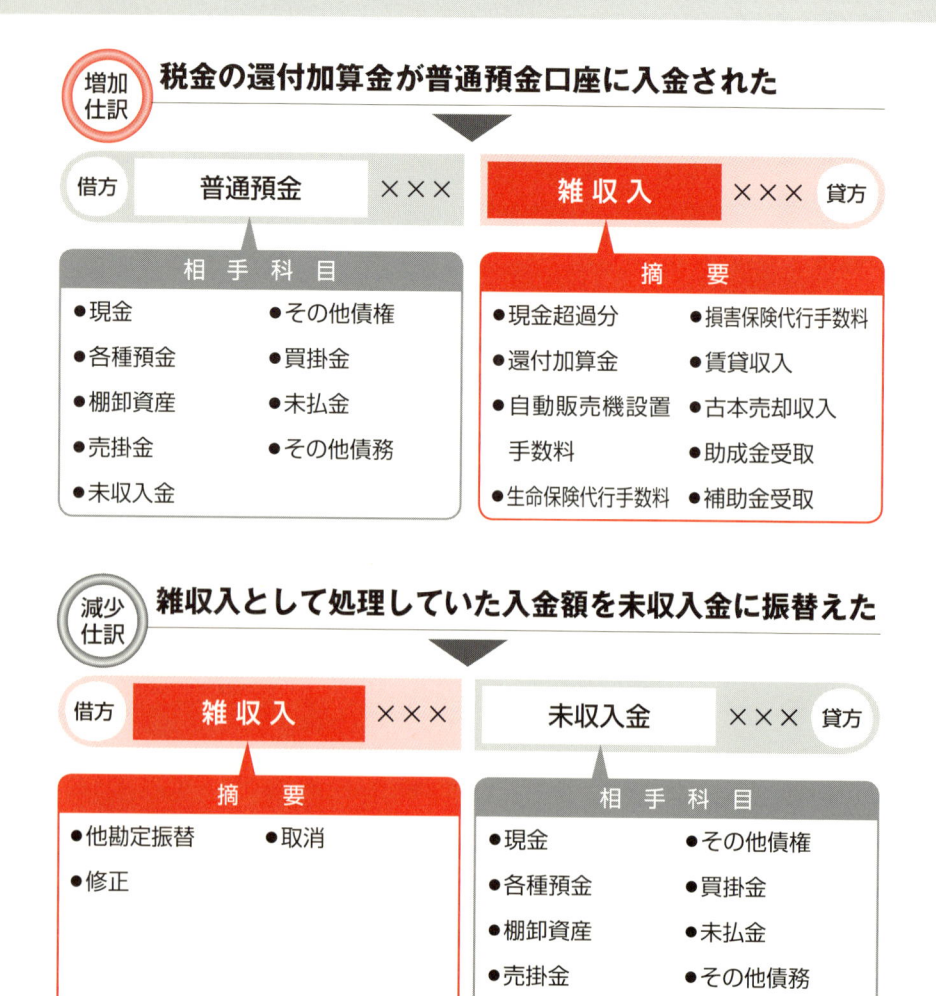

個人　法人　消費税区分 ▶ 対象外　課税　非課税

10 雑収入

増加仕訳：税金の還付加算金が普通預金口座に入金された

借方　普通預金　×××　　雑収入　×××　貸方

相手科目
- 現金
- 各種預金
- 棚卸資産
- 売掛金
- 未収入金
- その他債権
- 買掛金
- 未払金
- その他債務

摘要
- 現金超過分
- 還付加算金
- 自動販売機設置手数料
- 生命保険代行手数料
- 損害保険代行手数料
- 賃貸収入
- 古本売却収入
- 助成金受取
- 補助金受取

減少仕訳：雑収入として処理していた入金額を未収入金に振替えた

借方　雑収入　×××　　未収入金　×××　貸方

摘要
- 他勘定振替
- 修正
- 取消

相手科目
- 現金
- 各種預金
- 棚卸資産
- 売掛金
- 未収入金
- その他債権
- 買掛金
- 未払金
- その他債務

営業外収益のうち金額的に重要性のない項目で他の勘定科目に該当しないものをまとめた勘定科目です。

▼注意事項

　営業外収益のうち、金額が大きいものは雑収入に入れず、適切な勘定科目を設定する必要があります。

　また、雑収入は安易に使用しがちな勘定科目ですので、全体での金額がかなり大きくなってしまうことがあります。1つひとつは少額でも、共通のものをまとめて新たな勘定科目を設定して全体の金額が大きくならないようにする必要があります。内容があいまいなものであるためできるだけ使用しないことが望ましいからです。

▼代表的な仕訳例

- 建物入口にある自販機の設置手数料 21,000 円を現金で受け取った

| 借方 | 現　金 | 21,000 | 雑収入 | 21,000 | 貸方 |

- 決算時に現金残高を確認したところ帳簿残高より 150 円多かった

| 借方 | 現　金 | 150 | 雑収入 | 150 | 貸方 |

| 個人 | 法人 | 消費税区分 ▶ | 対象外 | 課税 | 非課税 |

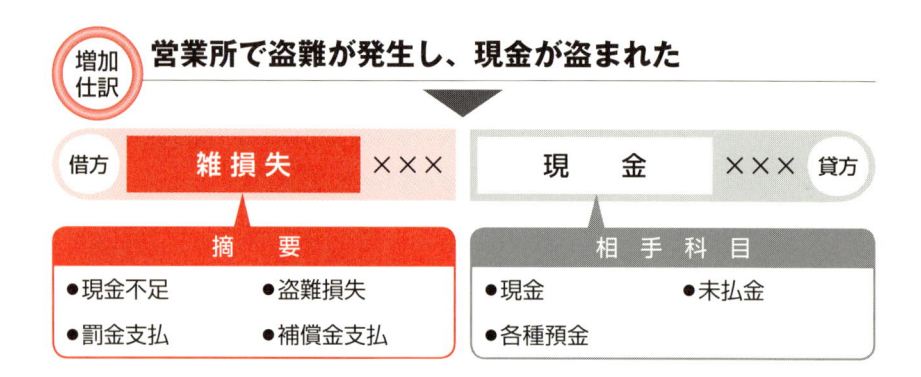

11 雑損失

増加仕訳: 営業所で盗難が発生し、現金が盗まれた

借方　雑損失　×××　　現金　×××　貸方

摘要
- 現金不足
- 盗難損失
- 罰金支払
- 補償金支払

相手科目
- 現金
- 未払金
- 各種預金

他の勘定科目には該当しない営業外費用項目で金額的に重要性の乏しい項目を処理する勘定科目です。

▼注意事項

　いろんな項目をこの勘定科目で処理すると、かなり金額が大きくなってしまいます。一つひとつの金額は小額でも、まとまると結構な金額になってしまいます。できるだけ適当な勘定科目を設定したほうが望ましいといえます。

▼代表的な仕訳例

- 現金出納帳の残高より現金が3,000円不足していた。調査したところ原因は不明のままだった

| 借方 | 雑損失 | 3,000 | 現　金 | 3,000 | 貸方 |

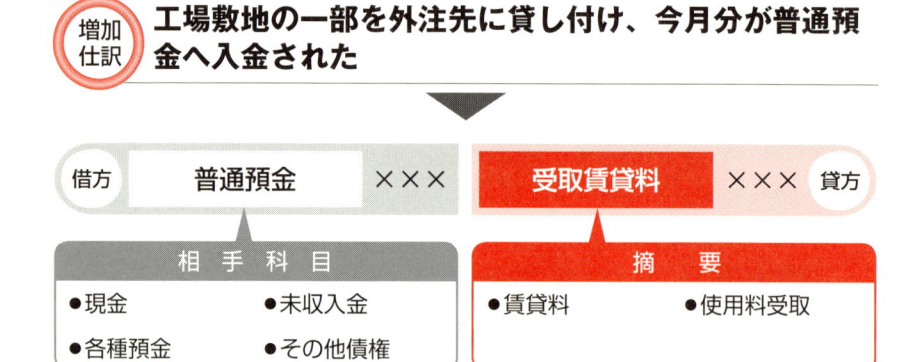

個人　法人　消費税区分▶ 対象外　課税　非課税

12 受取賃貸料

増加仕訳　工場敷地の一部を外注先に貸し付け、今月分が普通預金へ入金された

| 借方 | 普通預金 | ××× | 受取賃貸料 | ××× | 貸方 |

相手科目
- 現金
- 各種預金
- 未収入金
- その他債権

摘要
- 賃貸料
- 使用料受取

建物や土地などの固定資産を本業以外の業務として貸し付けていることで受け取る賃料を処理する勘定科目です。

▼注意事項

賃貸料の場合は継続的にサービスを提供していることに対してその代金を受取るものであるため、代金の受け取りの有無にかかわらず毎月ごと（もっといえば日ごと）に計上する必要があります。要は、建物などを貸し続けるということは時の経過に伴って建物を貸すというサービスを提供しているため、それに伴い受け取るべき収益も発生していると考えるからです。

モノの販売のように納品して初めて収益が伴うものとは、この点が異なります。

▼代表的な仕訳例

- 通信業の弊社は自社ビルの1階を会議室として使用していたが、今月から店舗として貸し付けることになった。今月の日割り賃料500,000円と来月分の賃料1,000,000円、敷金10,000,000円が普通預金口座に入金された。なお敷金の10%は契約金として返還しないことになっている

借方		貸方	
普通預金	11,500,000	受取賃貸料	1,500,000
		前受金	1,000,000
		預り敷金	9,000,000

※ 500,000,000円＋10,000,000円×10％
敷金の返還しない部分については契約時点で確定していることなので、それについては収益として計上する必要があります。

損益計算書❸

特別損益・税金等

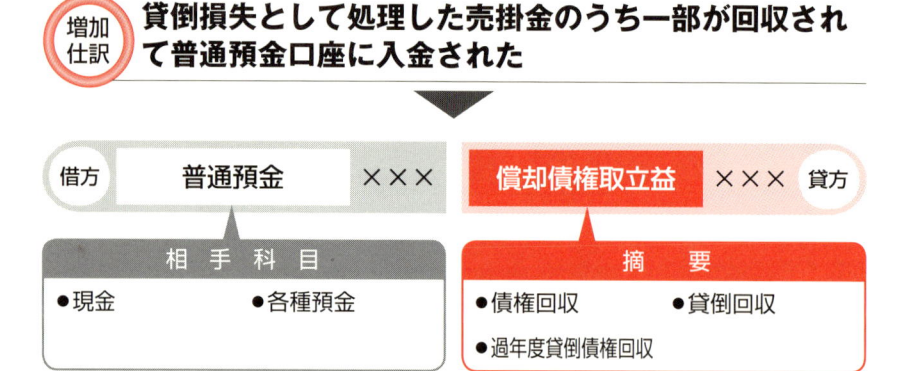

| 個人 | 法人 | 消費税区分 ▶ | 対象外 | 課税 | 非課税 |

1 償却債権取立益

増加仕訳　貸倒損失として処理した売掛金のうち一部が回収されて普通預金口座に入金された

借方　普通預金　×××　　償却債権取立益　×××　貸方

相手科目
- 現金
- 各種預金

摘要
- 債権回収
- 貸倒回収
- 過年度貸倒債権回収

過年度に貸倒損失として処理された債権が、その後回収された場合の回収金額を処理する勘定科目です。

▼注意事項

前年度以前に処理されたものの修正といった前期修正の意味とともに、経常的なものではない特別、臨時的なものといった意味合いから、特別利益として計上されるものです。

▼代表的な仕訳例

- 5年前に貸倒損失として処理した未収入金2,500,000円のうち600,000円が本日付けで普通預金口座に入金された

| 借方 | 普通預金 | 600,000 | 償却債権取立益 | 600,000 | 貸方 |

| 個人 | 法人 | 消費税区分 ▶ | 対象外 | 課税 | 非課税 |

２ 固定資産売却益

増加仕訳

土地の処分にあたり、帳簿価額以上の金額で売却ができた。代金は後日入金予定である

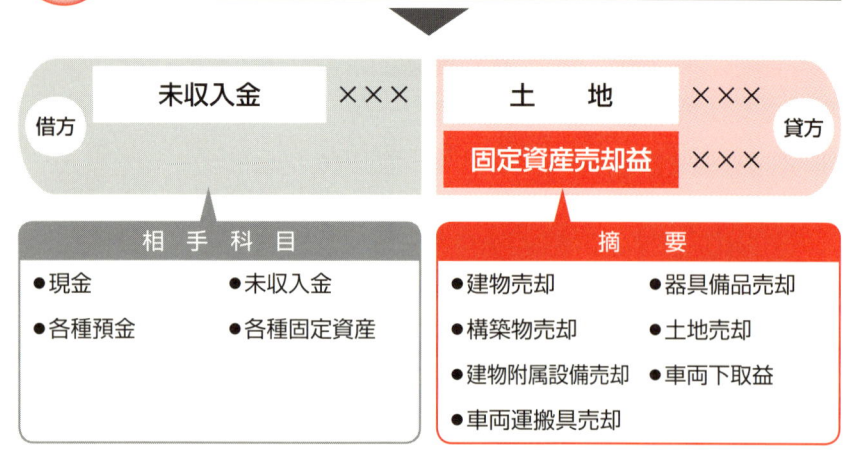

借方：未収入金 ×××
貸方：土　地 ×××
　　　固定資産売却益 ×××

相手科目
- 現金
- 各種預金
- 未収入金
- 各種固定資産

摘要
- 建物売却
- 構築物売却
- 建物附属設備売却
- 車両運搬具売却
- 器具備品売却
- 土地売却
- 車両下取益

建物や機械などの固定資産を帳簿価額よりも高い金額で売却した場合に生じる差益を処理する勘定科目です。

▼注意事項

売却に伴う支払手数料などの諸経費は、固定資産売却益勘定と相殺して処理します。固定資産の売却が経常的にあるような業種や会社であれば、特別利益ではなく営業外収益に計上します。

▼代表的な仕訳例

- 大型コンピュータ（機械装置で処理、取得価額5,000,000円、減価償却累計額2,800,000円）を3,500,000円で売却して代金は普通預金へ振り込まれた

借方			貸方		
	普通預金	3,500,000		機械装置	5,000,000
	減価償却累計額	2,800,000		固定資産売却益	1,300,000

- 車両（取得価額5,000,000円、期首帳簿価額3,200,000円、当期減価償却費250,000円）を3,500,000円で下取りに出し、代りに6,500,000円の新車を購入した。なお購入代金は小切手を振出して支払った

借方			貸方		
	車両	6,500,000		車両	5,000,000
	減価償却累計額	1,800,000		固定資産売却益	550,000
	減価償却費	250,000		当座預金	3,000,000

個人 **法人** 消費税区分▶ 対象外 課税 非課税

③ 固定資産売却損

増加仕訳 大型コピー機を帳簿価額より低い金額で売却し代金は後日入金予定である

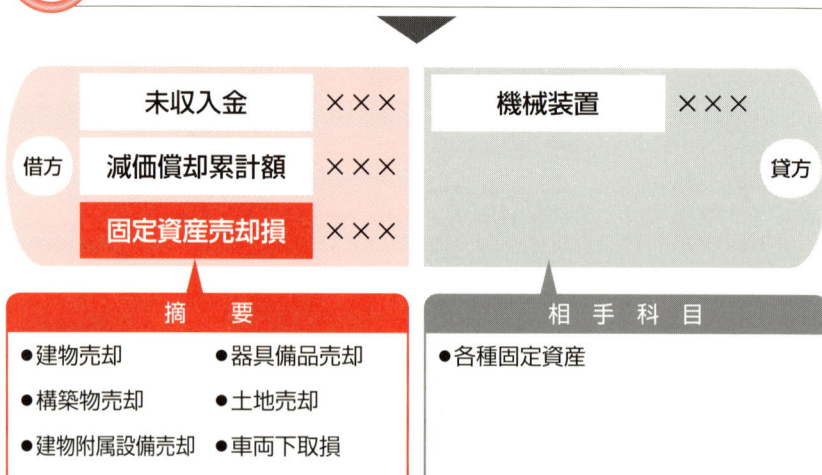

借方
- 未収入金 ×××
- 減価償却累計額 ×××
- 固定資産売却損 ×××

貸方
- 機械装置 ×××

摘要
- 建物売却
- 構築物売却
- 建物附属設備売却
- 車両運搬具売却
- 器具備品売却
- 土地売却
- 車両下取損

相手科目
- 各種固定資産

建物や機械などの固定資産を帳簿価額よりも低い金額で売却した場合に生じる差損を処理する勘定科目です。

▼注意事項

売却の際に生じる手数料などの諸経費も固定資産売却損に含めて処理します。

▼代表的な仕訳例

- 車両（取得価額 5,600,000 円、期首減価償却累計額 4,200,000 円、売却までの当期減価償却費 300,000 円）を 500,000 円で下取りに出して 8,300,000（本体価格 8,000,000 円、諸経費 300,000 円）で新車を購入した。購入代金はローンで分割払いすることになっている

借方			貸方		
	車両	8,300,000		未払金	7,800,000
	減価償却累計額	4,200,000		車両	5,600,000
	減価償却費	300,000			
	固定資産売却損	600,000			

| 個人 | 法人 | 消費税区分 ▶ | **対象外** | 課税 | 非課税 |

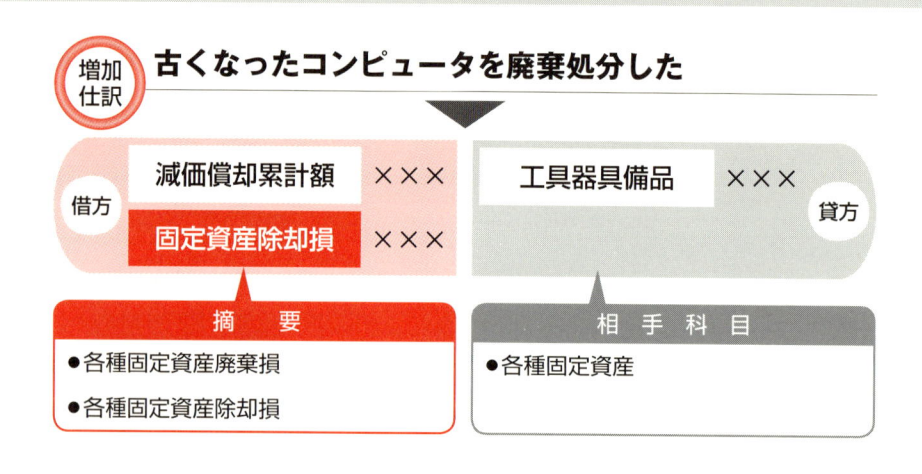

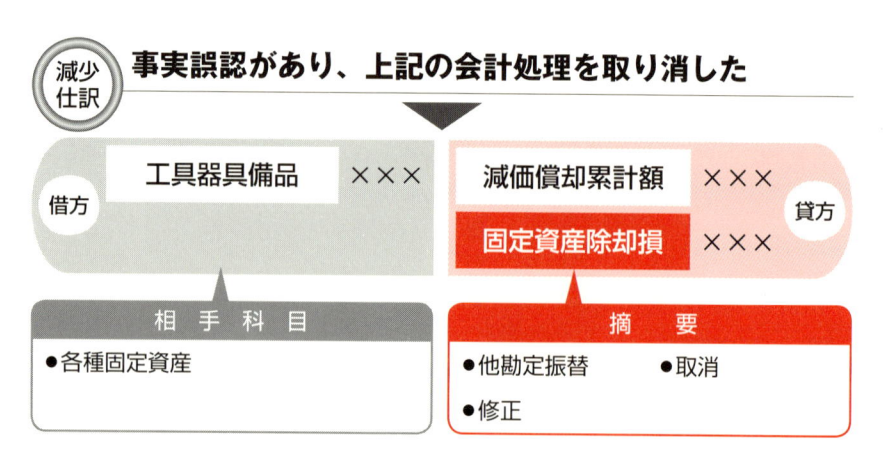

④ 固定資産除却損

【増加仕訳】古くなったコンピュータを廃棄処分した

借方:
- 減価償却累計額 ×××
- 固定資産除却損 ×××

貸方:
- 工具器具備品 ×××

摘要:
- 各種固定資産廃棄損
- 各種固定資産除却損

相手科目:
- 各種固定資産

【減少仕訳】事実誤認があり、上記の会計処理を取り消した

借方:
- 工具器具備品 ×××

貸方:
- 減価償却累計額 ×××
- 固定資産除却損 ×××

相手科目:
- 各種固定資産

摘要:
- 他勘定振替
- 取消
- 修正

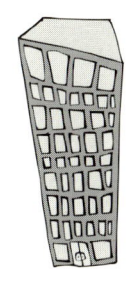

建物や機械などの固定資産を除却処分した場合に生じる損失を処理する勘定科目です。

▼注意事項

除却の際に生じる廃棄手数料などの諸経費も、固定資産売却損に含めて処理します。

▼代表的な仕訳例

- 応接用パーテーション（取得価額 3,200,000 円、期首減価償却累計額 3,040,000 円）を廃棄処分した。なお、廃棄手数料として 15,000 円を現金で支払った

借方			貸方		
減価償却累計額	3,040,000		工具器具備品	3,200,000	
固定資産除却損	175,000		現　　金	15,000	

| 個人 | 法人 | 消費税区分 ▶ | 対象外 | 課税 | 非課税 |

5 前期損益修正益

増加仕訳　前期に計上した減価償却費が過大に計上されていたので訂正した

⬇

| 借方 | 減価償却累計額 | ××× |

| 前期損益修正益 | ××× | 貸方 |

相手科目
- 現金
- 各種預金
- 売掛金
- 未収金
- 未収収益
- 各種棚卸資産
- 買掛金
- 未払金
- 未払費用
- 減価償却累計額
- 各種引当金

摘要
- 過年度売上高修正益
- 過年度減価償却修正益
- 過年度棚卸高修正益
- 過年度引当金修正益

前期以前に計上された収益や費用の修正に伴って発生する収益をいいます。

▼代表的な仕訳例

- 期首になって前期商品の棚卸高が350,000円計上漏れであったため訂正した

| 借方 | 商　品 | 350,000 | 前期損益修正益 | 350,000 | 貸方 |

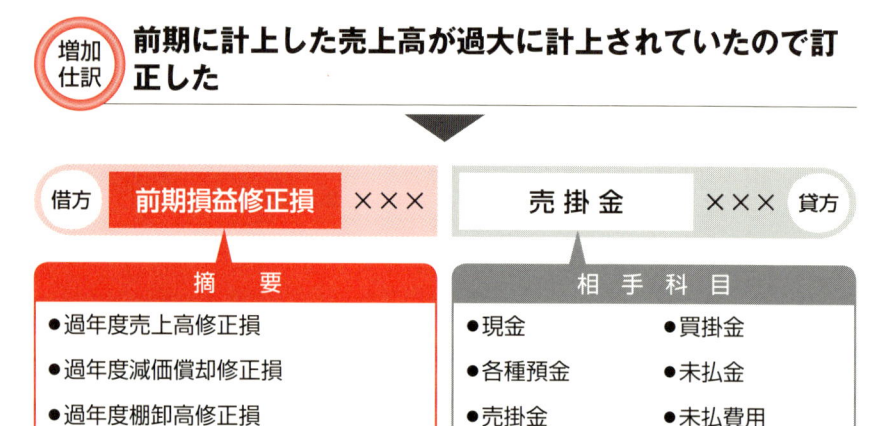

個人 | 法人 | 消費税区分 ▶ 対象外 | 課税 | 非課税

6 前期損益修正損

増加仕訳：前期に計上した売上高が過大に計上されていたので訂正した

↓

借方　**前期損益修正損**　×××　　　売　掛　金　×××　貸方

摘要
- 過年度売上高修正損
- 過年度減価償却修正損
- 過年度棚卸高修正損
- 過年度引当金修正損

相手科目
- 現金
- 各種預金
- 売掛金
- 未収金
- 未収収益
- 各種棚卸資産
- 買掛金
- 未払金
- 未払費用
- 減価償却累計額
- 各種引当金

前期以前に計上された収益や費用の修正に伴って発生する費用をいいます。

▼**代表的な仕訳例**

- 期首になって前期商品の棚卸高が350,000円過大計上であったため訂正した

| 借方 | 前期損益修正損 | 350,000 | 商　　品 | 350,000 | 貸方 |

| 個人 | 法人 | 消費税区分 ▶ | 対象外 | 課税 | 非課税 |

7 法人税、住民税及び事業税

増加仕訳 会社の決算申告にあたり法人税等をまとめて納税した

| 借方 | 法人税、住民税及び事業税 | ××× | 現　　金 | ××× | 貸方 |

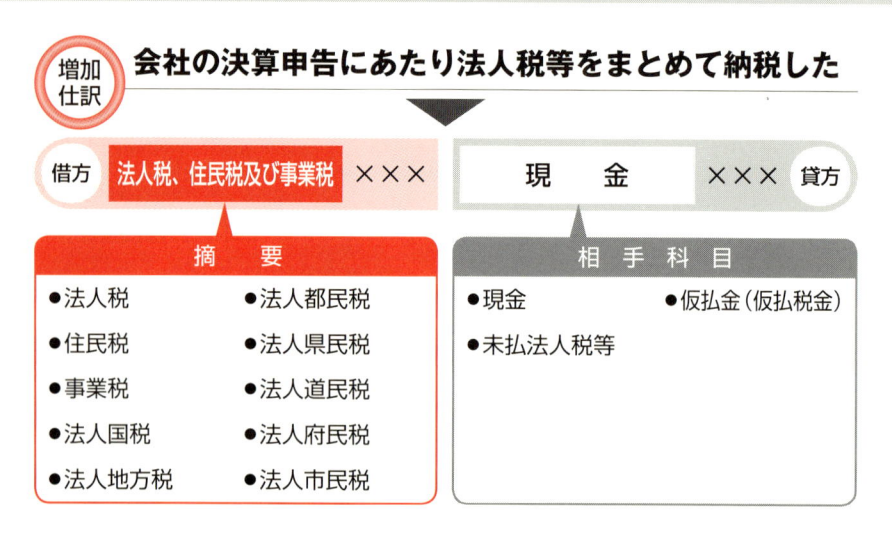

摘要
- 法人税
- 住民税
- 事業税
- 法人国税
- 法人地方税
- 法人都民税
- 法人県民税
- 法人道民税
- 法人府民税
- 法人市民税

相手科目
- 現金
- 未払法人税等
- 仮払金（仮払税金）

▼注意事項

　この税額は1年間の事業年度の中間時点（半年）で中間納税（予定納税）を行い、期末決算時に残りの税金を支払います。そのため、法人税、住民税及び事業税＝法人税、住民税及び事業税の中間（予定）納税額＋法人税、住民税及び事業税の期末未払額　という関係が成り立ちます。

　中間時点の税額の計算は前年度の2分の1とする方法と半年で決算をする方法があります。どちらでもかまいませんが、前年度より今年度の業績がよい場合は半年で決算を行うと前年度の2分の1より税額が大きくなるでしょうから、資金繰りとの関係などからどちらを選択するか検討する必要があります。

税引前当期利益に対応して課税される法人国税・法人地方税を処理する勘定科目です。

▼代表的な仕訳例

- 法人税、住民税及び事業税として2月決算（4月30日申告納税期限）の当社は予定納税（10月31日申告納税期限）として10月28日に下記のように前年度の2分の1の金額を納税した
  - 法人税（国税、税務署へ申告するもの）　1,200,000円
  - 都民税（地方税、東京都へ申告するもの）　182,000円
  - 事業税（地方税、東京都へ申告するもの）　280,000円

| 借方 | 法人税、住民税及び事業税 | 1,662,000 | 現　　金 | 1,662,000 | 貸方 |

- 決算にあたり2月28日に下記のように未払法人税等（未払法人税住民税及び事業税）を計算した
  - 法人税（国税、税務署へ申告するもの）　1,800,000円
  - 都民税（地方税、東京都へ申告するもの）　256,000円
  - 事業税（地方税、東京都へ申告するもの）　410,000円

| 借方 | 法人税、住民税及び事業税 | 2,466,000 | 未払法人税等 | 2,466,000 | 貸方 |

- 上記未払分を4月30日に納税した

| 借方 | 未払法人税等 | 2,466,000 | 現　　金 | 2,466,000 | 貸方 |

なんでも引ける！
スーパーインデックス

【ＡＢＣ】
ＡＤＳＬ…262
Ｍ＆Ａによる（営業権）取得…110
Ｍ＆Ａによる（営業権）譲渡…110

【あ】
青色控除前利益…224
赤残…42
預り金…174
預り金振替（手形）…34
預り金振替（売掛金）…40
預り消費税…183
預入…22
アスファルト舗装…95
後入先出法…55
洗替処理…311
アルバイト給与…242

【い】
生花代…294
維持管理費用…280
意匠権…116
イス…100
椅子代…268
一時金…245
一時立替金…72
移動平均法…56

慰労金…247
飲食代…254・264
祝い金…254
インターネット…262

【う】
請負収入…228
請負代金未収…40
受取賃貸料…320
受取手形…34
受取人…35
受取配当金…302
受取家賃振替（前受収益）…178
受取利息…298
受取利息振替（前受収益）…178
受取利息前受…178
打合せ費用…264
内金…166
裏書手形…36
裏書手形受取…34
裏書手形見返…38
売上…228
売上原価…58・60・62・236
売上原価へ振替（仕入）…232
売上代金充当（前受金）…166
売上代金未収…40
売上高…229

売上高振替（仮受金）…176
売上高振替（前受収益）…178
売上値引…228
売上値引戻り（手形）…34
売上値引戻り（売掛金）……40
売上へ振替（前受金）…166
売上返品…228
売上返品戻り（手形）…34
売上返品戻り（売掛金）……40
売上戻り高…229
売上リベート…230
売上割引…230
売上割戻…230
売掛金…40
売掛金と相殺（買掛金）…164
売掛金と相殺（前受金）…166
売掛金振替（仮受金）…176
売掛債権…44
運送保険料…86・284
運賃未払い…170
運転資金調達（短期借入金）…168
運転資金調達（長期借入金）…198
運搬代金（棚卸資産）…54

【え】

エアカーテン…92
営業外受取手形…35

営業外支払手形…161
営業外損益…296〜321
営業権…110
営業権償却（費）…110
営業所…90
営業譲渡…110
営業損益…226〜295
営業譲受…110
営業保証金…134・174
営業保証金返還…134
エスカレーター設備…92
エレベーター設備…92
延滞税…272
煙突…94
鉛筆代…268

【お】

応接セット…100
置き薬…256
御茶代…264
親会社株式…51
折り込みチラシ代…252

【か】

買入償還（社債）…194
海外渡航費…250
買掛金…164

買掛金相殺（売掛金）…40
買掛金振替（手形）…34
外貨預金…30
会議資料作成代…264
会議費…264
開業準備諸費用…144
開業準備調査費…144
会議用食事代…264
会議用弁当代…264
開業前広告宣伝費…144
開業費…144
開業費償却…144
外国通貨…16
外国法人等の発行する証券または証書…48
介護保険料…258
会社設立…204
会社設立諸費用…142
会社設立登記手数料…142
回収不能債権…132
会食…254
会場使用料…264
会場設置費用…264
回数券…248
外注加工代金…70
外注費未払い…170
会長報酬…238

開発費…146
開発費償却…146
解約預入（各種預金）…26・30
解約入金（各種預金）…22・28
解約振替（普通預金）…26
解約振替（通知預金）…28
解約振替（定期預金）…30
解約振替（定期積金）…32
街路灯…94
掛売上…40
掛仕入…164
書留料金…262
加工費…54
火災保険料（長期前払保険料）…137
火災保険料…284
加算税…272
家事消費支払…156
貸付金利息…298
貸付金利息の未収…78
貸付信託受益証券…48・126
貸倒回収…324
貸倒債権…132
貸倒損失…47・134
貸倒引当金…4
貸倒引当金繰入…44
貸倒引当金戻入…44

ガス代未払い…170・172	株式配当金…302
ガス設備…92	株式払込剰余金…208
ガス料金…266	株式評価損…310
課税売上…180・183	株式募集広告費…142・150
課税仕入…84・183	株式申込証…150
家族手当…241	株式申込金領収書……48
過大報酬…239	株式申込証拠金領収書……48
割賦販売…228	壁塗替費用…280
割賦販売未収金…40	加盟権…140
合併差益…208	カメラ…100
合併による（営業権）取得…110	科目不明入金…176
金型…100	科目未確定入金…176
過年度売上高修正益…332	貨物自動車…98
過年度売上高修正損…334	借入金返済…168
過年度貸倒債権回収…324	借入金利息支払…300
過年度減価償却修正益…332	仮受・仮払消費税相殺…182
過年度減価償却修正損…334	仮受金…176
過年度棚卸高修正益…332	仮受消費税…180
過年度棚卸高修正損…334	仮払金……82
過年度引当金修正益…332	仮払金支払い…82
過年度引当金修正損…334	仮払金清算…82
過年度法人税等…186	仮払消費税…84
株券…48・126	仮払消費税と相殺（仮受消費税）
株券印刷費…150	…180
株式投資信託…49・126	仮払領収書…16
株式売却益…306	為替換算差益…312
株式売却損…308	為替換算差損…314

為替決済差益…312
為替決済差損…314
為替差益…312
為替差損…314
為替手形…35・161
為替手形受取…34
為替手形引受…160
為替予約換算差益…312
為替予約換算差損…314
為替レート…31
関係会社貸付金…74
関係会社から借入（短期借入金）
　…168
関係会社から借入（長期借入金）
　…198
関係会社長期貸付金…130
監査役報酬…238
勘定科目…42
関税…（棚卸資産購入時）…54
関税…（有形固定資産購入時）…
　86
完成工事売上高…229
完成品…62
完成品受け入れ…62
間接（減額）法（減価償却）…
　107・290
看板…100

看板代…252
還付加算金…316
岸壁…94
観葉植物…100

【き】
義援金…278
機械減価償却…290
機械式駐車場設備…96
機械製作費…104
機械装置…96
機械装置減価償却…96
機械装置除去…96
機械装置廃棄…96
機械装置売却…96
機械装置へ振替（建設仮勘定）…
　104
機械賃借料…288
機械リース料…288
企画調査費…146
期間損益…179
企業価値…111
器具備品売却…326・328
期日取立入金…22
期首材料棚卸高…66
期首仕掛品棚卸高…64
期首商品棚卸高…60

期首製品棚卸高…62
季節商品…61
季節製品…63
期中取得資産…89
切手（未使用分）…68
切手代…262
寄付金…278
期末債権…45
期末材料棚卸高…66
期末仕掛品棚卸高…64
期末商品棚卸高…60
期末製品棚卸高…62
期末棚卸品の評価…55
キャビネット…100
求人広告代…252
給排水設備…92
給与…240・244・246
給与減額…240・242
給料…240
給料の支払…172
給料未払い…172
協同組合会費…292
拠出金…129
金額未確定入金…176
銀行から借入（短期借入金）…168
銀行から借入（長期借入金）…198
金銭消費貸借契約…199

金融債…49
金融債利息…298
金融手形振出…160

【く】

空調設備…92
グッドウィル…111
繰入限度額…45
繰入率…45
繰延資産…140
組合費…292
クリーニング代…294
クレーン…96

【け】

経過利子…49
計器…100
形式基準（役員報酬）…239
軽自動車…98
携帯電話料金…262
慶弔費…254
経費…86
経費精算…170
経費の前払い…80
経費未払い…170
契約金…140
軽油代…266

下水道料金…266

結婚祝金…256

欠損金補てん…204・208・212

減価償却（有形固定資産）…87

減価償却（無形固定資産）…109

減価償却資産…108

減価償却費…290

減価償却累計額…106

原価法（有価証券）…51

原価法（棚卸資産）…55

原価率…57

研究所…90

現金…16

現金過不足…18

現金主義…179

現金超過分…316

現金不足…318

健康診断料…256

健康保険料…258

原材料…66

原材料廃棄損…66

原材料費……86

原材料評価損…66

検査機器…100

研削盤…96

減資…204・208

減資差益…204・206・208

検収…54

検収基準…230

原状回復費用…280

建設仮勘定…104

建設仮勘定から振替（建物）…90

建設仮勘定から振替（建物附属設備）…90

建設仮勘定から振替（構築物）…94

建設仮勘定から振替（機械装置）…96

建設工事高…228

建設費…86

源泉所得税控除…174

源泉所得税納付…174

建築工事内金…104

建築工事手付金…104

建築工事費用…104

建築工事前渡金…104

権利…108

権利金…118

権利金収入…119

権利金償却…135

原料…66

【こ】

鉱業権…109

航空機代…260
航空券…248
工具器具備品…100
工具器具備品減価償却…96・290
工具器具備品除去…96
工具器具備品廃棄…96
工具器具備品売却…96
工具代…268
広告宣伝のためのワゴンカー…140
広告宣伝費…252
広告宣伝費（開業費）…144
広告塔…94
口座預入…26・30
交際費…254
交際費仮払い…82
交際費精算…82
交際費未払い…170
合資会社へ出資…128
工事未払金…165
公社債投資信託…49・126
公社債利札…16
工場…90
工場敷地…102
工場消耗品…66
更新料…120
更生計画認可決定による振替（破産債権等）…132

厚生施設費用…256
更生による振替（破産債権等）…132
厚生年金保険料…258
高速料金…248
構築物…94
構築物減価償却…94・290
構築物除去…94
構築物廃棄…94
構築物売却…94・326・328
構築物へ振替（建設仮勘定）…104
香典…256
購入価額（有価証券）…49
購入価額（棚卸資産）…54
購入事務（棚卸資産）…54
購入手数料（有形固定資産）…86
購入手数料（投資有価証券）…127
購入手数料（出資金）…129
子会社貸付金…74
子会社株式…50・127
小型自動車…98
小切手振込入金…22
国債証券…48・126
国際電話…263
国債売却益…306
国債売却損…308
国債評価損…310

8

国際郵便…262
国税…186
小口現金…16
故障修理費用…280
個人から借入（短期借入金）…168
個人から借入（長期借入金）…198
小包料金…260
骨董品…100
固定資産…86〜125
固定資産減価償却…106
固定資産購入内金…104
固定資産購入代金未払い…170
固定資産購入手付金…104
固定資産購入前渡金…104
固定資産除去…106
固定資産除却損…330
固定資産税…54・272
固定資産廃棄損…330
固定資産売却…106
固定資産売却益…326
固定資産売却損…328
固定資産売却代金未収……76
固定電話回線…123
固定負債…194〜201
コピー機…100
コピー機リース料…288
コーヒー代…256

コピー用紙代…268
個別法…55
顧問税理士源泉所得税控除…175
顧問弁護士源泉所得税控除…175
顧問報酬…238
顧問料収入…228
雇用保険料…258
コンサルタント報酬…276
コンピューターメンテナンス料…179
梱包材…260

【さ】
債権回収…324
債権譲渡証書…34・40
最終仕入原価法…55
最終取得価額…57
再生計画認可決定による振替（破産債権等）…132
最低資本金…205
債務免除益…164
材料仕入…232
先入先出法…55
先日付小切手…17
作業くず…62
作業くず売却代金未収……76
作業用設備…96

差入保証金…134
差入保証金償却…134
指図人…35
雑給…242
雑誌代…270
雑収入…316
雑収入振替（仮受金）…176
雑収入振替（前受収益）…178
雑損失…318
雑費…294
査定価額…99
サービス料収入…228
残業手当…241
残存価額（有形固定資産の減価償却）…88
残存価額（無形固定資産の減価償却）…109
三輪自動車…98

【し】

仕入…232
仕入商品…60・62
仕入諸経費…232
仕入代金支払…164
仕入代金未払…164
仕入値引…164・232
仕入付随費用…232・260

仕入返品…164・232
仕入割引…164・234
仕入割戻…234
試運転費…86
時価（棚卸資産）…57
仕掛品…64
仕掛品廃棄損…64
仕掛品評価損…64
時価法（有価証券）…51
敷金…134
敷金償却…134
敷金返還…134
事業資金払込…224
事業所税…272
事業税…186・272・336
事業主貸…156
事業主貸と相殺（事業主借）…200
事業主借…200
事業主借と相殺（事業主貸）…156
事業主借より振替（元入金）…224
事業主へ貸付…156
試供品…60
試験研究費…148
試験研究費償却…148
自己株式…51
自己株式処分差益…210
自己売買…49

資材置場…102	支払免除…164
資産の部…14～157	支払利息…300
自社製品…62	私募債発行…194
市場開拓広告費…146	私募債償還…194
市場開拓費…146	資本金…204
市場調査（開業費）…145	資本的支出…281
市場調査費（開発費）…146	資本金登記変更手数料…150
システム仕様書…125	資本金払込…204
施設設置負担金…123	資本組入…208・212
下取価額…99	資本準備金…208
実質基準（役員報酬）…239	資本準備金取崩…208・210
実績繰入率…45	資本の部…202～225
実地棚卸…63・65・67	事務所…90
実用新案権…116	事務所敷地…102
指定寄付金…278	事務所家賃…274
支店…90	事務机…100
自転車…98	事務用品（未使用分）…68
自動車税…272	事務用品代…268
自動車保険料…284	事務用品代未払い…170
自動ドア…92	社会保険料控除…174
自動販売機設置手数料…316	社会保険料立替…72・156
自動引き落とし…22・26	社会保険料納付…174
品違い（売上）…229	借地権…118
品違い（仕入）…233	借地権更新料…118
支払手形…160	借地権償却…118
支払手数料…276	借地権償却費…118
支払保険料…284	借地権売却…118

借地料…274
車庫…90
社債…194
社債券…48・126
社債券印刷費…152
社債償還…194
社債償還益…194
社債登記手数料…152
社債売却損…308
社債発行…194
社債発行差金…154
社債発行差金償却…154
社債発行諸手数料…152
社債発行費…152
社債発行費償却…152
社債評価損…310
社債募集広告費…152
社債申込証…152
社債利息…298
社債割引発行費…154
社宅…90
社宅敷地…102
社宅家賃…274
社団法人へ出資…128
社内融資…74
車両運搬具…98
車両運搬具減価償却…98

車両運搬具除去…98
車両運搬具廃棄…98
車両運搬具売却…98・326・328
車両減価償却…290
車両下取益…326
車両下取損…328
謝礼…294
収益分配金…302
従業員給与…240・244・246
従業員貸付金…74
従業員長期貸付金…130
修繕費…280
住宅手当…241
収入印紙…272
収入印紙（未使用分）…68
収入前受…178
住民税…186・336
事務機リース料…288
住民税控除…174
住民税立替…156
住民税納付…174
住民税未納額…186
受益証券売却益…306
受益証券売却損…308
受益証券評価損…310
宿泊施設…90
宿泊費…248

受贈益…119
出金…16
出資金…128
出資金の譲渡…128
出資金売却益…128
出資金売却損…128
出資証券…49・129
出資証券売却益…306
出張手当…241
出張費仮払い…82
出張費精算…82
出張旅費…248
出版権…140
取得価額(有価証券)…49
取得価額(棚卸資産)…54
取得価額(有形固定資産)…86
取得価額(無形固定資産)…109
取得価額(特許権)…115
純資産…111
少額資産…89
消火設備…92
償却可能限度額(有形固定資産)
　…89
償却期間(営業権)…111
償却期間(繰延資産)…141
償却原価法…51
償却限度額(有形固定資産)…88

償却限度額(無形固定資産)…109
償却限度額(繰延資産)…141
償却限度額(社債発行差金)…155
償却債権取立益…324
焼却炉…94
証券投資信託受益証券……48・126
商工会議所会費…292
商工組合中央金庫…49
上場株式…49・126
証書借入(短期借入金)…168
証書借入(長期借入金)…198
使用人兼務役員の役員部分の報酬
　…238
使用人兼務役員の使用人部分の給
　与…240・244・246
消費税納付…182
消費税未払…182
商標権…116
商品…60
商品売上…228
試用品売上…228
商品勘定から振替(仕入)…232
商品勘定へ振替(仕入)…232
商品券での売上…72
商品仕入…232
商品廃棄損…60
商品購入代金未払…164

商品評価損…60
商法で認めた繰延資産…140
情報料…54
消耗工具（未使用分）…68
消耗工具器具備品…66
消耗品（未使用分）…68
消耗品費…268
賞与…244
乗用車…98
賞与引当金…188
賞与引当金洗替…188
賞与引当金繰入…188
賞与引当金取崩…188
賞与引当金戻入…188
賞与引当金戻入益…188
使用料受取…320
書画…100
諸会費…292
除去（有形固定資産）…89
食費控除…174
助成金受取…316
書籍代…270
所得税立替…156
新株発行諸手数料…150
新株発行費…150
新株発行費償却…150
新技術開発費…148

新技術研究費…148
新技術採用費…146
人材…111
審査請求料…114
新車購入代金…99
新製品開発費…148
新製品試作費…148
新組織採用費…146
新聞広告代…252
新聞購読料…270
新聞図書費…270
信用金庫へ出資…128

【す】

水道光熱費…266
水道代（料）未払い…170・172
水道料金…266
据付費…86

【せ】

生活費引出…156
税金等…228
税込処理…84・180
税込処理へ修正…180
生産高比例法（鉱業権の減価償却）
　　…109
政治団体拠出金…278

製造原価…62
整地費用…102
税抜処理…84・180
製品…62
製品売上…228
製品製造設備…96
製品廃棄損…62
製品評価損…62
制服代…256
歳暮…254
税法独自の繰延資産…140
生命保険代行手数料…316
生命保険料…284
整理…54
税理士顧問料…276
積送品…60
切削工具…100
接待…254
設備手形振出…160
前期繰越利益の振替…220
前期棚卸品…56
前期損益修正益…332
前期損益修正損…334
前期未払消費税納付…182
洗濯機…100
船舶代…260
旋盤…96

【そ】
送金為替手形…16
送金小切手…16
送金手数料…276
倉庫…90
倉庫敷地…102
倉庫地代…274
造成費用…102
相談役報酬…238
総平均法…56
創立総会費用…142
創立費…142
創立費償却…142
速達料金…262
測量費用…102
素材…66
租税公課…272
外税処理…84・180
その他資本剰余金…210
その他資本剰余金処分…210
その他有価証券…51
ソフトウェア…124
ソフトウェア減価償却…290
損害賠償責任保険料…284
損害保険代行手数料…316
存続期間（工業所有権）…116

【た】

代金未収…40
台車…98
対照勘定法（手形）…38
退職給付引当金…190
退職給付引当金洗替…190
退職給付引当金繰入…190
退職給付引当金取崩…190
退職給付引当金戻入…190
退職給付引当金戻入益…190
退職金…246
代物弁済…34・40
耐用年数（有形固定資産）…88
耐用年数（無形固定資産）…109
耐用年数（工業所有権）…116
ダイレクトメール…252
タクシー代…248
他社振出小切手…16
立退料（建物）…90
立退料（土地）…102
立替金…72
立替金回収…72
立替金精算…72
建物…90
建物減価償却…90
建物敷地…102
建物除去…90

建物取壊費用…102・118
建物廃棄…90
建物売却…90・326・328
建物附属設備…92
建物附属設備減価償却…92
建物附属設備除去…92
建物附属設備廃棄…92
建物附属設備売却…92・326・328
建物附属設備へ振替（建設仮勘定）
　　…104
建物へ振替（建設仮勘定）…104
建物を賃借するための権利金…140
棚卸差損…65・67
棚卸資産…54
棚卸資産へ振替（土地）…102
短期貸付金…74
短期貸付金へ振替（長期貸付金）
　　…130
短期借入金…168
短期借入金から振替（長期借入金）
　　…198
短期借入金へ振替（長期借入金）
　　…198
短期借入金返済…168
短期損害保険料…285
ダンプカー…98
担保差入…199

ダンボール箱…260

【ち】
地上権…118
地代の前払い…80
地代の未収…78
地代未払い…172
地代家賃…274
地代前受…178
地方債証券…48・126
地方税…186
地盛費用…102
茶菓子代…256
仲介手数料（建物）…90
仲介手数料（土地）…102
仲介手数料…276
仲介料（借地権）…118
仲介料収入…228
中間納付…186
中間配当…221
中間配当金…302
中間配当による積立…212
中元…254
中国ファンド…49・126
駐車場…102
駐車場地代…274
抽選会…253

超過収益力…110
長期貸付金…130
長期借入金…198
長期借入金から振替（短期借入金）…168
長期借入金返済…198
長期債権…133
長期損害保険料…285
長期保険料支払…136
長期前受収益より振替（前受収益）…178
長期前払費用…136
長期リース料支払…136
直接減額法（手形）…38
直接（減額）法（減価償却）…107・290
貯水池…94
貯蔵品…68
賃金未払い…172
賃借料…288
賃借料の前払い…80
賃借料未払い…172
賃貸収入…316
賃貸料…320
陳列棚…100

【つ】

通貨…16

通貨代用証券…16

通勤手当…241・248

通信費…262

通知預金…28

机代…268

積み金振替…32

積立損害保険料…138

【て】

庭園…94

定額法（有形固定資産の減価償却）
　…88

定額法（無形固定資産の減価償却）
　…109

低価法（棚卸資産）…55

定款及び諸規程作成費…142

定期刊行物購読料…270

定期券代…248

定期付養老保険…138

定期積金…32

定期点検費用…280

定期預金…30

定期預金利息…298

定率法…88

ディーリング…49

手入れ…54

低廉譲渡…278

手形売上…34

手形書換…34

手形貸付金…35・74

手形借入…160

手形借入（短期借入金）…168

手形借入（長期借入金）…198

手形借入金…162

手形借入金返済…160

手形決済…160

手形ジャンプ…34

手形代金の支払…160

手形による回収…34

手形売却損…304

手形割引…36

手形割引料…304

デザイン…116

手数料…（棚卸資産購入時）…54

手数料の未収…78

手付金…70・166

撤去費用（建物附属設備）…93

鉄塔…94

鉄道代…260

テレビ…100

テレビコマーシャル代…252

テレホンカード…262

電気設備…92
電気代（料）未払い…170・172
電球代…268
電気料金…266
電車代…248
店頭登録株式…49
店頭公開株式…126
伝票（未使用分）…68
店舗…90
電報…262
店舗敷地…102
電話加入権…122
電話加入権売却…122
電話加入権売却損…122
電話加入料…122
電話工事負担金…122
電話配線工事費用…122
電話料未払…170

【と】

登記…55
登記（会社設立）…206
登記仕入高…56
当期製品製造原価…64・66
当期未処分利益…220
同業者団体会費…292
当期利益の振替…220

当座借越…168
当座（借越）契約…23・169
当座預金…22
倒産による振替（破産債権等）…132
投資信託収益分配金…302
投資等…50・126〜139
投資有価証券…126
投資有価証券売却…126
投資有価証券売却益…126
投資用土地へ振替（土地）…102
盗難損失…318
盗難保険料…284
道府県民税未納額…186
灯油代…266
登録…55
登録免許税…55・272
道路建設負担金…140
得意先…111
特定公益増進法人…279
特別償却準備金…207
特別清算認可決定による振替（破産債権等）…132
特別損益…322〜335
特別の法律により設立された法人の出資証券…48
特別の法律により法人が発行する

債権…48
時計…100
都市計画税…54
図書代…270
土地…102
土地賃借権…118
土地売却…102・326・328
特許権…114
特許権買取…114
特許権償却…114
特許権売却…114
特許出願料…114
特許登録料…114
特許料…114
ドッグ…94
都民税未納額…186
トラック…98
トラック代…260
トラベラーズチェック ……16
取壊費用（建物）…102
取締役報酬…238
取引先貸付金…74
取引先から借入（短期借入金）…168
取引先から借入（長期借入金）…198
取引先長期貸付金…130

取引保証金…134
取引ルート…111
トロッコ…98
トンネル…94

【な】
名宛人…35
内部的な費用（棚卸資産購入時）…54
内容不明入金…176

【に】
荷造り…54
荷造運送費…260
日本育英会に寄付…278
日本赤十字社に寄付…278
日本ユニセフに寄付…278
荷役費…96
入金…16
二輪自動車…98
任意償却…141
任意積立金…216
任意積立金取崩…216
認可決定による振替（破産債権等）…132

【ね】

値下げ販売…61・63

年金…247

燃料…66

【の】

納税充当金計上額…186

ノウハウ…111

ノウハウの頭金…140

ノウハウ料…54

農林中央金庫…49

のれん…110

のれん譲渡…110

【は】

排煙設備…92

売価還元原価法…55

廃棄（棚卸資産）…61・63・65・67

廃棄（有形固定資産）…89

廃棄物処理料…294

売却（有形固定資産）…89

売却可能価額…88

売却損益（有価証券）…50

売却手数料（有価証券）……50

バイク便…260

買収による（営業権）取得…110

配当金領収書…16

配当平均積立金…216

配当平均積立金取崩…216

売買目的有価証券…49

売買目的有価証券売却益…306

売買目的外有価証券…49

はがき…262

破産債権等…132

破産債権等へ振替…132

破産による振替（破産債権等）…132

橋…94

バス…98

バス代…248

パソコン…100

パソコン設定料…294

パソコンリース料…288

破損…61・63・65・67

罰金…294

罰金支払…318

発生主義…179

発明…116

パート給与…242

花代…256

払込金…205

払い下げ…76

払出価額（有価証券）…50

払出単価（棚卸資産）…56
バン…98
半製品売上…228
搬送設備…96
販売基準…230
販売協力金…230
販売助成金…230
販売代金の前受…166
販売代金未収…40
販売費及び一般管理費……238〜295
販売用土地建物…60
販売用有価証券…60

【ひ】
光ファイバー…262
引当金…188〜193
引取運賃…86
非減価償却資産…108
備品（未使用分）…68

評価勘定法（手形）…38
品質不良…233

【ふ】
ファックス…262
フォークリフト…98

付加価値…111
複写機…100
福利厚生費…256
福利厚生費へ振替（預り金）…174
負債の部…158〜186
付随費用（有形固定資産購入時）…86
普通預金…26
普通預金利息…298
不動産取得税…54・272
船荷証券…61
部品…64・66
部品取替費用…280
振込出金…26
振込手数料…177・276
振込入金…26
振出人…35
振出小切手決済…22
ブルドーザー…96
古本売却収入…316
プレス…96
プレゼント…253
プログラム…1254
ブロック塀…94
不渡り……162
不渡手形…36
文房具（未使用分）…68

22

文房具代…268

【へ】

塀…94
平価発行…195
平均原価法…55
平均単価…56
別段預金…206
別途積立金…216
別途積立金取崩…216
ベルトコンベア…96
弁護士相談料…276
返済（長期貸付金）…130
返済（短期借入金）…168
ペン代…268

【ほ】

ボイラー設備…92
報奨金…230
法人会会費…292
法人県民税…336
法人国税…336
法人事業税未納額…186
法人市民税…336
法人税…186・336
法人税、住民税及び事業税…336
法人税等…186

法人税等納付…186
法人税等見積額…186
法人税等未納額…186
法人地方税…336
法人道民税…336
法人都民税…336
法人府民税…336
包装材料（未使用分）…68
包装紙…260
法定繰入率…45
法定資本…205
法定福利費…258
募金…278
保険解約による取崩（保険積立金）
　…138
保険金…138
保険差益…
保険積立金…138
保険料立替…72
保険料の前払い…80
保険料未払い…172
保証金…134
補償金支払…318
保証金返還…134
保証料の前払い…80
補助科目…27
補助金受取…316

補助材料…66
舗装道路…94
ボーナス…245
ホームページ製作料…252
保有目的（有価証券）…50
保養所…90
本社ビル…90

【ま】

前受金…166
前受金相殺（手形）…34
前受金振替（手形）…34
前受金相殺（売掛金）…40
前受金振替（売掛金）…40
前受収益…178
前受代金…166
前払金…70
前払費用…80
前払費用の振替…80
前払費用の戻し…80
前払費用へ振替（長期前払費用）
　…136
前渡金…70
前渡金と相殺（買掛金）…164
マーク…116
間仕切り…92
満期解約（通知預金）…28

満期解約（定期預金）…30
満期解約（定期積金）…32
満期返戻金…139
満期保険金…139
満期保有目的債権…51

【み】

未経過リース料…288
未経過利息…80
未経過レンタル料…288
未公開株式…126
未収金…76
未収金の回収…76
未収金の入金…76
未収収益…78
未収収益の回収…78
未収収益の期首振替…78
未収入金…76
未収入金と相殺（買掛金）…164
未処理損失…204
未成工事受入金…166
未成工事支出金…65
未着品…60
みなし配当金…302
未払金…170
未払金へ振替（未払費用）…172
未払経費精算…172

未払消費税…182

未払代金支払…170

未払地代の支払…172

未払賃金の支払…172

未払賃借料の支払…172

未払保険料の支払…172

未払費用…172

未払法人税等…186

未払リース料の支払…172

未払利息の支払…172

見本品…60

見舞金…254・256

土産代…254

未渡小切手…22

【む】

無形固定資産…108

無形固定資産減価償却…290

無償増資…204

【め】

名義書換料（投資有価証券）…127

名義書換料（出資金）…129

名刺代…268

メータ器…100

メール…262

メンテナンス費用…280

【も】

目的積立金…217

目論見書（新株発行費）…150

目論見書（社債発行費）…152

元入金…200・224

元入金と相殺（事業主貸）…156

元入金へ振替…200

【や】

役員貸付金…74

役員から借入（短期借入金）…168

役員から借入（長期借入金）…198

役員賞与…244

役員退職給与積立金…217

役員退職給与積立金取崩…216

役員退職金…246

役員長期貸付金…130

役員報酬…238

役員報酬減額…238

役員保険料…284

約束手形…35

約束手形受取…34

約束手形差替…160

約束手形振出…160

家賃支払…274

家賃の前払い…80

家賃の未収…78

家賃前受…178
家賃未払い…172

【ゆ】
有価証券…48
有価証券購入代金未払い…170
有価証券売却益…306
有価証券売却損…308
有価証券売却代金未収……76
有価証券評価損…310
有価証券利息…298
有限会社の持分…51
有限会社へ出資…128
有形固定資産…86
融通手形…162
融通手形振出…160
郵便…262
郵便為替証書…16
有料駐車場代…248
床張替費用…280

【よ】
容器…100
養老保険…138
預金預入…26・30
預金利息の未収…78
予定納付…186

【ら】
ラジオ…100

【り】
利益準備金…212
利益準備金取崩…212
利益処分…220
利益処分取崩…216
利益処分による積立…212・216
利子税…272
リース料の前払い…80
リース料未払い…172
利息未払い…172
リベート…230
リヤカー…98
流動資産…16〜85
流動負債…160〜187
利用可能年数（無形固定資産）…109
緑化施設…94
旅行積立金控除…174
旅費仮払い…82
旅費交通費…248
旅費精算…82
旅費へ振替（預り金）…174
臨時雇用者…243

【れ】

冷蔵庫…100

冷暖房設備…92

レンタル料…288

【ろ】

労災保険料…258

労務費…86

ローン利息支払…300

【わ】

ワゴンカー…140

割引…36

割引手形見返…38

割引発行…195

割引料…36

割引料の前払い…80

ワン・イヤー・ルール…131

【著者紹介】
益本　正藏（ますもと・しょうぞう）

●――1967年佐賀市生まれ。1990年慶応義塾大学商学部を卒業、91年に中央新光監査法人（現、中央青山監査法人）入所。その後、個人会計事務所を経て2000年に独立し、益本公認会計士・税理士事務所を開設。
●――弁護士、司法書士、社労士、行政書士のネットワークを生かし、ワンストップサービスによる起業家の支援で活躍中。個人的な確定申告や相続の相談、開業、会社設立、株式公開にいたるまで、幅広く総合的なコンサルティングを得意としている。
●――共著書に『やさしくわかる会社税務』『税務署にも間違いがある』（日本実業出版社）など。

益本公認会計士・税理士事務所
http://m-partners.jp/

すぐ見つかる！　勘定科目と仕訳の検索事典　〈検印廃止〉
2005年10月3日　第1刷発行

著　者――益本　正藏 ©
発行者――境　健一郎
発行所――株式会社　かんき出版
　　　　東京都千代田区麹町4-1-4 西脇ビル　〒102-0083
　　　　電　話　営業部：03(3262)8011(代)　総務部：03(3262)8015(代)
　　　　　　　　編集部：03(3262)8012(代)　教育事業部：03(3262)8014(代)
　　　　ＦＡＸ　03(3234)4421　　振替　00100-2-62304
　　　　http://www.kankidirect.com/

ＤＴＰ――株式会社エトヴァス
印刷所――ベクトル印刷株式会社

乱丁本・落丁本は小社にてお取り替えいたします。
© Shozo Masumoto 2005　Printed in JAPAN
ISBN4-7612-6286-9 C0034

会社を強くする経営実務書

◆企業はこうして強くなる！

債務超過でもできる会社分割

赤字と債務超過に悩む日本の企業。本書は会社分割を使って、「選択と集中」を進め、会社を救い、強くする手法を具体的に解説。経営者・税理士・弁護士・金融マンに最適。

弁護士・税理士 後藤孝典＝著 ●定価2730円

◆日本経営品質賞のねらい

経営の質を高める8つの基準

「質の高い対話」「一人ひとりの気づき」「実行」——お客さまの視点に立ってこれらを実現すれば、組織力が大きく向上する！

大久保寛司＝著 ●定価1575円

◆財務指標70の活かし方

経営分析ハンドブック

さまざまな財務指標を紹介し、具体的な例を挙げながらわかりやすく解説。アナリストが使っている指標はほぼ網羅。経営分析の基本から応用までをマスターできる1冊。

大和証券㈱証券アナリスト 花岡幸子＝著 ●定価1575円

◆10年以上高い成長を実現している22社の特徴

この会社はなぜ快進撃が続くのか

不況下でも高い成長性と収益性を実現する"快進撃企業"に焦点をあてる。全国6000社に及ぶ中堅・中小企業に接した著者が選んだ「感動経営」22社を紹介。

静岡文化芸術大学教授 坂本光司＝著 ●定価1680円

◆日本の会社は7割が赤字です

決算書 良い赤字悪い黒字を見抜く本

本書は経常赤字や特別損失、資本取り崩しから債務超過への過程とV字回復シナリオまで、決算書のしくみから説き起こした画期的・実用的な1冊。

日向 薫＝著 ●定価1575円

◆強制適用までに何をどう準備する？

減損会計導入の手順と実務

減損会計の導入は、工場や本社ビルまで対象となるため、会社や日本経済への影響は計り知れない。本書は、減損会計のしくみや会計処理、企業が行うべき対処や準備まで解説。

太陽監査法人＝編著 ●定価2310円

かんき出版のホームページもご覧下さい。http://www.kankidirect.com/